城市道路交通运行指数系统
创新实践

张晓春　林　涛　丘建栋　主　编
　　　　　　　庄立坚　副主编

·上海·

图书在版编目(CIP)数据

城市道路交通运行指数系统创新实践 / 张晓春,林涛,丘建栋主编. —上海:同济大学出版社,2023.3
ISBN 978-7-5765-0549-8

Ⅰ.①城… Ⅱ.①张…②林…③丘… Ⅲ.①城市道路—交通运输系统—深圳 Ⅳ.①U491.2

中国版本图书馆 CIP 数据核字(2022)第 244551 号

城市道路交通运行指数系统创新实践

张晓春　林　涛　丘建栋　主编
庄立坚　副主编

策划编辑：高晓辉
责任编辑：朱　勇
助理编辑：王映晓
封面设计：王　翔

出版发行	同济大学出版社　www.tongjipress.com.cn	
	(地址:上海市四平路 1239 号　邮编:200092　电话:021-65985622)	
经　销	全国各地新华书店、建筑书店、网络书店	
排版制作	南京文脉图文设计制作有限公司	
印　刷	大丰科星印刷有限责任公司	
开　本	787mm×1092mm　1/16	
印　张	16	
字　数	399 000	
版　次	2023 年 3 月第 1 版	
印　次	2023 年 3 月第 1 次印刷	
书　号	ISBN 978-7-5765-0549-8	
定　价	128.00 元	

版权所有　侵权必究　印装问题　负责调换

编 委 会

段仲渊	李细细	陈昶佳	徐若辰	屈新明	易　双	郑又伦
刘健欣	何秋翘	马　倩	张　斌	蔡婷婷	曹翰尹	黄荔莉
伍　勇	李　鹏	李仲桥	许宋烁	傅华斌	叶柏龙	陈财炜
修科鼎	李月欢	李佳璇	罗钧韶	刘　恒	赵昱博	朱发玉
吕锴超	周　勇	黎旭成	侯茜茜	郭泽琪	张炜煜	肖　尧

前 言
PREFACE

交通拥堵与城市发展相伴而生,交通治理是城市治理的重要组成部分。通过交通拥堵治理工作,研究拥堵产生机理,分析交通系统存在的问题,制定改善和治理方案等工作,把脉"城市交通拥堵病"并对症下药,可有效改善交通拥堵状况。有序、有力地开展交通秩序治理,对进一步改善和优化城市交通环境,提高人民群众生活质量,促进经济和社会的快速发展具有十分重要的意义。

以先进成熟的理论研究和智能化、自动化的交通信息采集及处理技术为基础,开展信息化、智能化道路交通综合治理,全面准确地评估道路拥堵状况、动态监测变化趋势,构建城市道路交通运行监测、分析、评估的能力,能够为研究拥堵产生机理、分析交通系统存在的问题、制定改善和治理方案等工作提供定量化的分析手段和依据,为交通管理部门提供领导决策、行业管理、公众出行的科学数据依据,为交通规划、综合治理等业务提供翔实、准确、便捷的应用工具,最终助力提升交通运行管理的科技化、信息化水平。

本书对深圳长达15年的应用经验进行提炼总结,内容包括深圳市道路交通运行指数系统(简称"深圳交通指数系统")交通治理的技术和应用经验,从指标定义、数据治理、算法融合、功能开发、应用支撑等维度剖析了深圳交通指数系统的建设理念与实现逻辑,强调工程化的落地实践,让读者理解该系统如何从零开始构建,以及如何指导管理部门开展相关评估、决策支撑等工作。此外,本书也较详细地阐述了部分关联算法的数据治理与建模全过程,可作为高等院校交通大数据应用工程方面教学与科研的参考书,为高校在教育科研方面提供工程化技术案例参考,并为高校后续做针对性研究提供借鉴方向。

本书的撰写依托于深圳交通指数系统及若干期延续性项目,在深圳市交通运输局与深圳市综合交通运行指挥中心(TOCC)的大力指导与支持下,承建单位深圳市城市交通规划设计研究中心股份有限公司对深圳交通指数系统进行了迭代升级,不断革新数据指标的精度以及应用功能的广度和深度。截至当前,该系统已纳入并融合了超过10种数据源,构建了20类评估指标,形成了超过100个功能。

本书共分为七章:第1章解读了城市道路交通运行指数(简称"交通指数")的国内外经验及不同的物理定义方式,提出深圳对交通指数的特色定义;第2章介绍了深圳交通指数系统建设的历程,重点讲述每个阶段迭代的聚焦点与优化特性;第3章介绍了深圳交通指数系统所依赖的核心数据源及其特征,阐述每一类数据源在系统构建中的作用;第4章介绍了深圳交通指数系统的算法内核,区分清洗融合、地图匹配、特征指标、溯源预测与分析应用等五大类算法,并详细描述了每个算法的原理与效果;第5章介绍了该系统的功能特性,区分了专业版、公众版、移动端和大屏系统四个版本,讲述其差异性定位和功能亮点;第6章介绍了该系统的典型应用场景,重点体现在把握道路运行演变态势、支撑交通综合治理应用、支撑交通规划管理决策、支撑道路交通影响评估、支撑公众交通出行服务、支撑跨部门应用与共享等方面,以实际案例的形式剖析该系统在每个应用场景上的价值;第7章介绍了深圳交通指数系统经验在全国范围的输出,以重庆、成都、兰州、南昌、湛江等多个城市为例,描述深圳经验对其他城市的赋能。

由于作者水平和时间有限,本书还存在诸多不足,敬请读者批评、指正。

目 录
CONTENTS

前言

1 解读"交通指数" ... 1
1.1 "交通指数"国外技术经验 ... 3
1.1.1 美国技术经验 ... 3
1.1.2 日本技术经验 ... 5
1.2 "交通指数"国内应用现状 ... 6
1.2.1 北京市应用现状 ... 6
1.2.2 上海市应用现状 ... 10
1.2.3 广州市应用现状 ... 11
1.2.4 杭州市应用现状 ... 12
1.2.5 武汉市应用现状 ... 13
1.3 深圳市"交通指数" ... 14
1.3.1 指标定义 ... 14
1.3.2 表现形式 ... 15

2 探索交通指数系统的"前世今生" ... 19
2.1 早期探索:实时交通路况发布初步研究 ... 20
2.2 阶段一:道路运行评估指标体系构建 ... 21
2.3 阶段二:交通拥堵治理评估业务升级 ... 22
2.4 阶段三:多源数据融合实现精度提升 ... 23
2.5 阶段四:拥堵成因识别与应用化下沉 ... 24
2.6 阶段五:指标体系与功能形态的延伸 ... 24
2.7 阶段六:业务场景化模式的功能拓展 ... 25

2.8　阶段七：拥堵溯源与自定义工具开发 ································ 26

3　交通指数的核心数据源及特征 ·································· 29

3.1　监管车辆GPS数据 ·· 30
　　3.1.1　巡游出租车GPS数据 ······································ 30
　　3.1.2　网络预约出租车GPS数据 ·································· 31
　　3.1.3　公交车GPS数据 ··· 33
　　3.1.4　客货营运车辆GPS数据 ···································· 34
3.2　地图导航数据 ·· 35
3.3　手机信令数据 ·· 37
3.4　地磁检测数据 ·· 38
3.5　车牌识别数据 ·· 39
3.6　监控视频数据 ·· 40
3.7　气象数据 ·· 40
3.8　数据特征小结 ·· 41
　　3.8.1　主要数据特征对比 ······································· 41
　　3.8.2　各类数据使用场景 ······································· 42

4　看不见的"黑科技" ·· 45

4.1　基础处理类 ·· 46
　　4.1.1　数据预处理算法 ··· 46
　　4.1.2　地图匹配算法 ··· 53
　　4.1.3　数据融合算法 ··· 55
4.2　特征指标类 ·· 65
　　4.2.1　道路交通运行指数 ······································· 65
　　4.2.2　拥堵时空扩展指标 ······································· 68
　　4.2.3　路口延误特征指标 ······································· 71
　　4.2.4　典型车辆特征指标 ······································· 76
　　4.2.5　出行可达性指标 ··· 91
4.3　溯源预测类 ·· 100
　　4.3.1　道路流量推算模型 ······································· 100
　　4.3.2　基于特征匹配的拥堵成因识别模型 ························· 110
　　4.3.3　基于MFD和图像识别的拥堵成因识别模型 ··················· 114

4.3.4　路段级速度趋势预测模型 ·· 123
　　4.3.5　路径行程时间预测模型 ·· 124

5　系统功能汇编 ·· 129
5.1　系统架构 ·· 130
5.2　专业版交通指数系统 ·· 130
　　5.2.1　多层次实时交通监测 ·· 131
　　5.2.2　交通态势演变感知 ·· 134
　　5.2.3　运行评估和拥堵溯源 ·· 135
　　5.2.4　车辆出行特征评估 ·· 142
　　5.2.5　专题应用场景研判 ·· 147
　　5.2.6　历史数据查询与回溯 ·· 150
　　5.2.7　自动化、专业评估报告 ·· 154
5.3　公众版交通指数网站 ·· 157
5.4　移动端"掌上交通指数" ·· 158
　　5.4.1　运行感知 ·· 158
　　5.4.2　掌上快报 ·· 159
　　5.4.3　个性体验 ·· 159
5.5　监测预警大屏系统 ·· 161

6　典型应用场景及案例 ·· 163
6.1　把握道路运行演变态势 ·· 164
6.2　支撑交通规划管理决策 ·· 168
　　6.2.1　停车收费政策评估 ·· 168
　　6.2.2　公交专用道效果评估 ·· 170
　　6.2.3　道路限速管控措施 ·· 171
　　6.2.4　重要通道开通评估 ·· 173
　　6.2.5　轨道开通影响评估 ·· 181
　　6.2.6　预约通行政策评估 ·· 186
6.3　支撑交通综合治理应用 ·· 188
6.4　支撑道路交通影响评估 ·· 194
　　6.4.1　交通事故影响评估 ·· 195
　　6.4.2　特殊天气影响评估 ·· 196

  6.4.3 赛事活动影响评估 ·· 198
6.5 支撑公众交通出行服务 ··· 202
  6.5.1 日常出行信息服务 ·· 202
  6.5.2 节假日出行服务 ··· 203
  6.5.3 开学季出行服务 ··· 211
6.6 支撑跨部门应用与共享 ··· 216

7 深圳交通指数系统经验输出案例 ·································· 217

7.1 案例一：重庆主城区"内畅外联"道路交通运行监测系统 ······ 218
  7.1.1 项目简介 ··· 218
  7.1.2 项目应用 ··· 220
7.2 案例二：成都道路交通运行指数系统 ····························· 221
  7.2.1 项目简介 ··· 221
  7.2.2 项目应用 ··· 222
7.3 案例三：兰州交通大数据平台及应用系统 ······················· 224
  7.3.1 项目简介 ··· 224
  7.3.2 项目应用 ··· 225
7.4 案例四：南昌交通大数据信息平台 ································ 227
  7.4.1 项目简介 ··· 227
  7.4.2 项目应用 ··· 227
7.5 案例五：湛江大数据决策支持平台 ································ 230
  7.5.1 项目简介 ··· 230
  7.5.2 项目应用 ··· 232
7.6 案例六：长春市交通大数据平台 ··································· 235
  7.6.1 项目简介 ··· 235
  7.6.2 项目应用 ··· 236
7.7 案例七：烟台市交通拥堵决策支持系统 ·························· 238
  7.7.1 项目简介 ··· 238
  7.7.2 项目应用 ··· 239

结语与展望 ··· 242

参考文献 ·· 243

1 解读"交通指数"

1.1 "交通指数"国外技术经验
1.2 "交通指数"国内应用现状
1.3 深圳市"交通指数"

2015年中央城市工作会议强调,坚持以人为本、科学发展、改革创新、依法治市,转变城市发展方式,完善城市治理体系,提高城市治理能力,着力解决城市病等突出问题。交通治理作为城市治理的重要内容,是提升城市环境质量、人民生活质量、城市竞争力的关键举措,也是深圳打造现代化国际化创新型城市的重要保障。

以先进成熟的理论研究为基础建立交通运行评估指标体系,以智能化、自动化的交通信息采集和处理技术为基础开展道路交通运行评估,能够全面准确地评估道路拥堵状况、动态监测拥堵变化趋势,为研究拥堵产生机理、分析交通系统存在问题、制定改善和治理方案等工作提供定量化的分析手段和依据,是交通管理部门科学制定交通拥堵治理政策措施、合理安排基础设施建设时序、快速处理重大应急事件等工作的技术基础,有助于提升交通运行管理的科技化和信息化水平,对于政府制定土地开发、产业经济等与交通相关的城市发展政策也具有重要的参考价值。美国等西方国家以及国内上海、北京等大城市先后提出不同的交通指数定义和算法(表1-1)。

表1-1 国内外主要城市交通指数定义和算法比较

定义方法	指标	特点
美国RCI	流量	易于计算,但流量指标可能与交通状况不一一对应
上海RTI	车速、负荷度	考虑因素全面,计算过程复杂,不便于公众理解
北京TCI	拥堵里程比例	易于计算和理解,计算拥堵里程比例时仅计入最拥堵等级的路段,忽略了其他等级路段的影响

(1)基于道路交通密度——美国道路拥堵指数

道路拥堵指数(Roadway Congestion Index,RCI)是美国得克萨斯交通研究院(Texas Transportation Institute,简称TTI)在较早版本的《美国城市道路畅通性评价报告》(Urban Mobility Report)中采用的主要指标,用车英里数与车道英里数的比值经加权后计算,衡量道路交通密度,描述拥堵强度和持续情况。当指数大于等于1时,路网拥堵不可接受。

(2)基于综合评价方法——上海道路交通指数

《2002上海城市综合交通发展报告》首次以道路交通指数(Road Traffic Index,RTI)来综合评价交通运行质量,取值范围为0~100。该指数以行驶速度及道路交通负荷度为基础构造评价因子,用层次分析法进行专家打分以确定因子权重,建立交通指数模型,并通过实际调查进行数据检验。

(3)基于拥堵里程比例——北京交通拥堵指数

北京交通拥堵指数(Traffic Congestion Index,TCI)是一定统计间隔内城市整体或区域道路网总体拥堵程度的相对数,取值范围为0~10,分为五级,数值越大表示拥堵越严重。指标的计算逻辑是先计算各路段平均行程车速,判断路段所处运行等级;再统计各等级道路中处最拥堵水平的里程比例,并利用车公里数加权计算路网拥堵里程比例;最后,基于拥堵里程和拥堵指数的线性转换关系得到拥堵指数。

基于国内外的应用现状总结,可以得到的借鉴经验如下。

(1) 建立稳定可靠的基础数据来源。交通数据是开展评价工作的前提和基础,直接影响指标的选取和计算结果的准确性。传统的固定交通检测器能够采集交通量、点车速、密度、占有率等常规交通信息。随着信息采集技术的发展,基于浮动车的移动交通信息技术逐渐成熟,其具有覆盖面广、投资少、采集数据准确多样等优点,能够提供路段平均车速、行程时间等道路评估和信息服务的关键参数,成为交通研究和应用的热点。

(2) 以道路拥堵评估作为工作重点。根据交通管理和信息服务等实际需要,国内外各城市都将监测道路交通拥堵作为工作重点。其中一项很有意义的工作是研究计算用于描述路网交通拥堵整体状况的综合性评估指标,如美国得克萨斯交通研究院提出了基于时间比的行程时间指数(Travel Time Index,TTI),北京市则提出了基于路网拥堵里程比例的拥堵指数。

(3) 深入开展数据挖掘和分析。以《美国城市道路畅通性评价报告》为例,在罗列各评价指标计算结果的同时,编制单位技术人员通过对拥堵成因、经济效益、环境影响等方面进行深入的分析,提出相关改善建议,从而建立"监测—诊断—改善"的系统化交通评估工作机制,提高了交通数据的利用效率,从而更好地支持有关决策。

(4) 建立评估结果发布的长效机制。在持续开展交通综合监测评估的同时,将根据信息服务对象实际需求,采用合理形式发布评估结果,为后续的信息应用提供长期支撑。以北京为例,在初期,通过编制周报、月报、年报等定期报告并向相关政府部门发布,为相关决策提供支持;在成熟完善后,通过网站等形式向市民实时发布,为市民提供出行选择的参考信息。

1.1 "交通指数"国外技术经验

1.1.1 美国技术经验

美国得克萨斯交通研究院建立了道路交通机动性和交通拥堵相关的评价指标体系,并以此为基础定期编制和发布《美国城市道路畅通性评价报告》与《城市拥堵报告》(*Urban Congestion Report*)两份专业评估报告。

《美国城市道路畅通性评价报告》:美国得克萨斯交通研究院自1982年起,每年都会发布《美国城市道路畅通性评价报告》,如图1-1所示。该报告评价美国101个主要城市区域的高速公路和主干路交通状况,内容包含交通拥堵状况及变化趋势、交通拥堵成本和能耗、拥堵产生原因、改善治理措施(如道路改造、公交发展)及效益等方面(表1-2),是一份综合性的道路交通评估和改善方案报告。

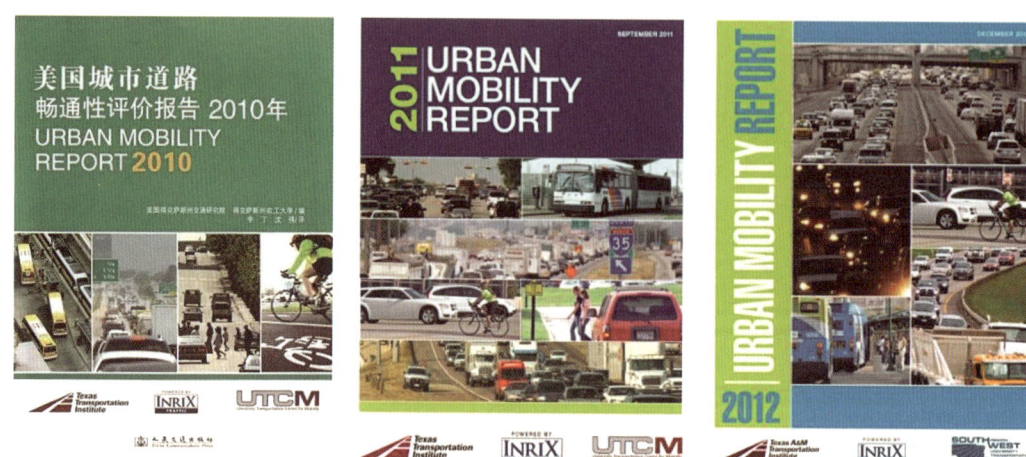

图 1-1 《美国城市道路畅通性评价报告》

表 1-2 《2011年美国城市道路畅通性评价报告》主要指标

类别	指标	单位
个体出行者拥堵	每个出行者高峰期的年均延误	小时
	行程时间指数①	—
	通勤压力指数②(Commuter Stress Index)	—
	每个出行者高峰期额外油耗	加仑
	每个出行者高峰期额外成本	美元
全美拥堵问题	行程延误	10亿小时
	额外油耗	10亿加仑
	卡车拥堵成本	10亿美元
	总拥堵成本	10亿美元
改善措施效果	年均延误减少值	100万小时
	节省油耗	100万加仑
	节省拥堵成本	10亿美元

《城市拥堵报告》：如图1-2所示，该报告由美国联邦公路管理局（Federal Highway Administration，FHWA）委托TTI每季度编制，主要评估和分析美国23个城市的道路拥堵状况和变化趋势。评价指标包括拥堵时间长度、行程时间指数和规划出行时长指数。该报告只分析各项指标的变化趋势，无拥堵成因等分析。

---

① 行程时间指数是高峰期行程时间与自由流状态下行程时间的比值。
② 通勤压力指数是高峰方向行程时间与自由流状态下行程时间的比值。

1 解读"交通指数"

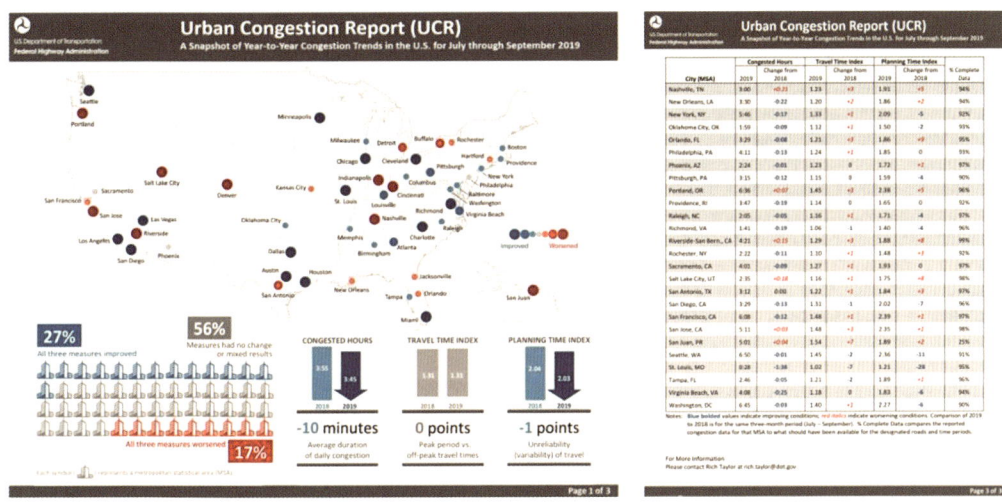

图 1-2 《城市拥堵报告》

1.1.2 日本技术经验

日本道路公团从交通拥堵在时间和空间的分布状态出发,提出了道路交通拥堵评价指标,包括行程车速、排队长度和拥堵持续时间。另外,日本一些交通研究部门从交通系统设施建设和运行的角度提出了一系列交通系统评价指标,主要包括道路网密度、道路面积率、道路实现率、交通事故死亡率、交通事故率、负荷度和交叉口等待时间等。各指标含义如表 1-3 所示。

表 1-3 日本交通系统和拥堵评价指标

来源	指标名称	指标定义
日本道路公团	行程车速	车辆在某路段上的全程平均车速
	排队长度	由于道路交通拥挤的影响而形成的排队车列长度
	拥堵持续时间	从拥堵发生到拥堵结束的时间
交通研究部门	道路网密度	道路中心线长度与道路网所服务的城市面积的比值
	道路面积率	建成区内道路面积与建成区面积的比值
	道路实现率	干道网建成数量与规划数量的比值
	交通事故死亡率	平均每万辆机动车的年交通死亡人数
	交通事故率	平均每万辆机动车的年交通事故次数
	负荷度	路段上交通量与设计通行能力的比值
	交叉口等待时间	通过交叉口过程中停车等待的时间

以美国、日本为代表的先进国家,已形成了对综合交通的全方位监测评估指标,并在评价标准、数据融合、交通预测、交通仿真等方面进行了大量研究,但其理论在中国存在如下适用性问题。

(1) 交通数据来源不一,结构各异,质量参差不齐,需进行深度本地化整合。
(2) 交通评价体系标准无法适用于中国实际交通情况。
(3) 国内的车辆驾驶行为复杂,国外的理想模型与仿真无法适用。

1.2 "交通指数"国内应用现状

1.2.1 北京市应用现状

1.2.1.1 北京交通拥堵指数应用概况

北京市于 2006 年在国内率先开展道路交通评价工作,研究建立了交通拥堵评价指标体系和评价方法,制定了《城市道路交通拥堵评价指标体系》,并利用浮动车 GPS 数据,依托北京市交通运行智能化分析平台(平台包括 5 个应用系统和 1 个集成系统网站,见图 1-3、图 1-4)实现自动化数据接收和数据处理。自 2009 年起以定期报告(年报、月报、周报等)等形式向政府内部发布主要评估结论,2011 年起正式通过网站向市民实时发布拥堵指数等关键指标。

图 1-3 北京市交通运行智能化分析平台

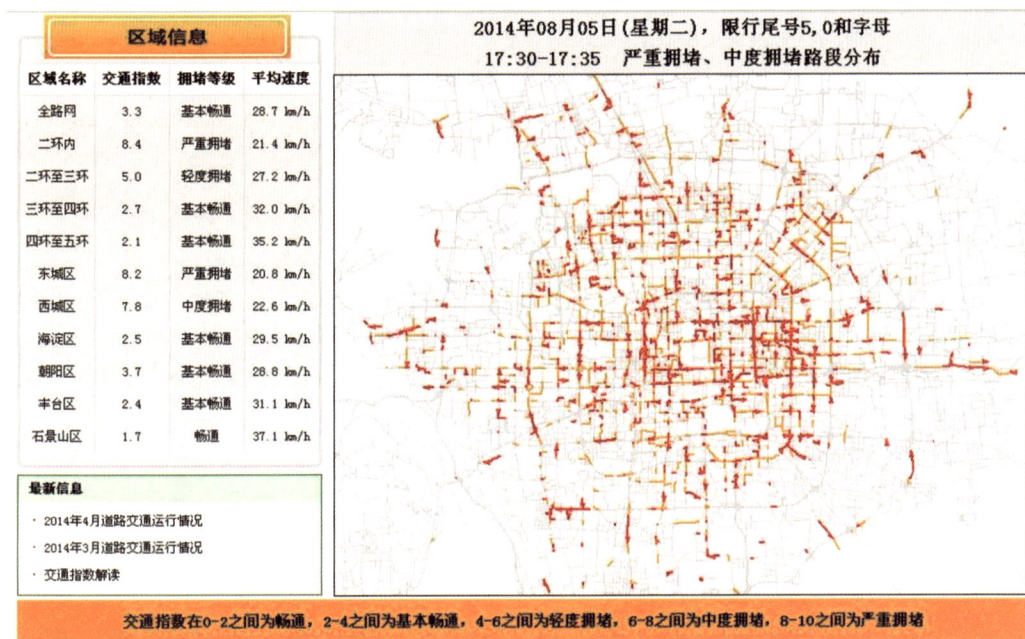

图 1-4　北京市交通拥堵指数网站

北京市道路交通运行评价主要指标如表 1-4 所示。在各项指标中,综合指标能够客观准确地反映当地路网总体运行状况(图 1-5),对交通措施、特殊事件、天气变化等影响敏感性良好,能够直观反映不同事件对交通运行的影响程度。

表 1-4　北京市道路交通运行评价主要指标

指标分类	特性分类	指标名称
综合指标	总体拥堵程度	道路网日高峰交通拥堵指数
	拥堵影响范围	道路网各拥堵等级里程比例
	拥堵持续时间	道路网各拥堵等级持续时间
	拥堵频率	常发拥堵路段数量及比例
	稳定性	路网可靠性
特征指标	道路运行状态	道路平均行程速度
		道路平均负荷度
		道路平均行程延误
		道路平均停车次数
		道路平均停车时间
		交叉口平均饱和度
		交叉口平均等待时间

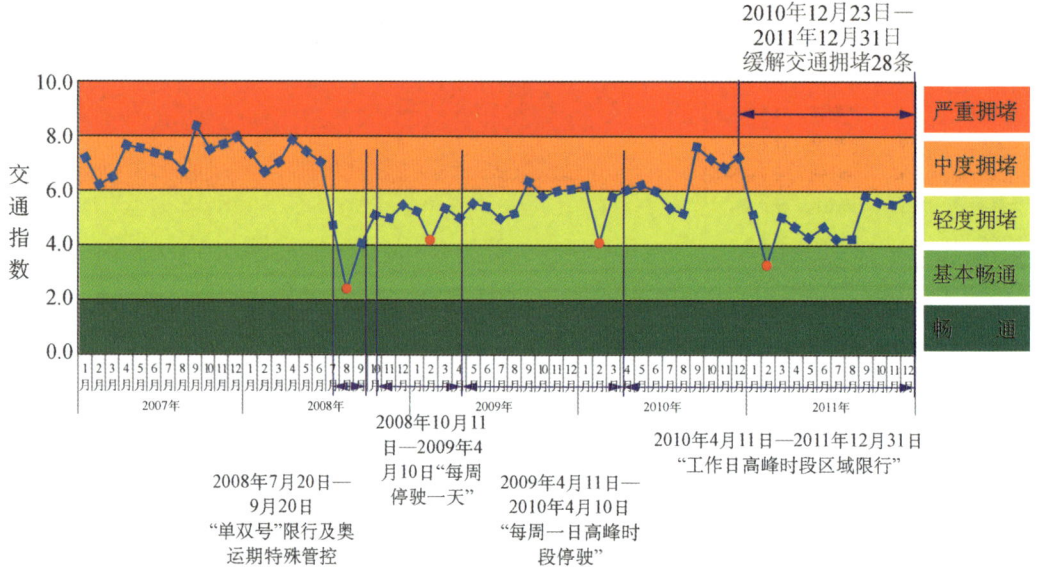

图1-5 北京市2007—2011年工作日月度交通总体运行状况

1.2.1.2 北京交通拥堵指数计算方法

交通拥堵指数是综合反映道路网畅通或拥堵的概念性指数值,相当于把拥堵情况数字化。北京市利用全市3万多辆出租车车载GPS设备回传的动态数据,计算得到各路段(图1-6)的平均运行速度,再进行速度转换得到交通指数。交通指数取值范围为

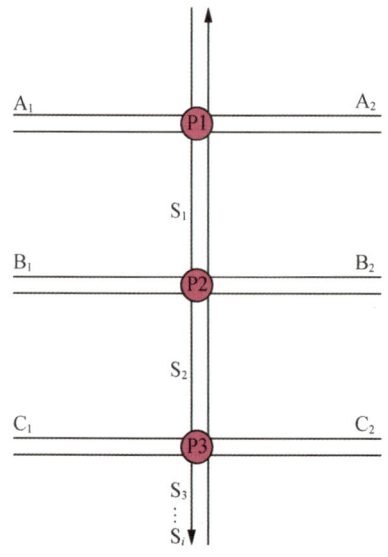

图1-6 北京市交通指数计算的路段划分示例

0~10,划分为 0~2,2~4,4~6,6~8,8~10 五个等级,分别对应"畅通""基本畅通""轻度拥堵""中度拥堵""严重拥堵"五个交通运行状态,数值越大,表明交通拥堵状况越严重。

北京市交通拥堵指数的计算方法如下。

(1) 以不超过 15 min 为统计间隔,计算道路网中各路段的平均行程速度。

(2) 根据各路段的平均行程速度和道路类型,按照表 1-5 所示确定各路段的交通运行等级,并分别统计快速路、主干路、次干路和支路中处于"严重拥堵"运行等级的路段里程比例。

表 1-5 路段交通运行等级划分(km/h)

运行等级		畅通	基本畅通	轻度拥堵	中度拥堵	严重拥堵
行程速度	快速路	>65	(50,65]	(35,50]	(20,35]	≤20
	主干路	>45	(35,45]	(25,35]	(15,25]	≤15
	次干路、支路	>35	(25,35]	(15,25]	(10,15]	≤10

(3) 以 VKT 比例为权重对各等级道路拥堵里程比例进行加权,计算确定道路网拥堵里程比例。

第一步:按照式(1-1)计算统计时段内等级 r 的道路各路段的 VKT 值。

$$VKT_{S_i} = V_{S_i} \times L_{S_i} \tag{1-1}$$

式中:VKT_{S_i}——统计时段内路段 S_i 的总行驶里程(单位:pcu·km);

V_{S_i}——统计时段内通过路段 S_i 的当量小汽车交通量(单位:pcu);

L_{S_i}——路段 S_i 的长度(单位:km)。

第二步:按照式(1-2)汇总得到统计时段内等级 r 的道路的 VKT 值。

$$VKT_r = \sum_{i=1}^{N_r} VKT_{S_i} \tag{1-2}$$

式中:VKT_r——等级 r 的道路总行驶里程(单位:pcu·km);

N_r——等级 r 的道路的路段数(单位:条)。

第三步:按照式(1-3)计算各等级道路 VKT 值占道路网总 VKT 值的百分比。

$$w_r = \frac{VKT_r}{\sum_{r=1}^{4} VKT_r} \tag{1-3}$$

式中:w_r——等级 r 的拥堵里程比例权重;

VKT_r——等级 r 的道路的总行驶里程。

第四步:按照式(1-4)计算路段拥堵里程比例。

$$路网拥堵里程比例 = \sum_{r=1}^{4} w_r \times P_{\text{jam},r} \quad (1-4)$$

式中:w_r——等级 r 的拥堵里程比例权重;

$P_{\text{jam},r}$——等级 r 的路段拥堵里程比例。

(4)按照道路网拥堵里程比例与道路交通拥堵指数的转换关系(表1-6),计算道路交通拥堵指数,道路交通拥堵指数取值区间为[0,10]。

表1-6 道路网拥堵里程比例与道路交通拥堵指数的推荐转换关系

道路网拥堵里程比例	[0,4%]	(4%,8%]	(8%,11%]	(11%,14%]	(14%,24%]	>24%
道路交通拥堵指数	[0,2]	(2,4]	(4,6]	(6,8]	(8,10]	10

(5)根据道路交通拥堵指数的数值,按照表1-7将道路网交通运行水平划分为五个等级。

表1-7 道路网交通运行水平划分

道路交通拥堵指数	[0,2]	(2,4]	(4,6]	(6,8]	(8,10]
道路网运行水平	畅通	基本畅通	轻度拥堵	中度拥堵	严重拥堵

1.2.2 上海市应用现状

上海市已经完成市区重要道路的交通流信息采集,并发布了上海市道路交通指数,用数值方式量化描述道路交通运行状态,提高道路交通运行状态的表达精度。同时,也统一了对不同类型道路的交通拥堵程度的描述,即无论是快速路、地面主干路或其他道路,道路的交通指数相同则拥堵程度相同,这样既可以客观公平地评价交通拥堵程度,也方便出行者理解与记忆。在上海交通出行网发布道路交通指数(图1-7),为市民的交通出行提供信息服务。

上海市以一定范围内各个路段实时采集的平均车速为基本参数,按不同等级道路设施要素和通行能力,加权集成并标准化计算后,生成道路交通拥堵指数,其数值范围为[0,100](图1-8)。通过对历史数据统计分析、出行调查和现场验证,分类归纳出人们对快速路、地面道路交通拥堵的习惯感受程度,划分出畅通、较畅通、拥挤和堵塞四种拥堵程度等级,方便人们理解与记忆。

1 ■ 解读"交通指数"

图 1-7 上海交通出行网

等级（颜色）	畅通	较畅通	拥挤	堵塞
指数区间	[0,30)	[30,50)	[50,70)	[70,100]

图 1-8 上海交通拥堵指数值分级区间

1.2.3 广州市应用现状

2013 年 12 月，广州市正式对外发布交通拥堵指数网站（图 1-9）。广州市交通拥堵指数网站利用分布在全市各条道路上的 2 万辆出租车以及 4 000 辆公路客运车辆实时回传的 GPS 数据（包含车速、位置等），实时、动态地获得每一条道路的行驶速度；数据处理中心从全路网（主城区）的整体角度出发，按照道路上通过的车辆越多则其在全路网评价中权重越大的原则，对每一条道路加权集成，得出路网整体、重点功能区（行政区）的交通拥堵特征数据；再根据出行者对交通拥堵的感知判断，依据大量现场调查数据的聚类分析，将交通拥堵特征数据转换为单一化的交通拥堵指数。从 2013 年 2 月开始，交通拥堵指数算法已被正式纳入广州市《城市道路交通运行评价指标体系》（DBJ 440100/T 164—2013），成为规范性的指导文件。

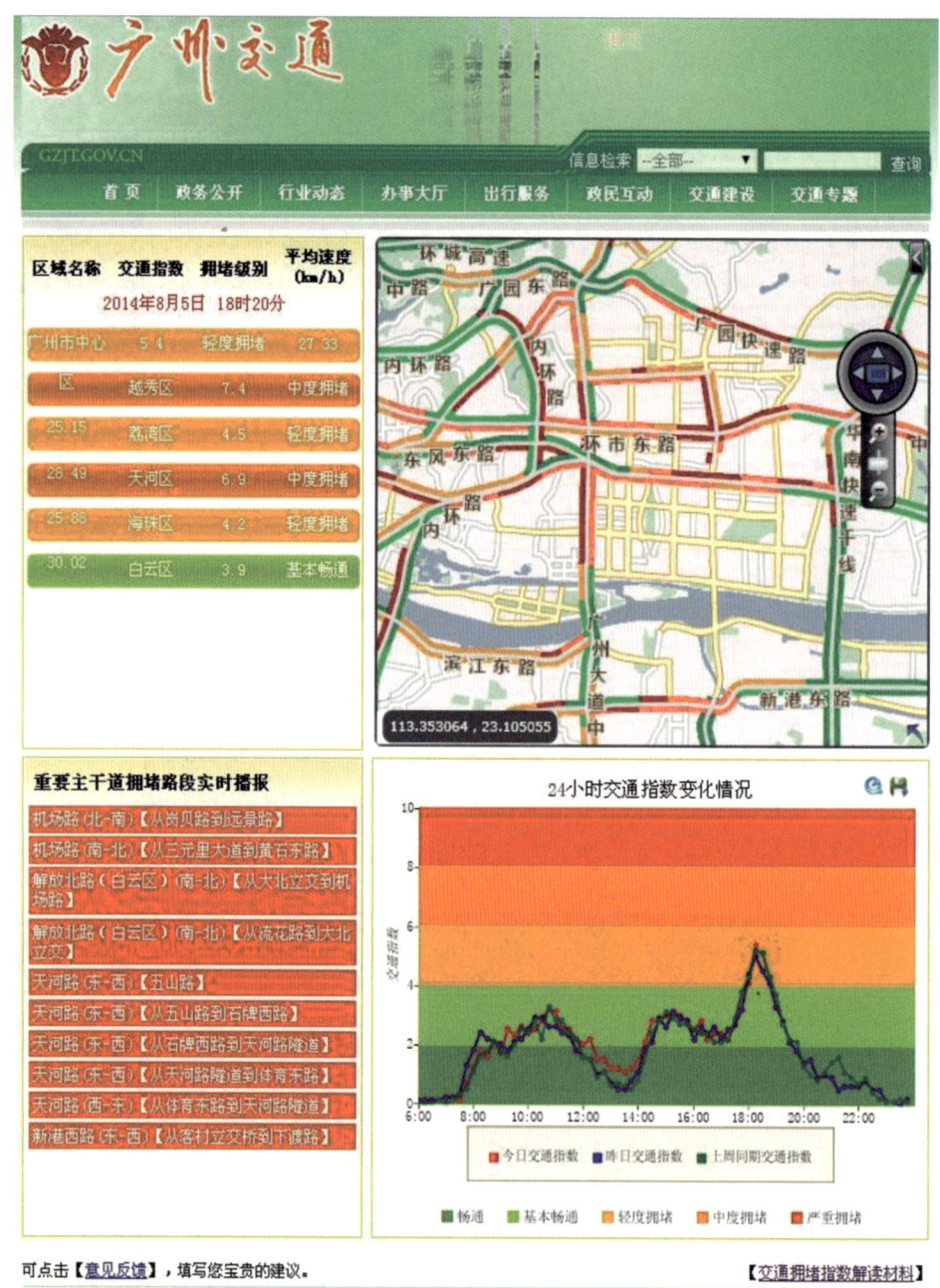

图1-9 广州市交通拥堵指数网站

1.2.4 杭州市应用现状

2013年3月,杭州市正式向公众发布交通拥堵指数。杭州市交通拥堵指数实时监测平台分"交通实况""分区域交通""历史数据分析"三个板块,如图1-10所示。其中,"交通实况"显示杭州城区(北至石祥路、东至沪杭高速公路、南至钱塘江、西至紫金港路)的实时交通路况,每 5 min 进行实时更新。"分区域交通"显示了核心区以及城西、城北、城东、城南片区和西湖风景区等分区域的交通拥堵指数,以及这些区域内每一条道路的交通拥堵指数,并同步实时更新。杭州市的交通拥堵指数由市区近万辆出租车的 GPS 数据(每 20 s 回传)计算得出。

图 1-10 杭州市交通拥堵指数实时监测平台

1.2.5 武汉市应用现状

2012 年,武汉市交通信息系统一期工程构建了路网运行智能化分析系统(图 1-11),实现了主城区道路交通实时运行监控、重点区域和主要道路实时运行指标分析以及常发拥堵路段跟踪分析等功能,同时发布"城市交通运行周报",用于政府决策参考。

武汉市交通拥堵指数反映了在一定时间内、一定范围内道路网的交通运行水平,通过加权计算该时间段内区域路网的平均运行车速得出,由数字 1~10 表示。武汉交通指数的数据来源包括流动监测点和固定监测点,流动监测点为全市 1.5 万辆出租车和 7 500 辆公交车,固定监测点为 20 个 ETC 监测点,每个监测点每 40 s 传送一次数据。信息系统每隔 5 min 运算一次监测数据,获得行车速度和交通指数,并即时将行车速度、交通指数在系统上用不同的颜色呈现,代表该路段的行车状况。

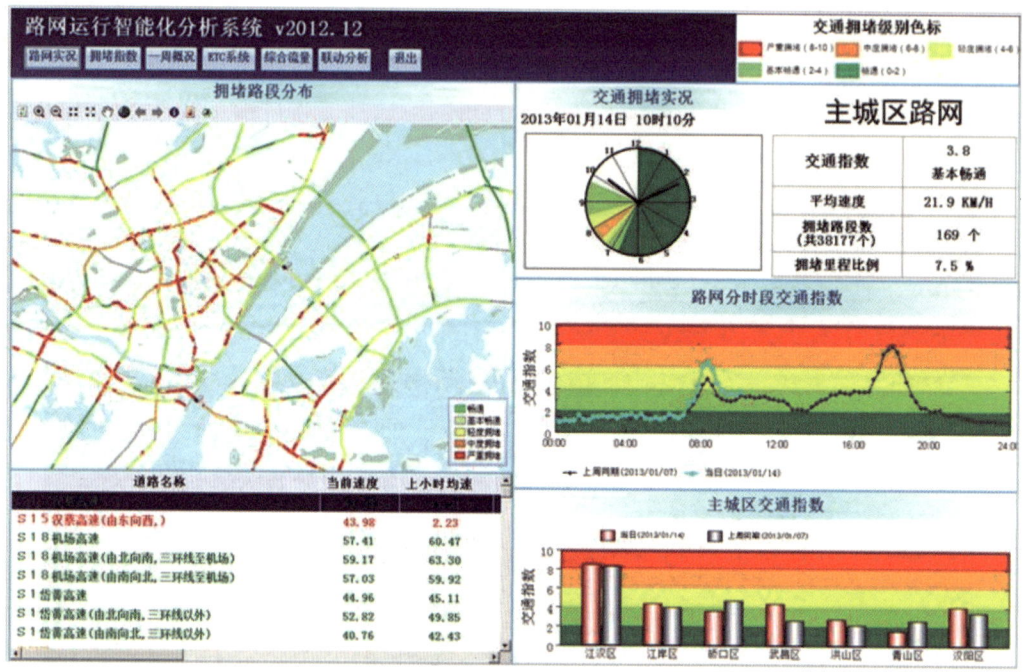

图 1-11 武汉市路网运行智能化分析系统

1.3 深圳市"交通指数"

1.3.1 指标定义

深圳市于 2006 年起开展了道路运行指数的相关研究,并于 2012 年正式对外发布。深圳市定义了一种基于出行时间比的道路交通运行指数(Traffic Performance Index,TPI,简称"交通指数"),宏观反映城市整体或区域道路网的交通拥堵水平,取值范围为[0,10],分为畅通、基本畅通、缓行、较拥堵和拥堵五个等级,值越大,说明路网拥堵越严重(图 1-12、图 1-13)。

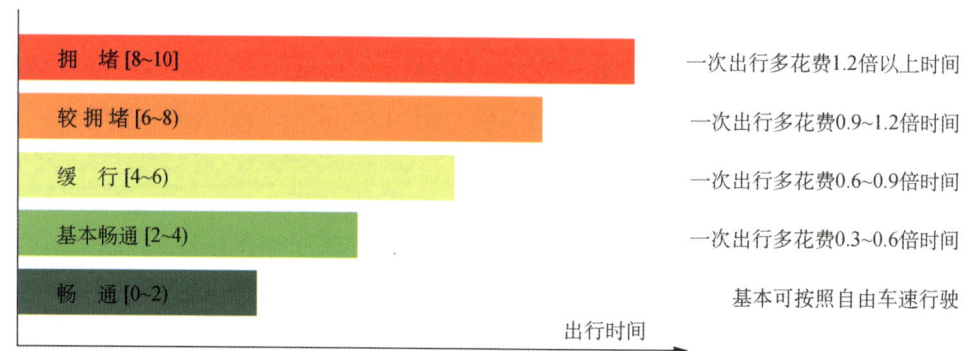

图 1-12 交通指数和出行时间关系

图 1-13 道路运行状况分级

交通指数是对路网交通总体运行状况进行定量化评估的综合性指标,与传统的车速、流量等参数相比,具有直观、简单的特点。类似于体检时量体温,交通指数让人们不仅模糊地知道堵或不堵,更能清楚地了解堵到何种程度,从而对全市整体交通,以及特定片区或道路的交通运行情况有直观、量化的了解,为市民出行提供有益参考。交通指数越大,表明一次出行相比顺畅状况(比如凌晨)多花费的时间越长。例如,当处于"畅通"等级时,车辆可如在凌晨时段一样自由行驶;处于"拥堵"等级时,路上花费的时间将至少是"畅通等级"下的 1.2 倍以上,拥堵状况严重。

其中,出行时间比是路段或路网实际行程时间与期望行程时间的比值,表征当前路况下相比期望车速情形下多花费的时间,如比值为 1.5,表明畅通情况下 30 min 的车程现在需 45 min,多花费 15 min。在此基础上,通过专家打分,建立行程时间比与交通指数的换算关系如式(1-5)。

$$TPI = F(T/T_d) \tag{1-5}$$

式中:T——路段或路网的实际行程时间;

T_d——期望车速下(如凌晨时段)的行程时间;

$F(\cdot)$——由专家打分确定的换算关系。

深圳市交通指数综合考虑了路网所有道路的运行情况,采用行程时间相对比值的方法更有利于直观反映道路的运行情况,便于公众理解和指导出行。目前基于行程时间比的交通指数体系已纳入《城市交通运行状况评价规范》(GB/T 33171—2016)。

1.3.2 表现形式

交通指数能够反映交通拥堵在强度、时间、空间方面的三维特征,如图 1-14 所示。在强度方面,强调道路交通的实时交通指数、平均交通指数指标值,通过交通指数的数值大小直观反馈当前的拥堵程度;在时间方面,强调道路交通拥堵的时变情况和持续时间,通过交通指数的时变反映当前道路的拥堵运行趋势;在空间方面,强调交通拥堵的空间分布情况,通过交通指数的不同颜色状态来反映片区、道路、节点的拥堵分布情况。在实际应用中,应选择简单直观的图表形式来表现,方便市民和决策者认读和理解。

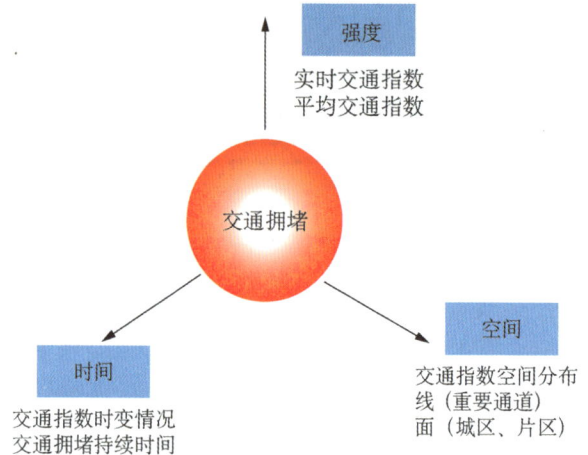

图 1-14 交通拥堵三维特征

1.3.2.1 拥堵强度:指数时变

交通指数的实时数值及其变化情况能够描述评估范围内(如全市、中心城区、重点片区或路段等)的拥堵状况及趋势,可采取曲线图、时钟图、雷达图等形式,如图 1-15 所示。

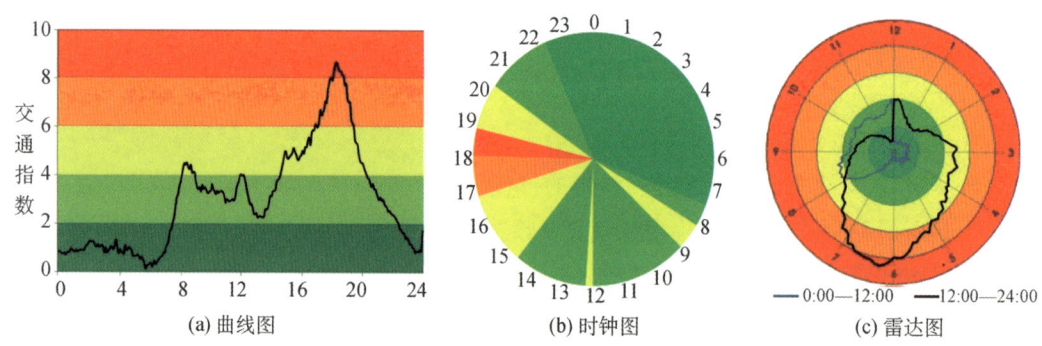

图 1-15 交通拥堵强度主要表现形式

1.3.2.2 时间特征:拥堵持续时间

利用交通指数的实时变化情况,能够统计评估范围内各拥堵等级的持续时间;通过分析较拥堵及以上等级($TPI \geqslant 6$)的时长和频率,识别常发拥堵路段,如图 1-16 所示。

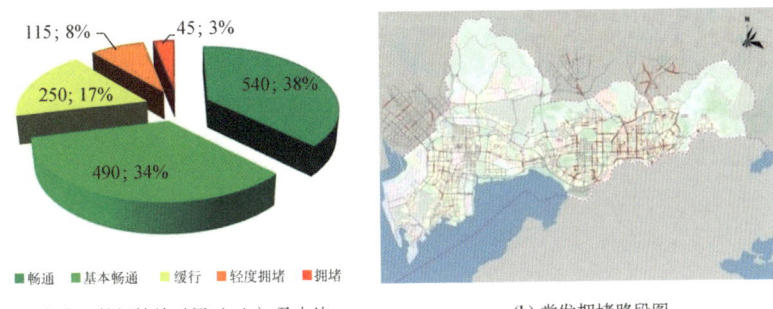

(a) 各交通等级持续时间（min）及占比　　(b) 常发拥堵路段图

图 1-16　交通拥堵时间特征主要表现形式

1.3.2.3　空间特征：指数地图

在路段或片区地图上采用不同的颜色表现不同的拥堵等级，能够反映道路交通运行状况的空间分布情况。遴选出其中拥堵的路段或片区（$TPI \geqslant 6$）并在地图上显示，能够突出地展现交通拥堵在空间的分布与扩散情况，如图 1-17 所示。

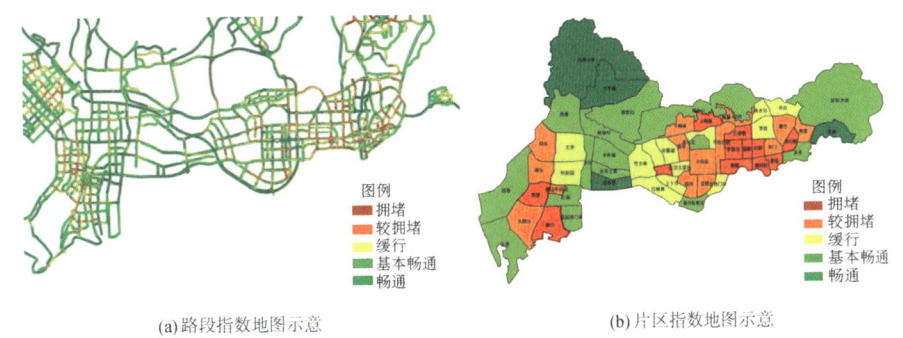

(a) 路段指数地图示意　　(b) 片区指数地图示意

图 1-17　交通拥堵空间特征主要表现形式

1.3.2.4　综合特征：拥堵时空图

对于特定道路路段，拥堵时空图可综合全面地反映、评估路段上交通拥堵在时空的分布及演变情况（图 1-18），为研究拥堵产生和扩散机理提供很好的技术手段。

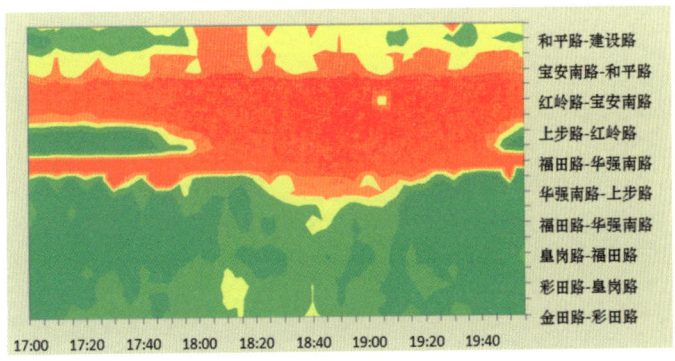

图 1-18　深圳市滨河大道典型日晚高峰拥堵时空图

2 探索交通指数系统的"前世今生"

2.1 早期探索：实时交通路况发布初步研究
2.2 阶段一：道路运行评估指标体系构建
2.3 阶段二：交通拥堵治理评估业务升级
2.4 阶段三：多源数据融合实现精度提升
2.5 阶段四：拥堵成因识别与应用化下沉
2.6 阶段五：指标体系与功能形态的延伸
2.7 阶段六：业务场景化模式的功能拓展
2.8 阶段七：拥堵溯源与自定义工具开发

深圳交通运行评估的早期探索可以回溯到2005年,以城市交通仿真系统为依托,实现早期的数据汇聚和应用。基于早期探索的研究成果,深圳市道路交通运行指数系统(简称深圳交通指数系统)于2012年正式立项建设,先后经过了七个阶段的逐步完善,纳入并融合了超过10种数据源,构建了20类评估指标,形成了超过100个功能。该系统面向公众、业务人员、专业技术人员、高层领导等多重用户,实现了Web端、移动端、大屏端等多表现形式的系统应用,并经过不断迭代与更新,发展进阶和演变,构建了相对完善的运行指标体系,以及面向业务与应用的升级、拓展和下沉。其发展过程如图2-1所示。

截至2022年,对深圳交通路况的研究工作已逾10年,实现了道路交通运行实时监测、多维分析、数据查询、短时预测及开放共享等功能,在全市拥堵治理、片区改善、需求管理、政策研究、跨部门业务支撑等工作中发挥了重要的数据支撑作用。

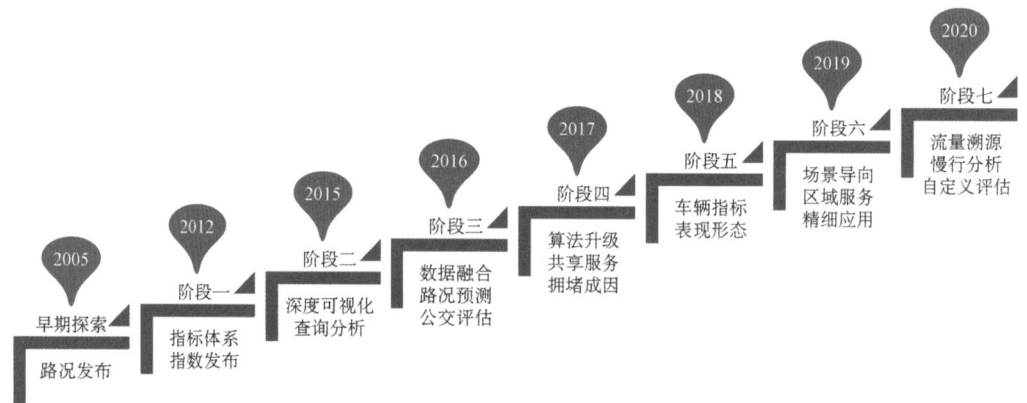

图2-1 深圳交通指数系统发展过程

2.1 早期探索:实时交通路况发布初步研究

2005年,深圳市率先利用大规模出租车数据采集技术,实时采集5 000辆出租车GPS数据,每天处理约450万条数据,实时路况数据覆盖深圳经济特区内(包括福田区、罗湖区、南山区)80%以上道路,早于高德、百度等导航软件。除了出租车数据外,还在深圳经济特区内关口、境界线及主要交通走廊安装了67套雷达定点检测设备,通过GPRS无线通信网络传输动态定点数据,实现浮动车数据与定点数据的融合,大幅度提高了交通状态判断精度。基于上述成果,深圳市构建了国内第一个城市交通仿真系统(图2-2),实现了深圳市交通路况实时发布和在线交通运行分析,为交通管理决策提供了有力支持,并因此荣获2007年华夏建设科学技术奖一等奖。

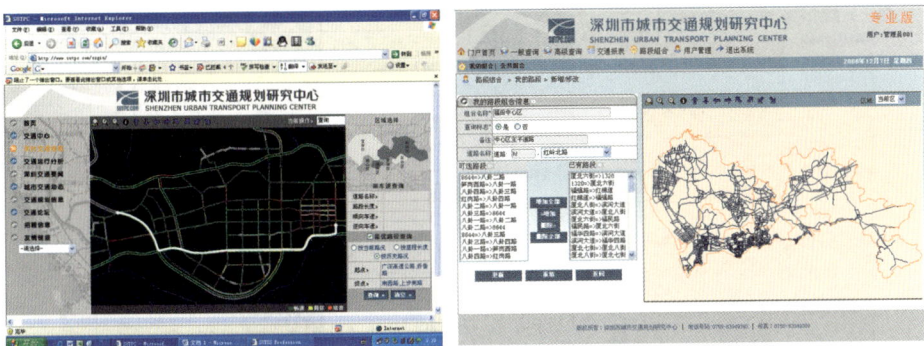

图 2-2 深圳市城市交通仿真系统

2.2 阶段一：道路运行评估指标体系构建

2012年，深圳市启动道路运行评估指标体系实施方案及发布应用研究，在详细调研对比国外先进经验的基础上，基于全市 14 000 多辆出租车的 GPS 数据，首次提出了基于行程时间比的指标体系，构建了面向"区域—道路—关口"的道路运行评估指标体系。基于该体系，制定交通信息发布应用方案，研究发布应用关键技术，实现了深圳经济特区内面、线、点的实时交通运行状况发布（图 2-3、图 2-4）。同时，建立了专题网站、官方微博、移动终端、报纸、电视等多种交通指数与路况信息发布渠道（图 2-5），向社会公众发布实时道路交通运行状况，引导市民"智慧出行"。

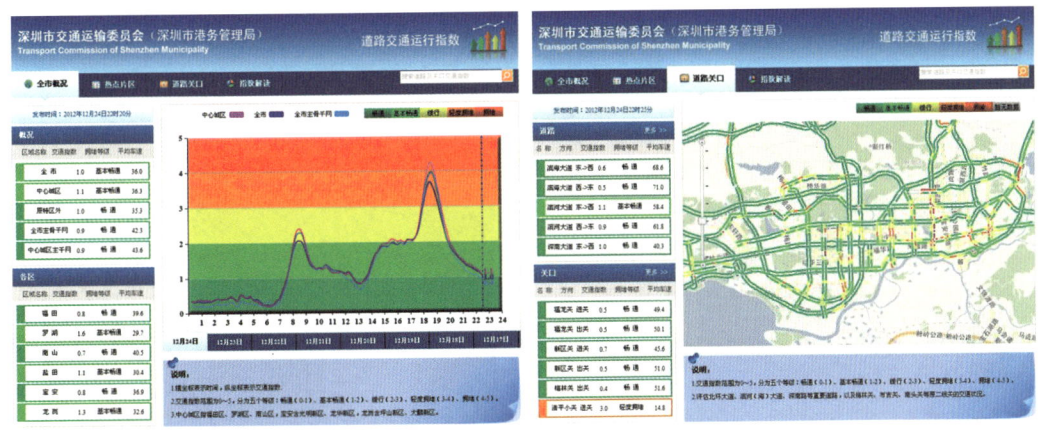

图 2-3 道路交通运行指数网站面向公众发布（热点片区页面）

图 2-4 道路交通运行指数网站面向公众发布（道路路况页面）

注：深圳市交通运输委员会（深圳市港务管理局）2019年更名为深圳市交通运输局（深圳市港务管理局）。

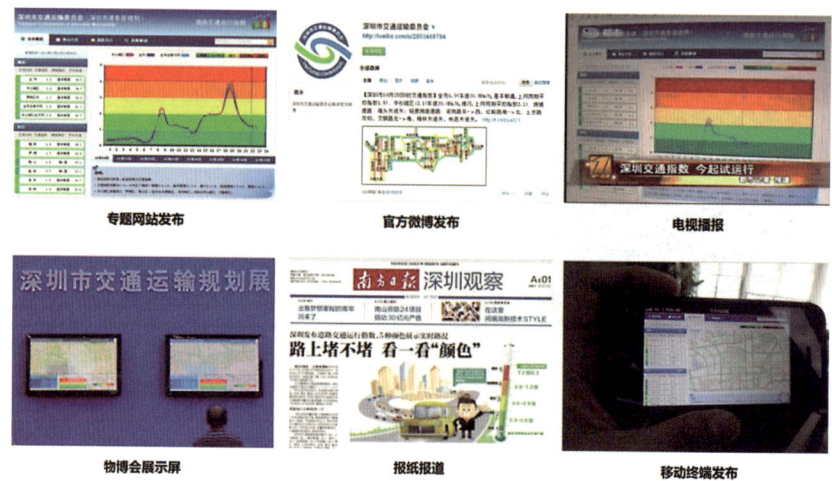

图 2-5　多渠道发布道路交通实时运行状况

2.3　阶段二：交通拥堵治理评估业务升级

2015年，搭建了面向交通管理人员的专业版深圳交通指数系统（图 2-6）。针对拥堵治理、停车政策的精细化评估需求，对全市路网、小区进行深度细化与重新编码，开发路内停车收费分析、常发拥堵识别（图 2-7）等功能模块，支持不同场景下的交通运行评估与决策。建立了支持多维度交叉历史查询与在线分析的系统，基于图表、Web GIS 等方式对分析结果进行动态可视化，并定制了在线一键生成的报告模板（图 2-8），实现分析报告的自动生成，大幅提高交通管理人员的工作效率。

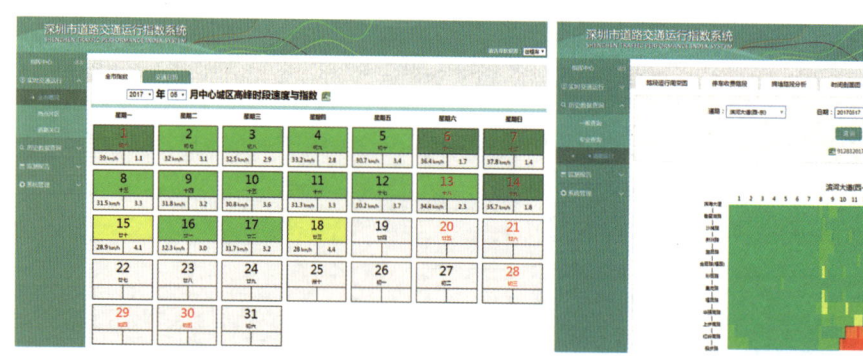

图 2-6　全市交通日历　　图 2-7　采用拥堵时空图表征通道的交通状态在时间和空间上的演变

2 ■ 探索交通指数系统的"前世今生"

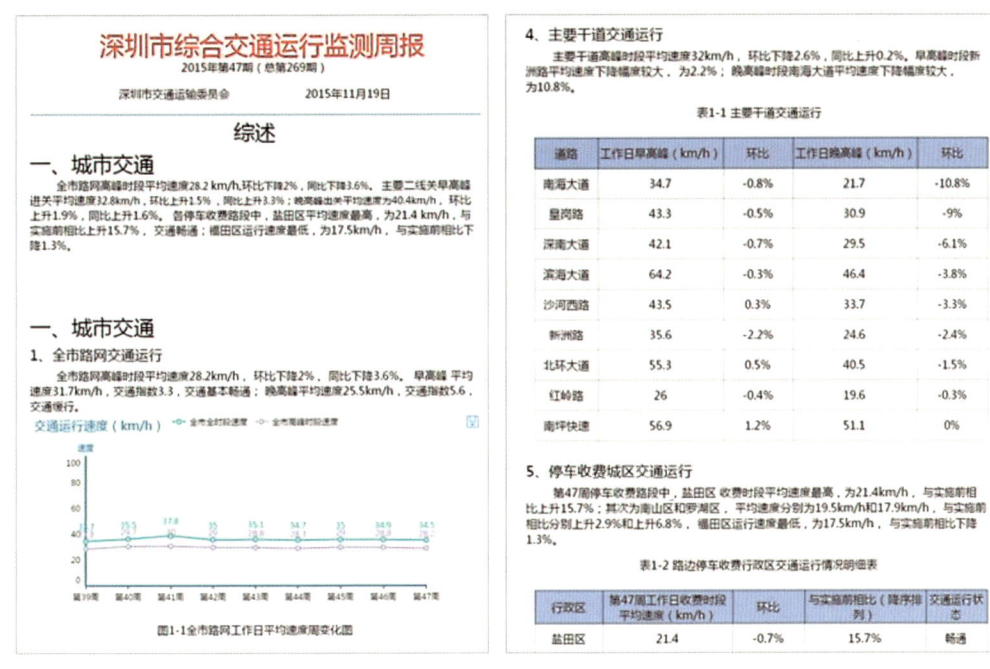

图 2-8　城市交通运行、主要干道交通运行和政策交通影响评价等评估场景自动化报告

2.4　阶段三：多源数据融合实现精度提升

2016年，深圳交通指数系统在单一出租车GPS数据基础上，接入地图导航、公交车GPS数据，构建不同类型车辆GPS数据的多源融合模型，大幅提升路况监测覆盖范围（全市覆盖率超过80%，中心城区覆盖率超过92%）。同时，进一步提升道路运行监测评估的精度，路况总体精度超过90%，从整体上实现了深圳市路况监测广度和精度的双重提升。基于历史数据的挖掘，系统建立了路况短时预测模型，实现道路路况的短时预测（图2-9）、趋势预判和拥堵预警，为诱导管控及公众出行提供了服务支持。此外，本阶段建立了常规公交运行评估体系，重点评估公交车与小汽车的相对竞争力（图2-10），支撑对公交提速1.5战略①实施的跟踪评估。

---

① 2015年，深圳市交通运输委员会(深圳市港务管理局)开始推行公交提速1.5战略，即通过提高公交运行速度，将公交全程出行（包含步行至公交站、候车、乘车以及步行至目的地等）时间控制在小汽车出行时间的1.5倍以内，建立可与小汽车竞争的公交服务体系。

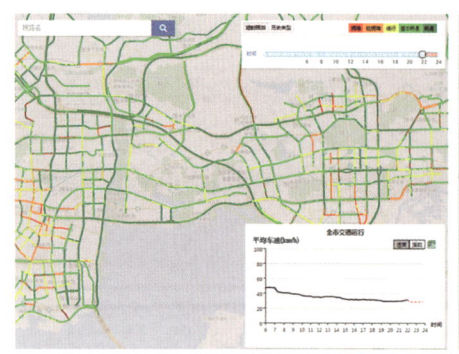

图 2-9　未来 2 h 的路况短时预测　　图 2-10　分区域、专用道或所有道路上公交车与小汽车的速度对比

2.5　阶段四：拥堵成因识别与应用化下沉

2017 年，系统引入客货营运车辆 GPS 数据（包括客运班车、客运包车、货运车和危险品运输车）、地磁等更多数据源，实现了临深区域和全省高速公路的路况覆盖；基于深度学习、人工智能等技术对特殊交通事件影响特征进行分析，支持对施工、特殊活动、恶劣天气等类型事件拥堵成因的智能识别与分类，实现拥堵预警与成因提示。此外，面向各区交通局精细化管理需求，对重点、热点区域周边的道路进行拥堵监控、预警及评估（图 2-11、图 2-12）。同时，构建面向不同用户的分级共享接口，实现多维度交通结果数据的开放共享。

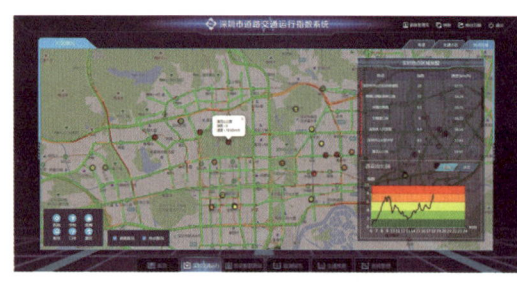
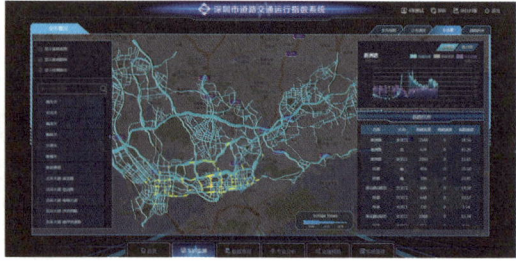

图 2-11　支持面向市、辖两级权限的辖区热点周边路况监控和预警　　图 2-12　精细化的路网流量可视化评估分析

2.6　阶段五：指标体系与功能形态的延伸

2018 年，实现了对出租车、地图导航小汽车、公交车等车辆出行特征的提取，构建了车

辆运行指标体系,针对系统路况评价指标较为单一的情况,提出了拥堵里程、拥堵时空值、拥堵里程比例、交叉口延误、可靠性、可达性等指标(图2-13),进一步完善道路运行评估指标体系。此外,在原交通指数系统的基础上升级了专业版交通指数系统、公众版交通指数网站(图2-14)以及大屏演示系统(图2-15),开发了移动端页面,形成面向不同业务场景的"大、中、小"多种表现形态的应用软件集,全面支持交通管理业务和公众出行服务。

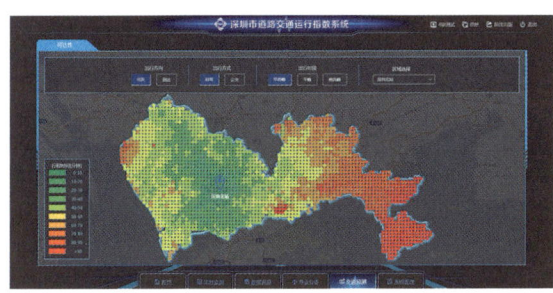

图2-13 不同出行方式、出行时段到不同热点区域可达性情况分析

图2-14 公众版交通指数网站

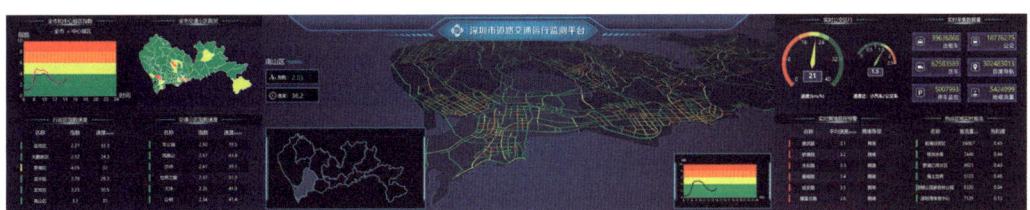

图2-15 监测预警大屏系统

2.7 阶段六:业务场景化模式的功能拓展

2019年,面向不同场景的专题影响分析报告需求,定制了专题分析报告模板,支撑用户实现特殊场景下的任意时间范围交通影响评估等工作。同时,紧密贴合交通业务部门的需求,实现面向专题场景定制的升级:一是构建了面向不同辖区的区域级道路交通运行监测平台(图2-16),支持各辖区局聚焦区域内交通运行监测概况;二是构建了面向货运车辆的特征分析模块,研究不同时间切片的货运停留点和货运通道特征,协助货车通道规划和影响评估;三是面向重点区域人员应急疏散(图2-17),研究大型活动中人流交通生成、分布及交通方式划分的预测方法,总结各类交通方式的应急车辆调度方法,支撑大型活动的人员应急疏散车辆调度等。

图 2-16 面向不同辖区的道路交通运行监测平台

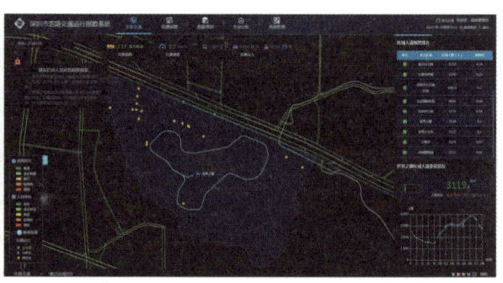
图 2-17 基于重点区域场景的综合监测预警和客流疏散

2.8 阶段七:拥堵溯源与自定义工具开发

2020年,深化"监测感知—问题识别—成因追踪—方案支撑—治理评估"的五段式交通治理模式,全过程赋能交通管理业务部门的实际业务,以断面检测流量和浮动车数据为基础建立典型路段的流量推断模型,基于初始OD矩阵的动态分配拟合,实现路网主要干道的流量推算,并基于海量的历史轨迹数据、出行OD等数据,构建路段流量溯源模型,识别通行车辆在全路网路段的分布情况(图2-18)。此外,支持对重点片区的自定义选择配置,开发对重点片区的路况监控和评估的需求配置工具,实现对自定义区域(包括重点路段)监控、画像特征提取、拥堵时空等的分析,为不同业务需求来源的区域研究提供良好的分析工具。同时,构建了面向交通综合治理场景的慢行出行特征综合分析,提供基于共享单车开关锁数据的慢行出行量分布(图2-19)和轨道接驳量分布功能,为道路拥堵改善方案制定慢行提升的相关辅助分析。

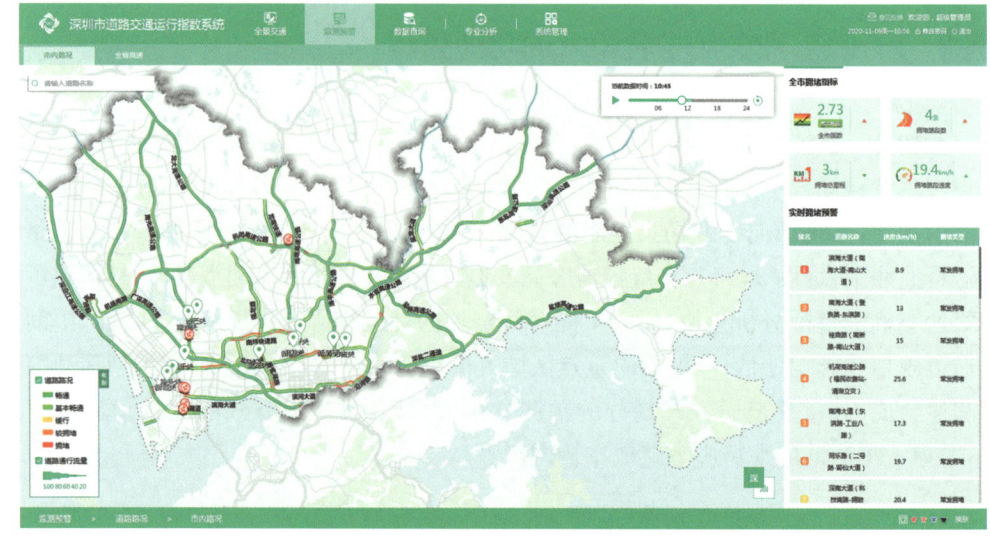
图 2-18 面向全市主要干道路网的流量推算

图 2-19 面向交通综合治理场景的慢行出行特征分析示意

3 交通指数的核心数据源及特征

3.1 监管车辆 GPS 数据
3.2 地图导航数据
3.3 手机信令数据
3.4 地磁检测数据
3.5 车牌识别数据
3.6 监控视频数据
3.7 气象数据
3.8 数据特征小结

数据是城市道路交通运行指数系统的核心,城市道路交通运行状态是道路上运行的所有车辆行为共同作用的结果,单一类型车辆运行结果无法反映路网的真实运行水平,纳入考虑的车辆类型数据越多,对交通运行情况的评估越准确。深圳市道路交通运行指数系统在研发过程中融合了出租车(包括巡游出租车和网络预约出租车)、公交车等监管车辆 GPS 数据,地图导航数据和手机信令数据等,不同类型的数据源均有其特征及应用场景,通过融合多数据源的海量数据,可以扩展系统的监测覆盖范围,提高系统的计算精度。

3.1 监管车辆 GPS 数据

3.1.1 巡游出租车 GPS 数据

浮动车数据是指基于车辆 GPS 装置,按一定的采样频率不断回传所经过路段的时间戳、瞬时速度、坐标位置、车辆状态以及事件报告等数据。基于 GPS 的浮动车检测技术是移动检测技术的一种,是一种空间序列的数据采集,属于"线"检测,可以提供连续路段,甚至整个路网的交通信息。

巡游出租车(简称巡游车)作为政府部门监管的重点运营车辆,车辆上均装有 GPS 模块。车载的 GPS 终端在运行过程中,实时动态回传车辆位置和行驶状态数据。截至 2022 年底,深圳全市共有巡游车约 1.9 万辆,每辆车按 10~20 s 的频率实时回传车辆的相关信息,因此可以基于动态的巡游车轨迹点和状态信息进行路况计算。

巡游车 24 h 全天运营,车辆数稳定,采样频率相对固定,GPS 数据带有详细的时间、经纬度坐标、速度、方向角、状态等信息,全天的数据分布相对稳定,因此可以用于市内,尤其是中心城区的道路实时路况计算,如表 3-1 所示。然而,巡游车在城市中心城区内较为集中,外围区域覆盖相对不足(图 3-1),因此需要融合其他数据计算全局路网的交通运行状态。

表 3-1 巡游车 GPS 数据格式

属 性	类 型	范 例	说 明
定位日期	整型	20141120	2014 年 11 月 20 日
定位时刻	整型	234	00:02:34
车牌号码	文本型	粤B××××	车辆唯一标识
经度	浮点型	113.887 199	小数点后取 6 位
纬度	浮点型	22.590 599	小数点后取 6 位
速度	整型	23.1	瞬时速度(km/h)
方向角	整型	225	与正北方向的顺时针夹角(0°~359°)
运营状态	整型	0	有空载(0)、重载(1)两种状态
数据可用性	整型	1	有正常(1)、异常(0)两种状态

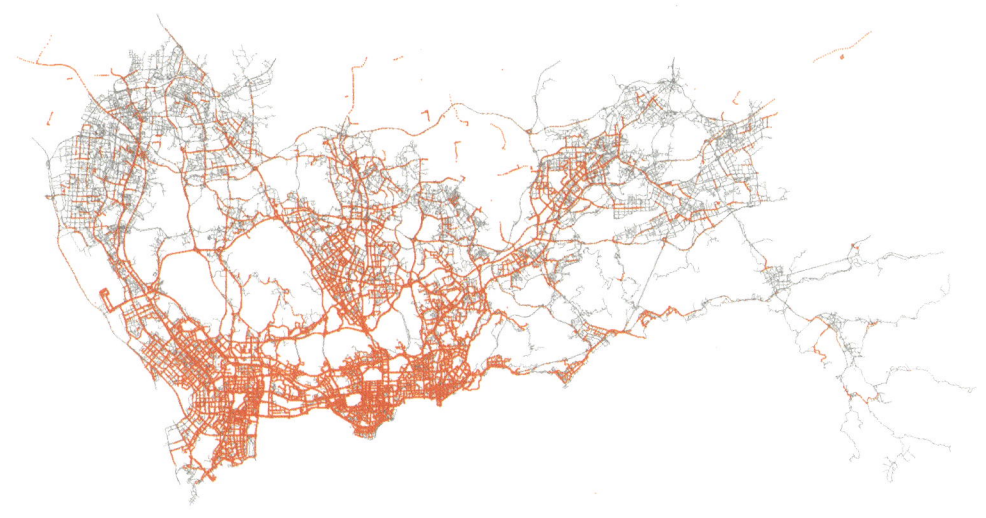

图 3-1　出租车 GPS 数据分布情况

巡游车运行特征如下。

(1) 运营时间：巡游车基本全天候运营，运营时间较长，司机劳动强度较高，在运营过程中，需要进行交接班。

(2) 运行起点：巡游车无固定运行起点，乘客可在任意位置打车，具有较高的便利性。

(3) 运行终点：巡游车每次的运行终点为用户指定，并且巡游车出行对道路条件要求不高，几乎可抵达城市的每个角落，出行通达性较好。

(4) 运行路线：当出行起终点确定后，司机会基于自身驾驶经验对出行路径进行选择，具有较高的灵活性。

(5) 运行状态：巡游车在道路上的运行状态有空载和重载两种，其载客时间取决于该区域内的乘客需求情况，空载巡游车会增加道路负担。

(6) 运行速度：当巡游车空载时，一般会减慢行驶速度，以方便寻客。而当巡游车重载时，行驶速度会加快，且中途不会停车或上下客，以便尽快将乘客送至目的地。在计算过程中，一般仅使用载客巡游车的数据，避免引入低速的空载车辆数据而导致计算速度偏低。

3.1.2　网络预约出租车 GPS 数据

网络预约出租车（简称网约车）按照监管要求，须安装具有行驶记录、车辆卫星定位、应急报警等功能的车载终端。车载终端可实时上传网约车的位置信息及行驶记录，为车辆运营监管提供数据依据。网约车不能随停载客，只能通过网约车系统派单接客。

截至2022年底,深圳市共许可网约车近9.7万辆,每日活跃车辆①约3.2万辆,网约车GPS数据分布情况如图3-2所示,其数据格式如表3-2所示。

图3-2 网约车GPS数据分布情况

表3-2 网约车GPS数据格式

属　性	类　型	范　例	说　明
定位日期	整型	20141120	2014年11月20日
定位时刻	整型	234	00:02:34
车牌号码	文本型	粤B××××	车辆唯一标识
经度	浮点型	113.887 199	小数点后取6位
纬度	浮点型	22.590 599	小数点后取6位
速度	整型	23.1	瞬时速度(km/h)
方向角	整型	225	与正北方向的顺时针夹角(0°～359°)
运营状态	整型	1	共有载客(1)、接单(2)、空驶(3)、停运(4)四种状态

网约车运行特征如下。

(1)运营时间:根据网约车司机自身时间运营,运营时间灵活,全天候均有车辆提供服务。

(2)运行起点:无固定运行起点,乘客可在任意位置约车,具有较高的便利性。

(3)运行终点:每次的运行终点由用户指定,并且对道路条件要求不高,几乎可抵达城市的每个角落,出行通达性较好。

---

① 定义每日活跃车辆为:每天完成订单量大于等于10单的网约车车辆数。数据参考自深圳市交通运输局政务公开数据,深圳市2022年上半年每日活跃车辆为30 505辆,下半年为34 480辆。

(4)运行路线:出行起终点确定后,网约车司机会基于系统导航对出行路径进行选择。

(5)运行状态:在道路上的运行状态共有载客、接单、空驶、停运四种,载客时间取决于该区域内的乘客需求情况,空载会增加道路负担。

(6)运行速度:当空驶时,一般会减慢速度行驶,等待系统派单;而当载客时,行驶速度便会加快,以尽快将乘客送至目的地。

3.1.3 公交车 GPS 数据

公交车与出租车同属于浮动车,都可用于实时的交通运行数据采集和路况计算。截至2021年底,深圳市共有公交车约1.6万辆,区别于出租车的运行特征,公交车主要集中在白天时段运行,夜间车辆较少,采样频率相对均匀,约10~20 s,其GPS数据格式如表3-3所示。

表 3-3 公交车 GPS 数据格式

属 性	类 型	范 例	说 明
定位日期	整型	20141120	2014 年 11 月 20 日
定位时刻	整型	234	00:02:34
车牌号码	文本型	粤B××××	车辆唯一标识
经度	浮点型	113.887 199	小数点后取 6 位
纬度	浮点型	22.590 599	小数点后取 6 位
速度	整型	23.1	瞬时速度(km/h)
方向角	整型	225	与正北方向的顺时针夹角(0°~359°)
所属线路	文本型	306 路	车辆所属的线路名称
报站状态	整型	1	有区间(0)、进站(1)两种状态

由于公交车车型较大,且需经常停靠站,运行速度与实际道路运行速度有较大偏差,但公交车相比出租车空间分布更均匀(图3-3),公交车线路分布能够覆盖城市外围区域的主要道路。因此,可将公交车数据放入路况计算模型中,通过速度融合修正,补充外围区域的数据覆盖。

公交车运行特征如下。

(1)运营时间:不同线路的公交车有固定的运营时间,白天运营线路和班次多于夜间。

(2)运行起点:公交车的运行起点固定,通常的运行起点为公交总站。

(3)运行终点:公交车运行终点固定,终点为运营线路上的最后一个站点,在到达最后站点前,需要经过线路的各个站点。

(4)运行路线:公交线路相对固定,公交车必须按指定的运营线路行驶。

图 3-3 公交车 GPS 数据分布情况

(5) 运行状态：公交车在道路上的运行状态视为持续载客运营状态。

(6) 运行速度：公交车运行速度低于小汽车，在公交车专用道行驶速度高于普通车道。

3.1.4 客货营运车辆 GPS 数据

截至 2022 年底，深圳共有客货（客运和货运）营运车辆约 16 万辆。客货营运车辆上均安装有 GPS 模块，可以实时定位并回传车辆的位置、速度、方向角等信息。本质上讲，客货营运车辆也属于浮动车的一种。客货营运车辆的 GPS 数据按固定格式，以 20～60 s 的间隔定时回传，数据如表 3-4 和图 3-4 所示。

表 3-4 客货营运车辆 GPS 数据格式

属　性	类　型	范　例	说　明
定位日期	整型	20141120	2014 年 11 月 20 日
定位时刻	整型	234	00:02:34
车牌号码	文本型	粤B××××	车辆唯一标识
经度	浮点型	113.887 199	小数点后取 6 位
纬度	浮点型	22.590 599	小数点后取 6 位
速度	整型	23.1	瞬时速度(km/h)
方向角	整型	225	与正北方向的顺时针夹角(0°～359°)
数据可用性	整型	1	0 表示异常，1 表示正常
车辆颜色	整型	1	有蓝(1)、黄(2)、黑(3)、白(4)、其他(5)等颜色

(续表)

属 性	类 型	范 例	说 明
行车速度	整型	0	单位:km/h
总里程数	整型	17	单位:km
海拔高度	整型	0	单位:m
车辆状态	整型	3	运营状态等
报警状态	整型	0	超速报警灯

图 3-4　客货营运车辆 GPS 数据分布情况(以货车数据分布为例)

客运营运车辆包括客运班车和客运包车,主要是城际出行服务,出行时间主要集中在白天时段,夜间相对较少,主要通过城市主要干道通行。货运营运车辆包括货运车、泥头车和危险品运输车,车型普遍为大型车辆,运行速度低于小汽车,受市内限行影响,在市中心分布较少,主要运行分布在主要的货运通道和高速公路等,出行时间分布均匀。由于客运车和货运车的车型普遍大于小汽车,所以纳入路况计算模型时需要进行速度融合修正。

3.2　地图导航数据

地图导航数据依赖于对地图软件的使用,类似于 GPS 模块,用户在使用地图软件时,只要用户允许地图软件采集相应位置数据,即可采集相关的信息,包括手机设备相应的经纬度、速度等,如表 3-5 所示。一般,白天在使用的导航设备量较多,夜间相对较少(以某地图营运商为例,导航数据白天峰值 2.5 万用户在线,凌晨约

2 000个用户),地图导航数据采样频率为秒级,采样频率高,数据体量大,且在全市空间范围的分布均匀(图3-5),对全市的覆盖度高,可用于市内实时交通运行情况的计算。

表3-5 地图导航GPS数据格式

属性	类型	范例	说明
定位日期	整型	20141120	2014年11月20日
定位时刻	整型	234	00:02:34
设备ID标识	文本型	K523ay129	设备唯一标识
经度	浮点型	113.887 199	小数点后取6位
纬度	浮点型	22.590 599	小数点后取6位
速度	整型	23.1	瞬时速度(km/h)
方向角	整型	225	与正北方向的顺时针夹角(0°~359°)
导航状态	整型	11	11为导航,10为非导航

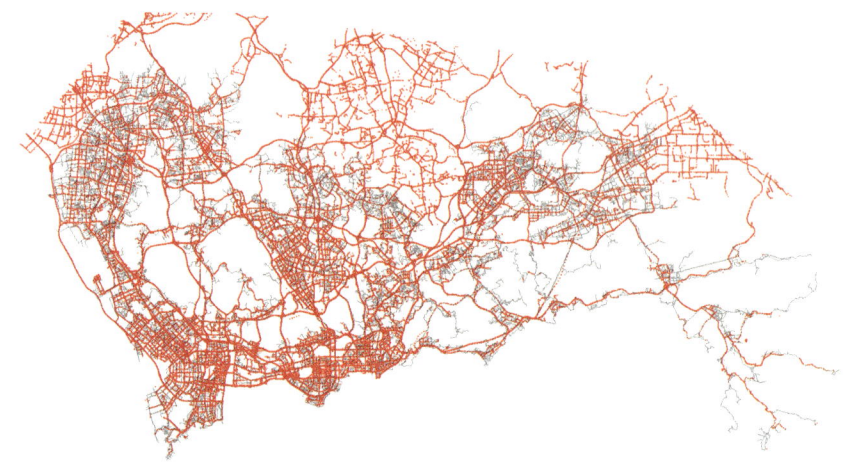

图3-5 地图导航GPS数据分布情况

地图导航数据的运行特征如下。

(1)运营时间:导航车全天候行驶,当车辆使用地图软件的导航功能时产生数据,关闭导航功能时数据同时消失,行驶时间不固定。

(2)运行起点:导航车数据无固定运行起点,可在任意位置产生起点,一般情况下,在出行者打开导航功能时产生第一个数据点。

(3)运行终点:导航车数据无固定运行终点,可在任意位置产生终点,一般情况下,在出行者关闭导航功能前产生最后一个数据点。

(4)运行路线:当运行的起终点确定后,出行者会基于导航功能推荐较优的路径驾驶。

(5) 运行速度：由于出行者不熟悉出行路线，依赖导航指引信息行驶，行驶速度相对低于出租车。

3.3 手机信令数据

利用手机移动通信网络中的定位信息来分析推算动态交通状况是一种广域动态交通探测技术。该技术充分基于现有的移动手机网络资源，利用已有手机通信中的少量信息，定位手机用户，进而获取实时交通数据和动态交通出行数据。基于手机的实时交通信息采集技术，只需在现有的移动手机网络上安装少量的采集设备，安装成本十分低廉，模型简洁，运行稳定，对移动通信网络的正常运行影响很小，就能在短时间内完成城市内大范围的实时交通数据采集，是一项非常适合实时交通信息采集的技术。

近年来，基于移动网络手机信令数据的交通信息采集技术正越来越被各个城市的交通主管部门重视与应用。外围高速公路等大交通网络，运用手机数据进行出行推测和车速计算，具有大样本、全覆盖的特征。利用手机信令信息进行道路交通通行状态数据采集和处理可以成为传统固定交通检测器数据采集的有力补充。手机信令数据主要包括以下四个信息。

（1）匿名用户编号 MSS：可以理解为手机用户的 ID。

（2）时间戳：记录了信令事件的发生时间。

（3）基站小区编号：信令事件发生时所在的基站小区。

（4）信令事件类型：记录了用户手机行为属性，如挂机、发短信、接短信、主叫、被叫、正常位置更新、小区切换等。

系统接入的手机信令数据为已提取的结果信息，主要为热点区域实时客流数据，其数据基本信息如表 3-6 所示。数据更新时间间隔为 15 min，主要用于对热点区域的人流量和拥挤度进行实时监控，支持对热点区域周边关联道路的承载力分析及拥堵预警。

表 3-6 热点区域客流数据基本信息

属　　性	说　　明
热点区域 ID	编码 ID
热点区域名称	—
时间	—
客流量	实时的热点区域总客流
饱和度	当前客流/最大客流总量
服务水平	根据客流饱和度划分舒适、基本舒适、拘束、较拥挤、拥挤等等级

3.4 地磁检测数据

地磁检测器主要安装于主干道和关键路口,在一定的时间间隔下记录交通流量、占有率、点速度等基本交通参数。地磁检测器采集属于"点"检测,是一种基于时间序列的采集方式(图3-6)。地磁检测器在特定点对经过的所有车辆进行采集统计,能表征整个路段在一定采样间隔内所有的交通流情况,采集的流量、占有率等信息的精确度较高,根据所获取的占有率信息可以计算出该道路上的交通密度,但仅在非拥堵情况下计算的结果才精确。地磁检测器采集的数据精度较高,但其只能检测路口或特定点的交通信息,难以检测路段交通信息,完备性不足。仅以固定的地磁检测器采集交通信息,会导致城市道路网上大量的信息无法检测到。另外,固定的地磁检测器的安装及维修会中断交通,破坏路面,且易被重型车损坏,维护便利性差。固定的地磁检测器由于自身的测量原理所限,当车流拥堵、车间距小于3 m时,其检测精度大幅度降低,甚至无法检测。地磁检测器线圈测得的数据还需建立数学模型才可得到通行时间和通行速度,可靠度较低。

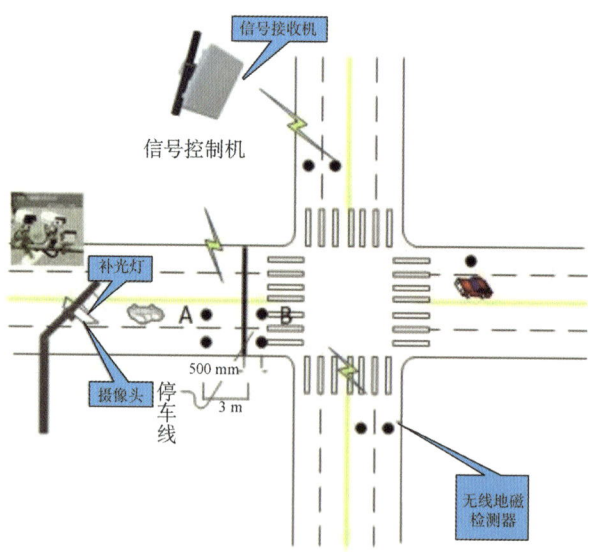

图3-6 无线地磁检测器

地磁检测器主要布设在交叉路口或者重点道路断面,每个断面细化到车道级,可实现按车道的实时检测。目前,深圳市的地磁点位的布设相对较少,且主要集中在市中心区的局部道路,还未形成可用于计算路段速度的密集布点体系,而单点的地磁检测速度不能反映路段的真实运行情况。因此,交通指数系统接入的地磁检测数据未纳入路况计算融合框架,只用于重点路段的流量查询,支持交通运行综合分析,其基本属性见表3-7。

表 3-7 地磁数据基本属性

属 性	类型	范例	说 明
路口代码	整型	19980103	路口唯一的编码
车道代码	整型	110	断面每个车道的编码
流水时间	整型	20110912001212	2011年9月12日 00:12:12
车型	整型	2	分为大车(1)、中车(2)、小车(3)、微型车(4)四种类型
平均车头时距	整型	2700	单位:ms
平均速度	浮点型	21.44	单位:km/h
平均车间距	浮点型	1.55	单位:m
平均占有时间	整型	360	单位:s
平均车长	浮点型	4.95	单位:m

3.5 车牌识别数据

该数据为路面卡口和路口的电子警察等摄像监测设备实时获取的车牌识别数据,主要包括监测设备编号、识别时间、车牌号等信息,数据结构如表 3-8 所示。

表 3-8 车牌识别数据格式

属性	类型	范例	说明
车牌号码	字符串	粤B×××××	
识别时间	整型	1025845236	10 为 unix 时间戳
上传时间	整型	1025845336	10 为 unix 时间戳
监测设备 ID	字符串	20158795	
车道编号	字符串	1	从路中到路侧的顺序,从 1 开始编号
行驶速度	整型	23	瞬时速度(km/h)
车辆类型	字符串	1	有小汽车(1)、面包车(2)、货车(3)等类型
车牌类型	字符串	1	有未知(0)、蓝牌(1)、黑牌(2)等类型
违法类型	字符串	0	
置信度	字符串	1	该前端设备/平台时间是否可信,如 1 表示可信
号牌颜色	字符串	2	有未知(0)、蓝(1)、黑(2)等类型
出行方向	字符串	1	

3.6 监控视频数据

视频数据是摄像监控设备获取的实时图像数据。视频检测技术需要结合视频图像和模式识别技术，通过数字化技术，分析并应用于交通领域。在很短的时间内，摄像机连续拍摄2幅图像，对2幅图像的全部或部分区域进行比较；若差异超过一定的阈值，则说明有运动车辆。它的主要作用是统计交通数据和用于与事件有关的交通数据采集。

视频检测器可以用于事件、流量、速度、排队长度等参数的检测。视频点位数据的基本属性如表3-9所示，其记录了每个视频点位的经纬度、所在道路名称和道路类型等。

目前，大部分的视频点位主要起监控作用，视频点位布设不够密集，且布设位置、角度及清晰程度并没有专门考虑用于交通参数监测、车牌识别等应用需求。交通指数系统目前接入的视频数据主要用于校核道路交通运行路况，用户在查看道路路况时，可以点击打开该路段上的视频，对比系统计算结果和实际路况是否相符，以支持系统进一步升级优化。

表3-9 视频点位数据基本属性

属 性	类型	范例	说 明
ID	整型	1	编码
镜头编号	字符串	hllvideo20139	摄像头编码
所在道路名称	文本型	沙河西路	道路名称
经度	浮点型	113.887199	摄像头位置经度
纬度	浮点型	22.590599	摄像头位置纬度
道路类型	整型	1	共有高速公路(1)、快速路(2)、主干路(3)三种类型

3.7 气象数据

气象数据包括温度、湿度、降雨量、累计降雨量等信息。天气对交通运行的影响主要表现在影响道路的物理特性上，进而影响驾驶行为。长时间的降雨或强降水常导致交通运行速度下降、交通拥堵，也容易引发交通事故。大量的降雨导致道路积水，甚至会中断道路交通，严重影响正常的交通运行。因此，获取实时的天气数据（包括预报数据）将在一定程度上辅助交通运行分析和建立相关的交通运行计算模型。

气象数据主要是每个片区实时的天气情况，其基本属性如表3-10所示，包括片区ID、温度、湿度、实时降雨量、累计降雨量等，主要用于实时天气展示、拥堵关联分析、积水点识别及路况预测等功能。

表 3-10 气象数据基本属性

属 性	类 型	范 例	说 明
片区 ID	整型	1	数据获取的片区编号
日期	整型	20180303	—
时间片	整型	108	—
温度	数值型	20.8	实时温度
湿度	数值型	75.0	相对湿度
风速	数值型	5.0	实时风速
过去 1 min 累计降雨量	数值型	10.0	实时降雨量(mm)
过去 5 min 累计降雨量	数值型	10.0	累计降雨量(mm)
过去 12 min 累计降雨量	数值型	10.0	累计降雨量(mm)
过去 30 min 累计降雨量	数值型	10.0	累计降雨量(mm)
过去 1 h 累计降雨量	数值型	5.0	累计降雨量(mm)
过去 2 h 累计降雨量	数值型	5.0	累计降雨量(mm)
过去 3 h 累计降雨量	数值型	5.0	累计降雨量(mm)
过去 6 h 累计降雨量	数值型	0	累计降雨量(mm)
过去 12 h 累计降雨量	数值型	0	累计降雨量(mm)
过去 24 h 累计降雨量	数值型	0	累计降雨量(mm)

3.8 数据特征小结

3.8.1 主要数据特征对比

通过分析巡游车 GPS 数据、地图导航数据以及公交车 GPS 数据等不同数据对路网路段覆盖的数量(图 3-7),总结如下。

(1) 公交车在白天时段数据覆盖均匀,凌晨时段的数据可用性低。

(2) 地图导航数据分布趋势与出租车类似,10:00 以后数据覆盖度最高。

(3) 巡游车全天覆盖情况的波动较小,但在凌晨时段的覆盖度是最低的。

通过分析不同类型数据在各行政区次干道以上等级道路的路网覆盖情况(图 3-8),总结如下。

(1) 巡游车在中心城区(福田区、罗湖区、南山区)的覆盖情况优于公交车、地图导航数据。

(2) 公交车、地图导航数据在经济特区外的覆盖情况大大优于巡游车。

(3) 公交车由于其稳定性运营的因素,在经济特区外的覆盖度是最高的。

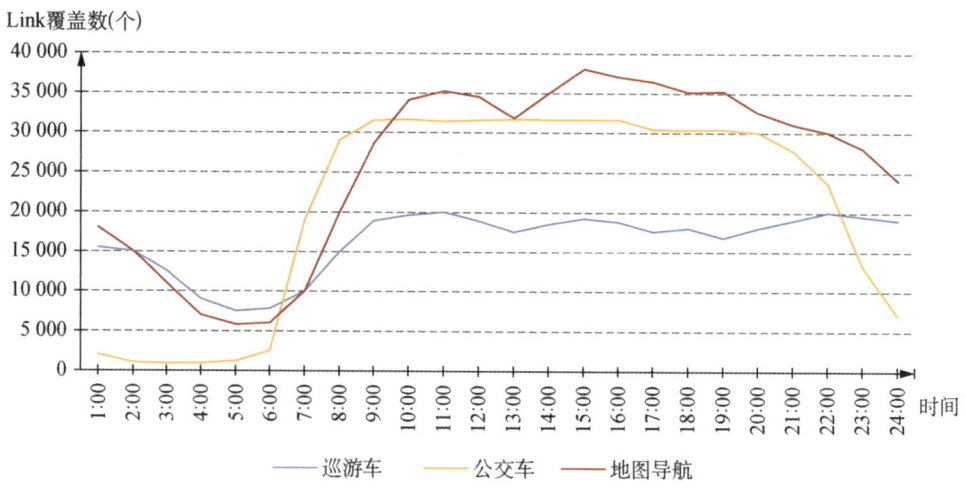

图 3-7 不同数据的覆盖情况

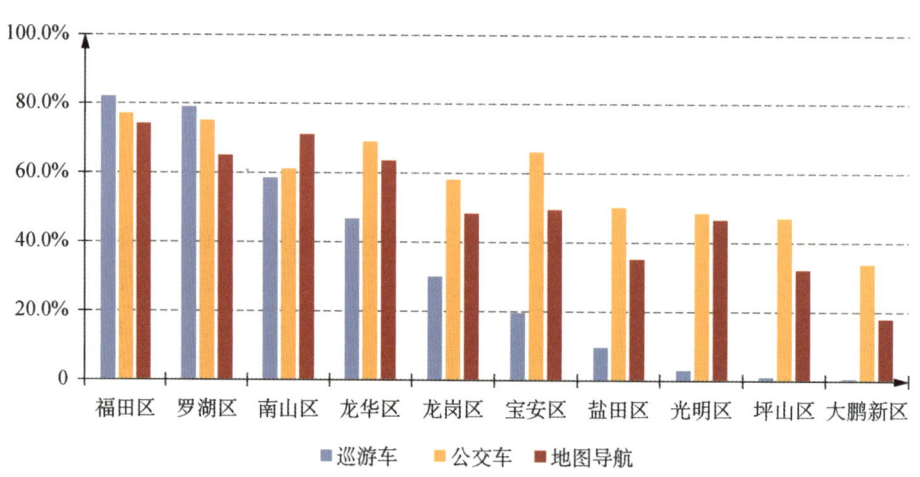

图 3-8 不同类型数据在各行政区次干道以上等级道路的路网覆盖情况

3.8.2 各类数据使用场景

考虑到现有数据实际特征与应用局限,计算系统路况时,纳入巡游车、地图导航和公交车三类 GPS 数据源。各类 GPS 数据源的体量及特征对比如表 3-11 所示。

表 3-11 各类 GPS 数据源的体量及特征

类型	采样频率	车辆数/设备数	特征
巡游车	10~20 s	全天在线多且稳定	时间分布均匀,空间分布不均,集中在中心城区
地图导航	1 s	白天在线多,夜间在线较少	时间分布不均,空间分布均匀,全市覆盖度高
公交车	10~20 s	白天在线多,夜间在线极少	时间分布不均,空间分布均匀,速度须修正

其他各类数据使用场景如下。

(1) 客货营运车辆GPS数据只用于计算全省高速公路的路况,不纳入计算市内道路的路况计算模型。

(2) 网约车GPS数据主要用于路况融合框架,以进一步提升路况数据的覆盖度和精度,同时用于分析车辆特征与网约车空间服务能力、计算交叉口延误。

(3) 手机信令数据主要用于对热点区域的人流量和拥挤度进行实时监控,支持对热点区域周边关联道路的承载力分析及拥堵预警。

(4) 地磁检测和车牌识别数据未纳入路况计算融合框架,只用于重点路段的流量统计及道路画像基本模型的应用,支持交通运行综合分析。

(5) 监控视频数据主要用于校核交通运行路况,用户在查看道路路况时,可以点击打开该路段上的视频,对比系统计算结果和实际路况是否相符,支持系统的精度校验和算法优化。

(6) 气象数据获取的是每个片区的实时气象数据,主要用于实时天气展示、拥堵关联分析、积水点识别及路况预测等。

4 看不见的"黑科技"

4.1 基础处理类
4.2 特征指标类
4.3 溯源预测类

为实现深圳交通指数系统的搭建和应用支撑,构建了一套全面的算法群(图4-1),这也是深圳交通指数系统的核心竞争力之一。交通指数系统算法群贯穿系统数据从接入、清洗、融合、分析到应用的全过程。根据算法解决的问题分为基础处理类、特征指标类及溯源预测类。

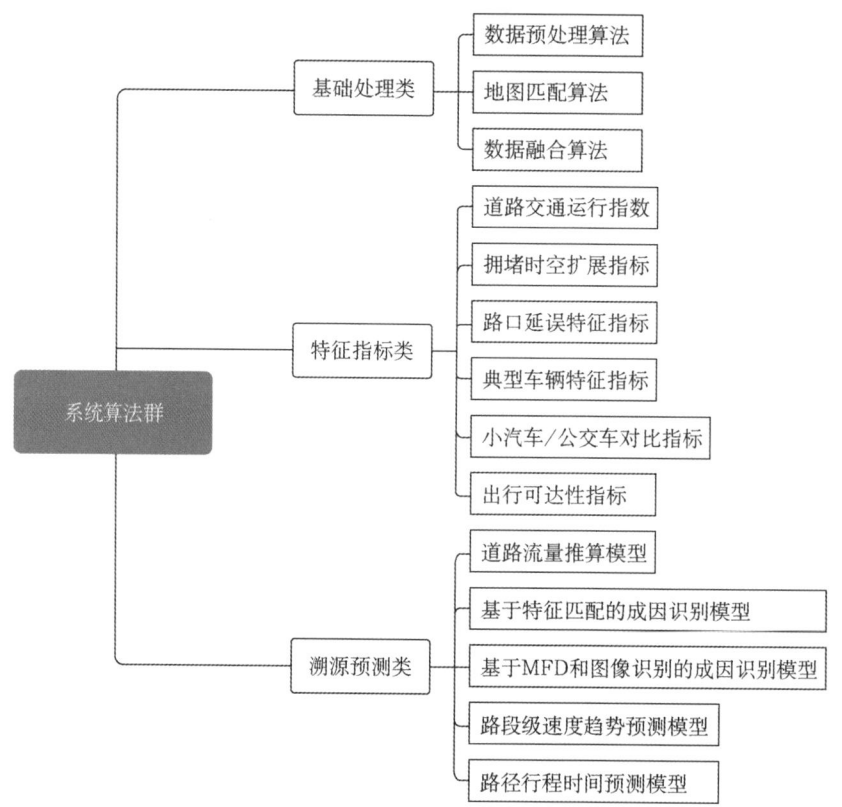

图 4-1 道路交通运行指数系统算法群

4.1 基础处理类

4.1.1 数据预处理算法

数据预处理包括数据接收与数据清洗两部分。

4.1.1.1 数据接收

针对不同协议类型,采用不同的技术方式进行解析,如图4-2所示。程序解析之后,统一采用JSON形式将数据推送至KAFKA集群。

1. 交通运输部标准809协议

如图4-3所示,动态交通数据采用VPN专线的形式传输,传输协议采用TCP/IP协议中的TCP协议。

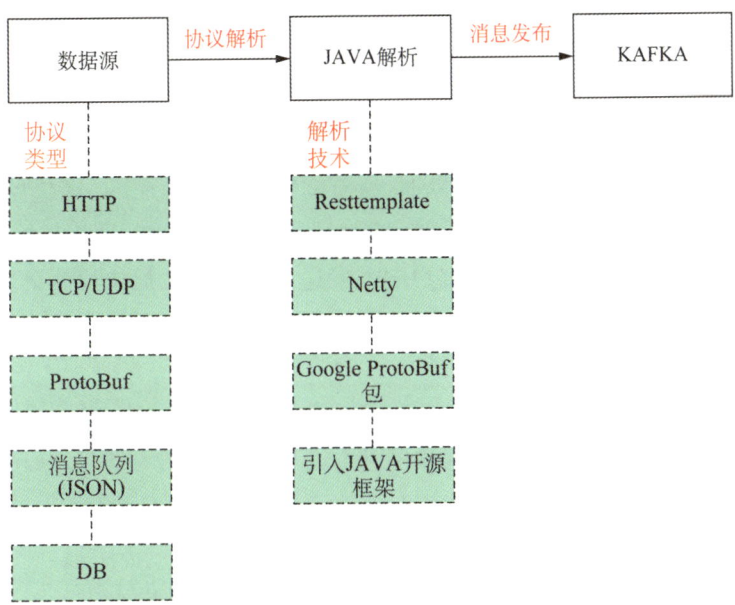

图 4-2 基于不同类型协议的数据接收、解析及处理

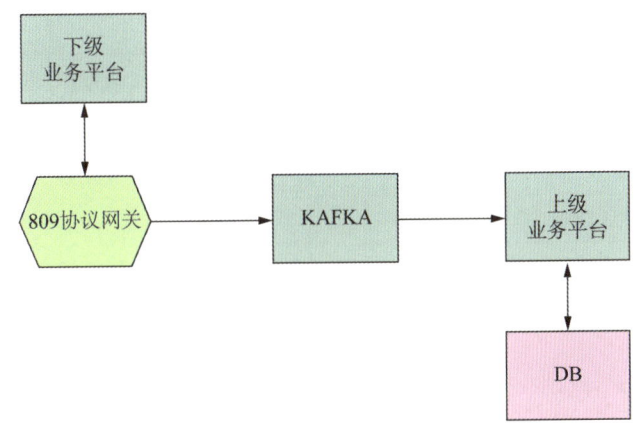

图 4-3 道路运行动态数据采集

系统采用交通运输部《道路运输车辆卫星定位系统 平台数据交换》(JT/T 809—2019)规定的浮动车 GPS 数据协议。

协议规定了道路运输车辆卫星定位系统监管/监控平台之间数据交换的技术要求,包括通信方式、协议消息格式等内容。

1) 通信方式

上级平台与下级平台之间采用双链路通信方式,具体要求如下。

(1) 上下级平台间通信方式采用 TCP 协议长连接方式。

(2) 上级平台提供服务的 IP 地址端口号以及用户名、密码等信息,供下级平台接入。

（3）下级平台向上级平台发起建立主链路连接请求，主链路成功建立后，上级平台向下级平台发起从链路连接请求。

（4）下级平台可以通过主链路向上级平台发送数据，上级平台可以通过从链路向下级平台发送数据。

（5）主从链路中其中一条链路中断时，所有的数据都通过另外一条链路进行数据传输；断开的链路恢复时，继续按照标准的约定继续从两条链路进行数据传输。

（6）通信链路通过其中的 TCP 客户端方发送链路保持数据包检测链路连接状态，实现可靠连接。

2）协议消息格式

（1）消息说明

每条信息主要包含数据头和数据体两部分。数据流遵循大端（big-endian，即高字节在前，低字节在后）排序方式的网络字节顺序，未使用的数据位皆填 0x00。

（2）数据结构

在两个平台之间进行数据交换时，采用的数据结构规定见表 4-1。

表 4-1 数据结构

英文名称	中文名称
Head Flag	头标识
Message Header	数据头
Message Body	数据体
CRC Code	CRC 校验码
End Flag	尾标识

① 头标识

头标识为字符 0x5b。

② 数据头

在两个平台之间进行数据交换时，采用数据结构的数据头部分规定见表 4-2。

表 4-2 数据头格式

字段	类型	描述及要求
MSG_LENCTH	uint32_t	数据长度（包括头标识、数据头、数据体和尾标识）
MSG_SN	uint32_t	报文序列号[a]
MSC_ID	uint16_t	业务数据类型
MSG_GNSSCENTERID	uint32_t	下级平台接入码，上级平台给下级平台分配的唯一标识号

(续表)

字段	类型	描述及要求
VERSION_FLAG	BYTES	协议版本号标识,上下级平台之间采用的标准协议版本编号,长度为 3 个字节;0x01 0x02 0x0F 表示的版本号是 V1.2.15,依此类推
ENCRYPT_FLAG	BYTE	报文加密标识位[b]:0 表示报文不加密,1 表示报文加密
ENCRYPT_KEY	uint32_t	数据加密的密钥,长度为 4 个字节

注:a 占用 4 个字节,为发送信息的序列号,用于接收方检测是否有信息的丢失。上级平台和下级平台按自己发送数据包的个数计数,互不影响。程序开始运行时等于零,发送第一帧数据时开始计数,到最大数后自动归零。
b 用来区分报文是否进行加密,如果标识为 1,则说明对后续相应业务的数据体采用 ENCRYPT_KEY 对应的密钥进行加密处理;如果标识为 0,则说明不进行加密处理。

③ 数据体(表 4-3)

表 4-3　车辆定位信息数据体

字段名	字节数	类型	描述及要求
ENCRYPT	1	BYTE	该字段标识传输的定位信息是否使用国家测绘局批准的地图保密插件进行加密。 加密标识:1 表示已加密,0 表示未加密
DATE	4	BYTES	日月年(dmyy),年的表示是先将年转换成 2 位十六进制数,如 2009 表示为 0x07 0xD9
TIME	3	BYTES	时分秒(hms)
LON	4	uint32_t	经度,单位为 1×10^{-6} 度(°)
LAT	4	uint32_t	纬度,单位为 1×10^{-6} 度(°)
VEC1	2	uint16_t	速度,指卫星定位车载终端设备上传的行车速度信息,为必填项,单位为千米每小时(km/h)
VEC2	2	uint16_t	行驶记录速度,指车辆行驶记录设备上传的行车速度信息,单位为千米每小时(km/h)
VEC3	4	uint32_t	车辆当前总里程数,指车辆上传的行车里程数,单位为千米(km)
DIRECTON	2	uint16_t	方向,0~359,单位为度(°),正北为 0,顺时针
ALTITUDE	2	uint16_t	海拔高度,单位为米(m)
STATE	4	uint32_t	车辆状态,二进制表示:B31B30…B2B1B0。具体定义按照《道路运输车辆卫星定位系统　终端通讯协议及数据格式》(JT/T 808—2011)中表 17 的规定执行
ALARM	4	uint32_t	报警状态,二进制表示,0 表示正常,1 表示报警;B31B30B29…B2B1B0。具体定义按照 JT/T 808—2011 中表 18 的规定执行

④ CRC 校验码

从数据头到校验码前的 CRC16-CCITT 的校验值遵循大端排序方式的规定。数据 CRC 校验码格式规定见表 4-4。

表 4-4 校验码格式

字段	字节数	类型	描述及要求
CRC CODE	2	uinti6_t	数据 CRC 校验码

⑤ 尾标识

尾标识为字符 0x5d。

数据内容进行转义判断,转义规则如下。

- 若数据内容中出现字符 0x5b,需替换为字符 0x5a 紧跟字符 0x01。
- 若数据内容中出现字符 0x5a,需替换为字符 0x5a 紧跟字符 0x02。
- 若数据内容中出现字符 0x5d,需替换为字符 0x5e 紧跟字符 0x01。
- 若数据内容中出现字符 0x5e,需替换为字符 0x5e 紧跟字符 0x02。

2. ProtoBuf 协议

ProtoBuf(ProtocolBuffer,也可简写为 PB)是 Google 的一种数据交换的格式,它独立于语言,独立于平台。Google 提供了三种语言的实现:Java、C++ 和 Python,每一种实现都包含了相应语言的编译器以及库文件。由于它是一种二进制格式,比使用 XML 进行数据交换快许多。其可用于分布式应用之间的数据通信或者异构环境下的数据交换。作为一种效率和兼容性都很优秀的二进制数据传输格式,其可用于网络传输、配置文件、数据存储等诸多领域。

1) 数据类型

ProtoBuf 定义了一套基本数据类型,几乎都可以映射到 C++、Java 等语言的基础数据类型,如表 4-5 所示。

表 4-5 多种语言基础数据类型的映射关系

.proto 类型	Java 类型	C++类型	备注
double	double	double	
float	float	float	
int32	int	int32	使用可变长编码方式;编码负数时不够高效;如果字段可能含有负数,那么使用 sint32
int64	long	int64	使用可变长编码方式;编码负数时不够高效;如果字段可能含有负数,那么使用 sint64
unit32	int[1]	unit32	Uses variable-length encoding
unit64	long[1]	unit64	Uses variable-length encoding

(续表)

.proto 类型	Java 类型	C++类型	备注
sint32	int	int32	使用可变长编码方式；有符号的整型值；编码时比通常的 int32 高效
sint64	long	int64	使用可变长编码方式；有符号的整型值；编码时比通常的 int64 高效
fixed32	int[1]	unit32	总是 4 个字节；如果数值总是比 2^{28} 大，这个类型会比 uint32 高效
fixed64	long[1]	unit64	总是 8 个字节；如果数值总是比 2^{28} 大，这个类型会比 uint64 高效
sfixed32	int	int32	总是 4 个字节
sfixed64	long	int64	总是 8 个字节
bool	boolean	bool	
string	string	string	一个字符串必须是 UTF-8 编码或者 7-bit ASCII 编码的文本
bytes	bytestring	string	可能包含任意顺序的字节数据

2）通信包数据

通信包数据分为消息总长度、消息类型和 ProtoBuf 数据三部分，如图 4-4 所示。

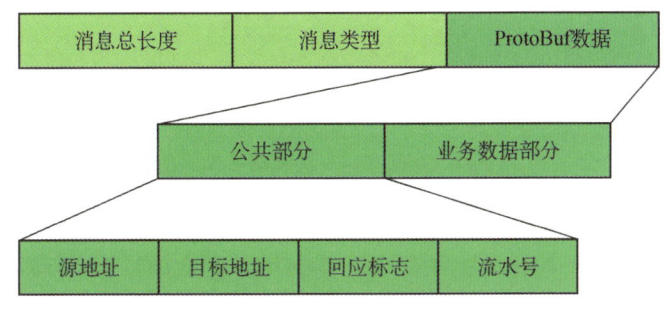

图 4-4 通信包数据结构

3）数据格式

ProtoBuf 协议数据格式如表 4-6 所示。

表 4-6 ProtoBuf 协议数据格式说明

序号	数据项	数据类型	说明
1	源地址	string	必选
2	目标地址	string	必选

(续表)

序号	数据项	数据类型	说明
3	回应标志	bool	必选。true 为需要回应;false 为不需要回应
4	流水号	uint32	必选。从 0 开始顺序累加,步长为 1,循环使用,一对请求和应答消息的流水号必须相同
5	终端厂商编号	uint32	
6	平台厂商编号	uint32	
7	经度	double	必选。单位:度(°),精确到 0.000 001°,用正数表示东经,用负数表示西经
8	纬度	double	必选。单位:度(°),精确到 0.000 001°,用正数表示北纬,用负数表示南纬
9	高度	double	可选。单位:m,精确到 1 m,海平面为 0
10	速度	double	可选。单位:km/h,精确到 0.01 km/h
11	方向角	double	可选。单位:度(°),精确到 1°,正北为 0°,顺时针方向取值 0°~359°
12	平均速度	double	可选。单位:km/h,精确到 0.01 km/h
13	上报时间	string	必选。时间格式:YYYY-MM-DD hh:mm:ss
14	时间类型	uint32	可选。1 为真实时间;2 为自计时间
15	补发标志	uint32	可选。0 为正常;1 为补发
16	车次类型		可选。11 为包车;6 为环行;7 为内线;8 为外线……
17	子线路 ID	string	可选
18	站点统一编号	string	可选。车辆刚离开站点的站点编号
19	车辆掉头标志	uint32	可选。0 为不掉头;1 为车辆掉头
20	累计里程	double	可选。单位:m,精确到 1 m
21	线路 ID	string	必选
22	车辆 ID	string	必选

4.1.1.2 数据清洗

受设备、天气、信号以及通信等因素的影响,数据在采集、传输或接收过程中会出现一些不在给定范围内或是数据格式异常的数据。为提高评估结果的可靠性,需要对所接收到的数据进行清洗,过滤掉脏数据。数据清洗主要依据有时间错误、GPS 定位错误、关键数据项缺失、设备号或设备关联位置错误等。在数据清洗过程中,建立清洗日志,当脏数据率超过一定比例(1%)时提出警告,及时进行故障排查与解决。

数据清洗的考虑因素包括：

1. 时间范围

由于 GPS 数据发送、接收、转发延迟等原因，系统允许接收到数据的时间与其 GPS 时钟延迟 5 min，超过该时长认为不可接受。为保证系统时钟精度，系统定时搜索网络时钟进行刷新。

2. 区域范围

受天气、地理位置（如高楼、隧道）以及 GPS 设备故障等影响，接收到的 GPS 定位信息可能出现错误，或者定位于深圳市以外的地区。系统在数据清洗过程中，约定在深圳市范围以外的定位点是无效或多余的数据（在地图匹配过程中，对在误差范围内仍不能匹配到路网中的 GPS 定位数据，也约定为无效或多余的数据）。

3. 其他格式化数据

其他格式化数据，如号牌号码、设备号、方向角、速度、SIM 卡号、空重车状态等，当发现其不符合实际情况或约定的枚举信息内容时，认为不可接受，并作为脏数据进行过滤。

4.1.2 地图匹配算法

地图匹配算法是指根据 GPS 数据的经纬度坐标，找出与 GPS 数据点直线距离最近且行驶可达的路段。本书地图匹配采用分层空间索引的方法。首先，通过对路网文件的格网化处理，形成深圳市域范围内的多个格网的范围数据并建立格网索引值，利用 GPS 点的经纬度计算点所在格网的索引以完成格网层面的地图匹配。然后，计算 GPS 点与格网包含路段的距离，选择距离最小路段作为候选匹配路段。当路网规模达到一定程度时，直接对点和所有路段进行距离计算，会导致匹配的速度较慢，而空间索引技术可提高空间匹配的速度，只需利用 GPS 点的经纬度进行简单逻辑计算即可获取 GPS 点所在格网的索引值，然后，只需与格网所包含的少量路段进行距离计算匹配，即可大大提高地图匹配的速度。

地图匹配算法的主要流程设计如下。

第一步：读取路网数据并对路网数据进行预处理，生成符合算法所用的路网数据格式。

第二步：基于路网数据，遍历 GPS 数据集进行地图匹配处理。首先利用 GPS 点经纬度计算格网索引完成格网匹配，然后根据格网 ID 获取格网内包含的路段信息，再计算 GPS 点与格网内路段的垂直距离，基于最短距离原则返回候选匹配路段集。

4.1.2.1 路网数据初始化

路网数据预处理包括以下处理步骤。

第一步：基于读取的路网数据，生成小路段信息字典，字典以小路段 id 为键（key），值（value）包括起点 id、终点 id 和小路段长度。

第二步:基于读取的路网数据,生成用于匹配的格网数据,包括以下过程。

(1) 遍历路网中的小路段要素,获得路网边界范围,即最小经度 $minlng$、最大经度 $maxlng$、最小纬度 $minlat$ 和最大纬度 $maxlat$。

(2) 生成格网数据。首先,根据格网的宽度 $width$(m),计算在经纬度坐标下的宽度

$$d = \frac{0.000\,278 width}{30.8} \tag{4-1}$$

式中,1″对应1/3 600度,故取近似值0.000 278,表示经纬度与时间的转换系数;地球极地半径 R 为 6 356.755 km,从南、北极点到赤道的距离为 $2\pi R/4 = 9\,985.167$ km,因此,穿越纬度上的 1 度,需要 9 985.167/90 = 110.946 km,则 1″为 0.030 82 km(约 30.8 m),故取 30.8。

之后,计算格网的行、列总数 $rows$ 和 $cols$

$$cols = \left\lceil \frac{maxlng - minlng}{d} \right\rceil \tag{4-2}$$

$$rows = \left\lceil \frac{maxlat - minlat}{d} \right\rceil \tag{4-3}$$

式中,⌈ ⌉表示向上取整。

遍历格网行列总数,计算每个矩形格网的四个边界点坐标值,分别为(x,y)、$(x,y+d)$、$(x+d,y+d)$ 和 $(x+d,y)$,根据边界点坐标值生成格网要素,并赋值唯一 id 标识。

(3) 建立格网-小路段关系,找出每个格网内包含的所有小路段信息。遍历小路段要素,通过点的经纬度坐标判断点是否位于格网内。如果小路段上任意点在格网内,则认为小路段位于格网内,并记录小路段 id。最终得到格网-小路段字典关系表,基于格网 id 即可获取格网内的所有小路段信息。

4.1.2.2 GPS 点路段匹配

GPS 点路段匹配包括以下步骤。

第一步:格网匹配。根据输入字段,获取 GPS 记录的经纬度坐标值 lng 和 lat,计算经纬度坐标值所属的行列位置 col_{id} 和 row_{id},分别如式(4-4)、式(4-5)所示。再计算行、列位置所在的格网 id,如式(4-6)所示。

$$col_{id} = \left\lfloor \frac{lng - minlng}{d} \right\rfloor \tag{4-4}$$

$$row_{id} = \left\lfloor \frac{lat - minlat}{d} \right\rfloor \tag{4-5}$$

$$格网\,id = col_{id} + cols \times row_{id} \tag{4-6}$$

式中,⌊ ⌋表示向下取整,d 为格网宽度,$cols$ 为列总数。

第二步:路段匹配。格网匹配后返回 GPS 经纬度点所在格网 id,根据格网-小路段字典关系表获取格网内所有的小路段集,并计算 GPS 点与小路段集的距离,返回距离最小的前 n 个路段 id,可根据实际情况通过算法输入 n。

第三步:通过相邻 GPS 点的经纬度坐标,计算当前坐标点的行驶方向。如果 GPS 点存在前后两个相邻 GPS 点,则取与当前 GPS 点时间间隔较短的相邻点来计算,保证在短间隔内车辆行驶方向的准确性。通过判断车辆行驶方向和候选匹配路段集中所有路段方向的一致性,筛选出相反方向的路段并剔除,然后从剩下的路段中选择距离最近的路段作为最终匹配路段。

4.1.3　数据融合算法
4.1.3.1　数据融合基本逻辑

多源数据融合是在数据预处理和数据特征提取的基础上,进行时间、空间关联和数据融合。

1. 数据特征提取

多源 GPS 数据经过数据预处理单元和数据特征提取单元后得到多套时间连续、数据结构一致、内容完整的特征数据结果。定义特征提取后的单一车型数据集合为

$$Data_i = \{Time_i, Road_i, Direction_i, Golen_i, V_i\} \tag{4-7}$$

式中,$Time_i$,$Road_i$,$Direction_i$,$Golen_i$,V_i 分别为某种车型的 GPS 时间、运行路段、运行方向、运行路段长度和行驶速度。其中,不同车型如果特性相似,可以合并为一类车型使用。

2. 融合因子确定

1)时间关联规则

GPS 数据特征提取是对时间和空间的离散化处理。假定交通指数计算的最小时间单位为 Δt(min),那么一天 24 h 的时间可以分为 $(24\times 60)/\Delta t$ 个时间段,形成 $(\Delta t+1)$ 个时间端点。

GPS 数据特征提取后得到的数据是全天候的数据,根据时间节点的划分关联定位到具体的时间段。将数据定位到一个时间段 j 的逻辑表达为

$$data_i \in T_j (当 T_j \leqslant time_i < T_{j+i} 时) \tag{4-8}$$

2)路网关联规则

城市道路交通路网数据可以映射为一张带权的有向图 $G(Node, Edge, Direc)$,$Node=\{node_i\}$ 是路网中节点的集合,$Edge$,$Direc$ 分别是路网中路段和方向的集合。当路网中的两个节点 $node_m$,$node_n$ 相连并且方向确定时,形成一条带方向的边 $edge_i$。

$$edge_i = (node_m, node_n, direc) \tag{4-9}$$

在时间关联规则的基础上,需要根据 GPS 特征数据的 $Road_i$,$Direction_i$ 与城市交通路网的 $Edge$,$Direc$ 进行关联匹配,将数据范围限制到特定时间段下特定的交通路段。

3) 数据关联规则

以单一车型的 GPS 数据为例,基于融合因子,采用特征级融合机制。对每个精细化的路段均可细分出每种数据源的计算结果和融合结果,如图 4-5 所示。

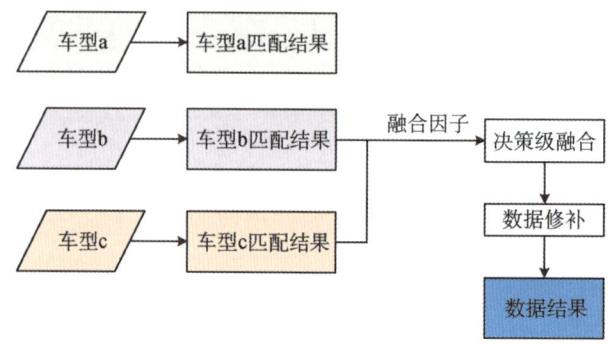

图 4-5 融合逻辑

多种车型的融合引入融合参数实现特征级融合,参数维度可按时间与空间维度,包含片区、道路类型、日期特征、时段特征等,融合参数可利用历史数据标定。

4.1.3.2 特征数据提取

多源 GPS 数据经过数据预处理单元和数据特征提取单元后得到三类时间连续、数据结构一致、内容完整的特征数据结果:巡游出租车特征数据、公交车特征数据和地图导航特征数据。进一步根据三类 GPS 的特征数据的输入研究多源数据融合模型计算道路交通运行指数,如图 4-6 所示。

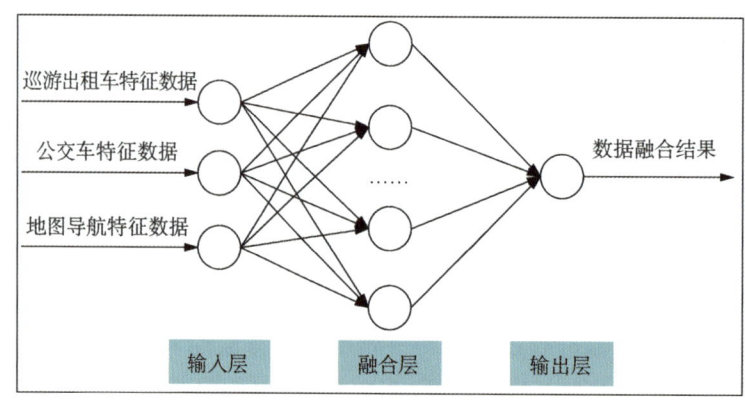

图 4-6 多源数据融合模型

定义特征提取后的巡游出租车数据集合为

$$Data_{taxi} = \{Time_{taxi}, Road_{taxi}, Direction_{taxi}, Golen_{taxi}, V_{taxi}\}$$

式中，$Time_{taxi}$，$Road_{taxi}$，$Direction_{taxi}$，$Golen_{taxi}$，V_{taxi}分别为巡游出租车的GPS时间、运行路段、运行方向、运行路段长度和行驶速度。

同理，定义特征提取后的公交车数据集合为

$$Data_{bus} = \{Time_{bus}, Road_{bus}, Direction_{bus}, Golen_{bus}, V_{bus}\}$$

定义特征提取后的地图导航数据集合为

$$Data_{bd} = \{Time_{bd}, Road_{bd}, Direction_{bd}, Golen_{bd}, V_{bd}\}$$

4.1.3.3 融合因子确定

1. 时间关联规则

三类GPS数据特征提取是对时间和空间的离散化处理。须将三类数据定位到具体的时间段，按式(4-8)进行。

2. 路网关联规则

由式(4-9)，在时间关联规则的基础上，根据三类GPS特征数据的$Road_{bd}$，$Direction_{bd}$与城市交通路网的$Edge$，$Direc$进行关联匹配，将数据范围限制在特定时间段下特定的交通路段。

3. 数据关联规则

深圳市交通指数以固定时间长度为周期进行计算，且时间周期长度远远大于三类GPS的采样周期。那么，在一个时间周期内，一辆车可能存在多条采样数据，为避免不同车辆的采样数据长度不同而引起的指数计算偏差，采用平均法进行取值。假设一个时间周期Δt内巡游出租车i在某一个路段有j条采样记录，那么在这个时间周期内该车数据可以表示为

$$\overline{v_{taxi-i}} = \sum_{t=1}^{j} v_{taxi-i,t}/j \tag{4-10}$$

假设在一个时间周期Δt内出租车的数量为k，那么在这个时间周期内巡游出租车的行驶速度数据可以表示为

$$v_{taxi} = \sum_{i=1}^{k} \overline{v_{taxi-i}}/k \tag{4-11}$$

同时，假设某一类车在一个时间周期Δt内的行驶长度为$golen$，根据k辆车在时间周期Δt内的GPS数据可以计算巡游出租车的行驶长度$golen_{taxi}$。同理，可以求解一个时间周期内公交车和地图导航车辆GPS的行驶速度分别为v_{bus}，v_{bd}，行驶长度分别为$golen_{bus}$，$golen_{bd}$。

以公交车GPS数据为例,基于融合因子,采用特征级融合机制。对每个精细化的路段均细分出每种数据源的计算结果和融合结果,用于支持横向对比,如图4-7所示。

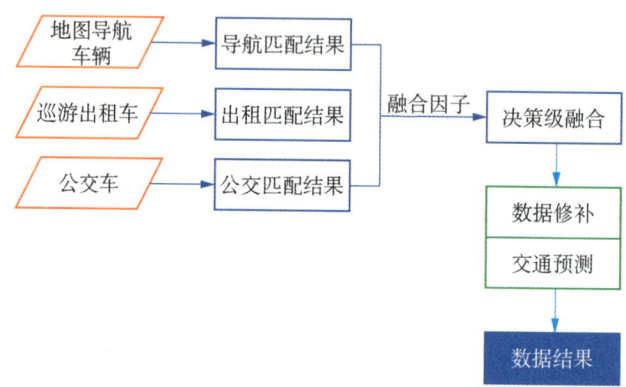

图 4-7 融合逻辑

速度融合引入融合参数实现特征级融合,参数维度分为时间与空间维度,其参数子类具体描述如表4-7所示。

表 4-7 融合因子分类

参数子类	数量
片区	105 个
道路类型	5 种(高速公路、快速路、主干路、次干路、支路)
日期特征	2 种(工作日、非工作日)
时段特征	3 种(高峰、白天平峰、夜间)
有无专用道	2 种(有、无)

4.1.3.4 融合算法选择

多源数据融合是对基于时序获取的多类传感器感知信息在一定的准则下加以分析、处理和综合,以完成决策和任务所需要的数据处理过程。

目前主流的多源数据融合算法包括 Bayes 估计、Kalman 滤波、动态加权法、D-S 证据理论、指数平滑法、粗糙集理论、模糊理论和神经网络等。

Bayes 估计和 D-S 证据理论建立事件有先验概率的基础,并且要求不同事件之间关联性较大,这对于动态变化的城市道路交通来讲并不可行。Kalman 滤波融合算法虽然融合速度较快,并且有较强的实时性,但是算法过分依赖于状态的预估且较为单一,对于城市道路交通路网来讲缺乏灵活性和可靠性。模糊理论、粗糙集理论和神经网络等智能算法需要建立前期的知识库和隶属函数,整体的处理过程较为复杂,不能满足海量、时变的数据处理。

根据交通指数的多源数据融合框架,GPS 数据在数据预处理的基础上,得到三类时间连续、特征完整的数据结果,然后再按多源数据关联规则进行匹配关联,将同一类、时间段和路段一致的特征数据归为一组,然后输入数据融合单元。在多源数据融合之前,特征级数据已经按照融合因子的关联规则匹配成对,数据具有海量、时变的特点。因此,要求多源数据融合算法能够根据多源数据的特性,快速、可靠地对海量、时变的数据进行融合处理。

综上所述,本书选择动态加权法和指数平滑法相结合的多源数据融合算法,指数平滑法充分考虑三类 GPS 特征数据对于城市道路交通运行状态的估计,动态加权法充分考虑不同时间段和运行状态下的城市道路交通运行特点,过程如下。

(1) 数据重要度排序

根据数据特性分析可知,在城市道路交通路网中,公交车由于频繁进出站,启停速度较慢,不能够完整反映道路交通运行状态;巡游出租车对于城市交通路网较为熟悉,没有频繁的启停,因此巡游出租车的 GPS 数据能够较好地反映城市交通路网运行状态。地图导航数据是部分车辆在城市交通路网中运行轨迹的体现,如果 GPS 数据中样本数量不足,会有较大的随机性。

在单类 GPS 数据源样本量足够的条件下,对于城市道路交通运行状态评估结果精度方面,重要度由高到低依次为巡游出租车 GPS 数据、地图导航 GPS 数据和公交车 GPS 数据。

(2) 数据融合公式

城市道路交通运行状态受到多方面因素的影响,是一个动态变化的过程,具有明显的早晚高峰特性,在利用多类 GPS 数据融合判断道路交通运行状态时,需要充分考虑不同时间段、样本可信度和样本长度对于整体运行状态估计的影响。因此,本书利用动态加权法和指数平滑法确定的道路交通运行指数多源数据融合模型为

$$Speed = \frac{k_{\text{taxi}} golen_{\text{taxi}} v_{\text{taxi}} + k_{\text{bd}} golen_{\text{bd}} F_{\text{bd}} v_{\text{bd}} + k_{\text{bus}} golen_{\text{bus}} F_{\text{bus}} v_{\text{bus}}}{k_{\text{taxi}} golen_{\text{taxi}} + k_{\text{bd}} golen_{\text{bd}} + k_{\text{bus}} golen_{\text{bus}}} \quad (4-12)$$

式中,$Speed$ 为融合后结果,即特定路段在特定时间下的平均速度(km/h);k 为控制参数;F 为融合因子;$v, golen$ 是特征提取后的特征级数据。

式(4-12)中的分母是为了充分考虑样本对于运行状态的影响程度,控制参数和融合因子是为了充分考虑样本可信度对于运行状态的影响。

(3) 控制参数

① 由于公交车只在特定时间段(7:00—24:00)运行,在 00:00—07:00 公交车 GPS 数据不纳入融合框架中,即其控制参数为 0。

② 当路段巡游出租车样本量大于等于 M 时,只考虑巡游出租车;当路段地图导航样本量大于等于 N 或巡游出租车和地图导航总样本量大于等于 Q 时,只考虑地图导航的融合;其他情况纳入三者融合。

③ 加权值基于车辆在当前路段的行驶距离,取某一类车辆在当前路段的行驶距离与所有数据源的总行驶距离的比值。

④ 导航车辆融合因子默认值为1。

4.1.3.5 融合效果分析

1. 覆盖率

在多源数据融合前,仅仅利用巡游出租车GPS数据分析道路交通运行速度,路网覆盖率完全取决于巡游出租车数据的空间分布性。采用多源数据融合后,覆盖率显著提升,解决了原巡游出租车GPS数据的空间分布不均性问题,集中表现在对原经济特区外的优化。全市白天时段(7:00—22:00)每5 min对次干道及次干道级别以上道路的平均覆盖率由原先的32%提升至77%,如图4-8所示。

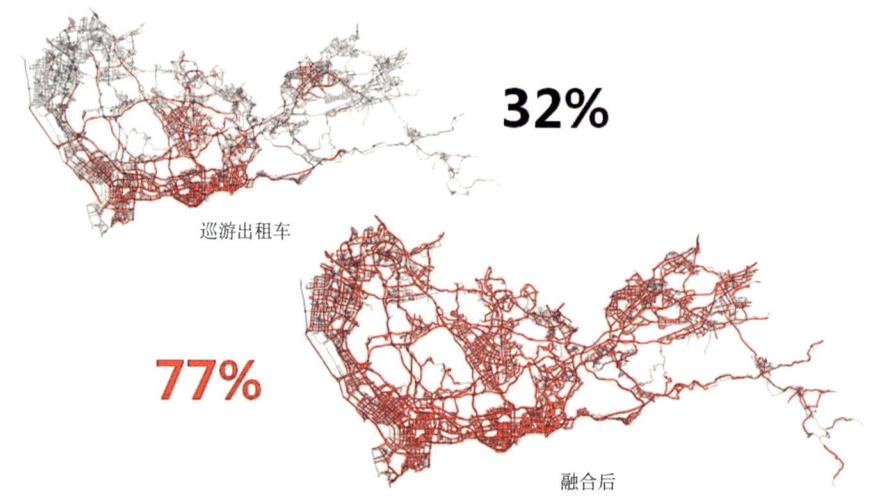

图4-8 融合前后路网覆盖率对比

在中心城区(罗湖区、福田区、南山区),融合后平均覆盖率由原先的65%提升至88%;原特区外提升更为显著,提升53%,总体覆盖率达73%,如图4-9所示。

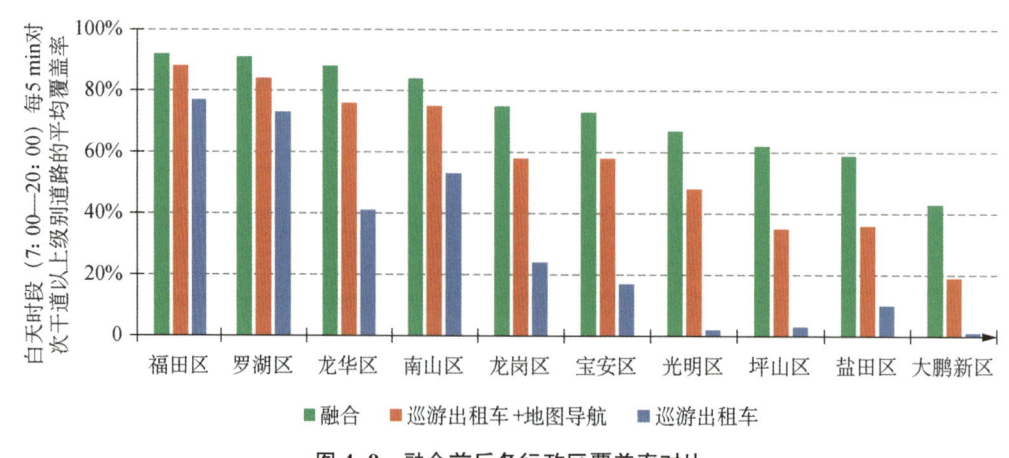

图4-9 融合前后各行政区覆盖率对比

2. 可信度

一般认为,路段匹配到的样本车数量越多,结果可信度越高。融合后,路段匹配样本量显著提升,其中,白天时段(7:00—22:00)每 5 min 路段匹配样本量大于等于 3 辆车的路段比例较融合前提升 22%,达到 42%,即以 5 min 为统计间隔,约 42% 的路段速度结果是高可信的。与巡游出租车同期的匹配样本量对比,融合后样本量有提升的路段比例达 76%,原先低样本量情况下有显著提升的比例为 65%,即原先巡游出租车匹配的路段中,65% 在融合后可信度会有显著提升,如图 4-10 所示。

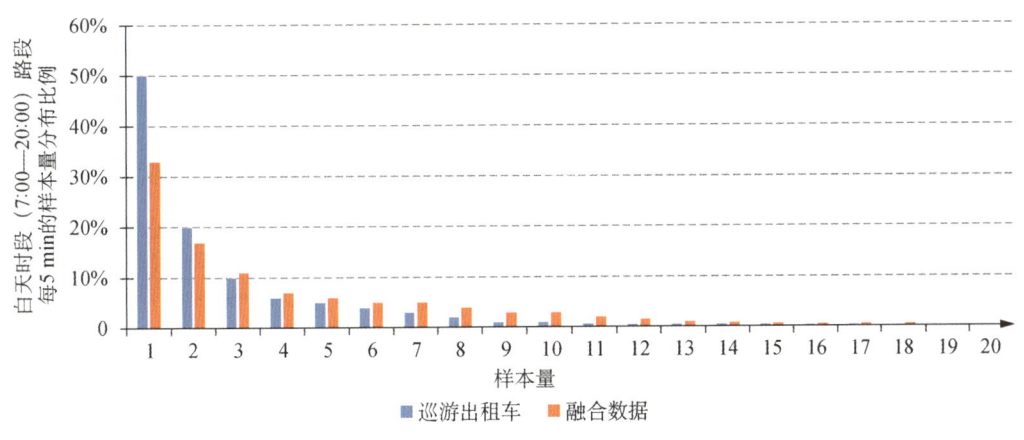

图 4-10 融合前后可信度对比

3. 准确度

将数据融合结果与高德地图进行对比,融合后的路况能精准识别拥堵与畅通,如图 4-11 所示。

图 4-11 融合对比 1

与高德地图对比，融合后的路况基于交通特性细分交织区、信号灯路口等，因此，更能识别连续性的拥堵，如图 4-12 所示。

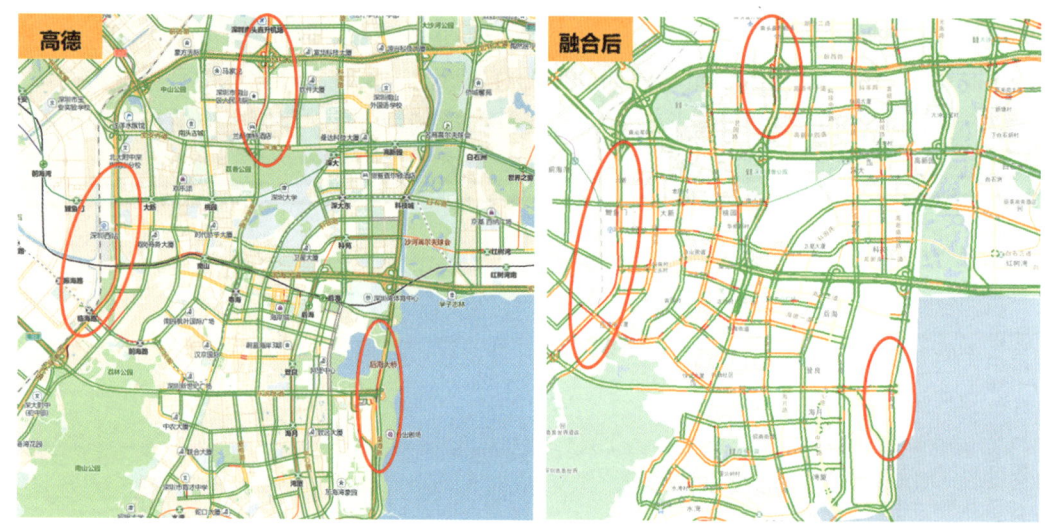

图 4-12　融合对比 2

与高德地图对比，由于路段的尺度更为细化，实际的拥堵定位更准确，如图 4-13 所示。

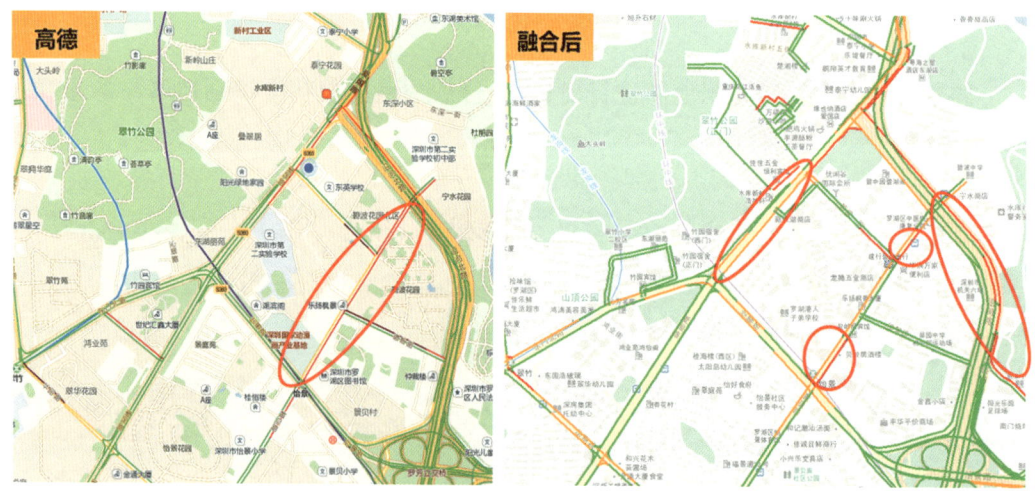

图 4-13　融合对比 3

4. 稳定性

在多源数据融合前仅利用巡游出租车的GPS数据来分析道路交通运行指数,当巡游出租车GPS样本数据缺失或存在数据偏差时,指数曲线会异常波动。通过指数融合,在高时间分辨率下,融合后的速度、指数时间序列趋于平稳,消除了单一源的出租车数据传输丢失、样本偏差等问题导致的短时曲线大幅度波动现象,如图4-14、图4-15所示。

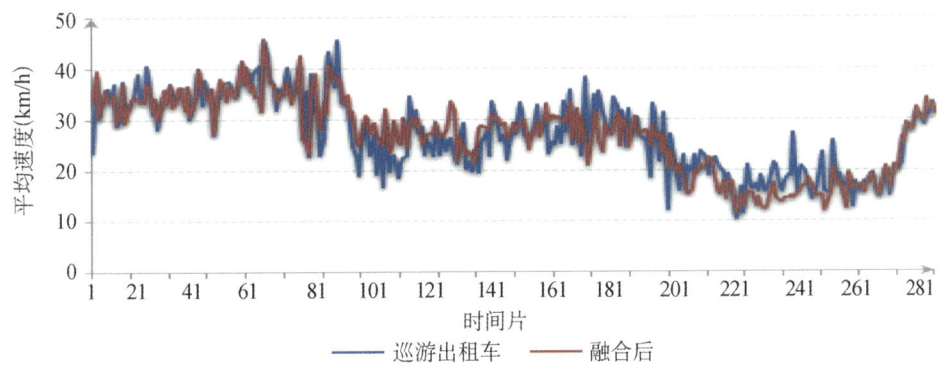

图4-14 融合前后稳定性对比(爱国路)

注:图中横轴以5 min为单位,将一天24 h划分为288个时间片(下同)。

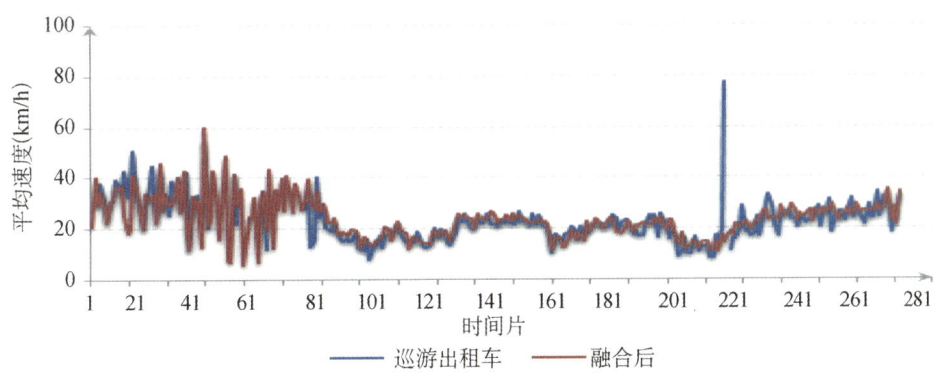

图4-15 融合前后稳定性对比(科苑路)

5. 合理性

在多源数据融合之前,由于只考虑巡游出租车的样本数据,而巡游出租车在中心城区的路网覆盖率较高,在偏远地区的路网覆盖率较低。因此,多源数据融合后,中心城区交通指数与原先变化不大,原因在于巡游出租车在中心城区的覆盖率较高。融合后,全市交通指数在早晚高峰期间会比中心城区明显降低,因为在融合后对外围区域的多数道路实现了覆盖,外围区域的上下班高峰效应较弱,拉低了全市早晚高峰的交通指数,如图4-16、图4-17所示。

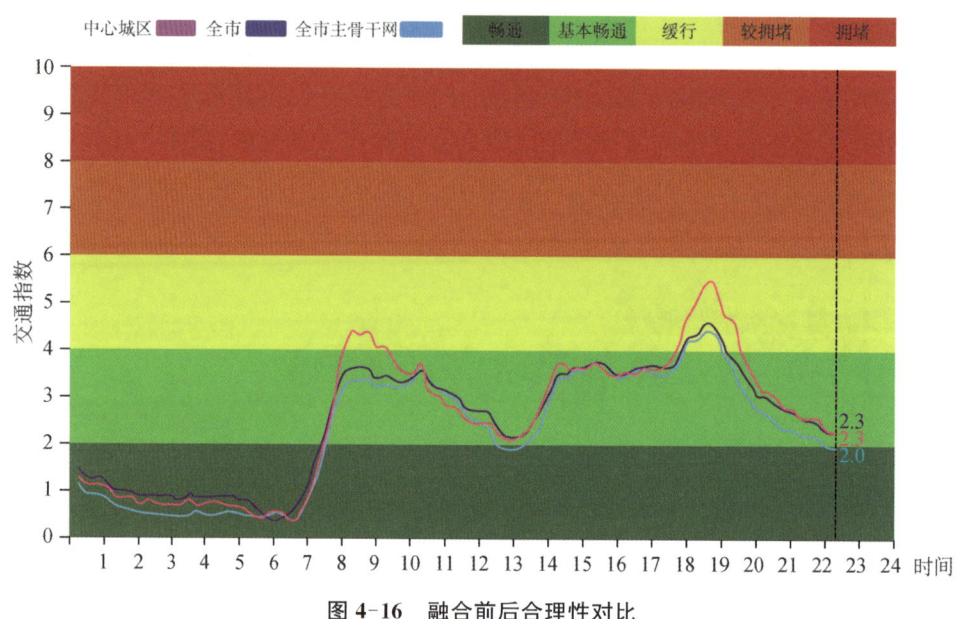

图 4-16 融合前后合理性对比

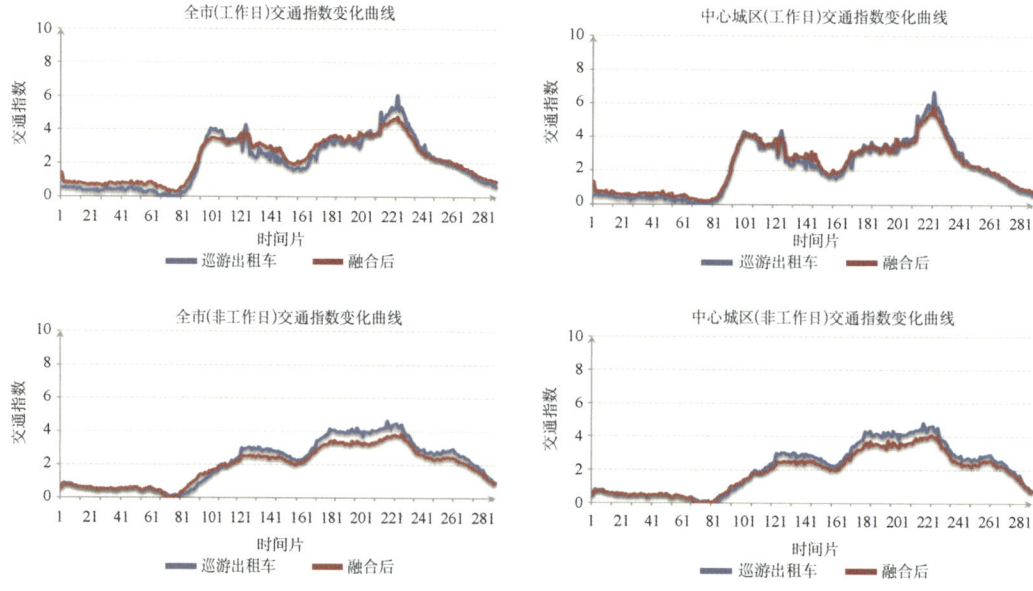

图 4-17 融合前后合理性对比

4.2 特征指标类

4.2.1 道路交通运行指数

4.2.1.1 行程时间比计算

特定时段内的行程时间比 R_T 定义为该时段内路网中一次出行平均花费的实际出行时间 $\overline{T}$ 与在期望车速下(如凌晨时段)出行时间 $\overline{T}_d$ 的比值,一般情况下,$R_T \geqslant 1$。设路网中共有 m 个节点,由节点 i 至节点 j 的交通需求为 OD_{ij},平均出行时间为 T_{ij},期望车速下平均出行时间为 $(T_d)_{ij}$,其中,$i=1,2,3,\cdots,m$;$j=1,2,3,\cdots,m$。设路网共有 n 个路段,路段 k 上的流量和平均行程时间分别为 q_k 和 $t_k(k=1,2,3,\cdots,n)$。可推导行程时间比为

$$R_T = \overline{T}/\overline{T}_d = \sum_{i=1}^{m}\sum_{j=1}^{m}(OD_{ij}T_{ij}) \bigg/ \sum_{i=1}^{m}\sum_{j=1}^{m}[OD_{ij}(T_d)_{ij}] \tag{4-13}$$

又

$$\sum_{i=1}^{m}\sum_{j=1}^{m}(OD_{ij}T_{ij}) = \sum_{k=1}^{n}(q_k t_k) \tag{4-14}$$

$$\sum_{i=1}^{m}\sum_{j=1}^{m}[OD_{ij}(T_d)_{ij}] = \sum_{k=1}^{n}(q_k t_{dk}) \tag{4-15}$$

则

$$R_T = \overline{T}/\overline{T}_d = \sum_{k=1}^{n}(q_k t_k) \bigg/ \sum_{k=1}^{n}(q_k t_{dk}) = \sum_{k=1}^{n} q_k \frac{l_k}{v_k} \bigg/ \sum_{k=1}^{n} q_k \frac{l_k}{v_{dk}} \tag{4-16}$$

4.2.1.2 道路交通运行指数算法

为了更准确地反映道路交通运行状况,采用调查的方法建立行程时间比与交通运行指数的换算关系。调查人员通过实地踏勘或视频观察等,先判断拥堵等级,然后在各等级对应的数值范围内给出交通运行指数评分(精确到1位小数)。

1. 路段交通指数

1)基于路段车速的拥堵等级划分

按照一定标准划分路段拥堵等级是微观层面路段评估的关键依据,也是宏观层面路网评估的重要基础。通过开展跟车调查,以不同交通状况下人对道路交通拥堵程度的主观感受为根据,划分等级标准,建立定量的车速指标与定性的拥堵等级之间的关系。

2)跟车调查方案

调查使用车辆为非特殊车种,调查人员驾驶车辆在道路上以与其他车辆相近的速度正常行驶。在行驶过程中,调查人员记录车辆通过各路段标记点的时间以及通行的

拥堵感受。通过各标记点的时间用于计算路段的行程时间和路段速度。通过路段起终点的时间差即为行程时间,包含在路段中车辆加速、减速及停车的时间。路段长度与行程时间的比值即为路段平均运行速度。

调查人员:由专业技术人员或普通市民组成的调查团队,要求在深圳长期生活,熟悉城市交通运行和交通拥堵情况,以具有 3 年及以上驾龄为宜。

调查时段:早高峰 7:00—9:00,晚高峰 17:30—19:30,平峰时段 14:00—16:00。

调查路段:包括高速公路、快速路、主干路、次干路和支路等各等级城市道路,尽量让调查路段在全市各区分布均匀。

调查内容:调查人员记录各路段起始点位置和通过交叉口的时刻,对路段拥堵等级进行判断。

其中,快速路匝道通过时刻为通过匝道中心的时刻,交叉口通过时刻为通过交叉口中心的时刻。以此计算调查车辆在各交叉口(匝道)之间路段的行程时间,进而计算行程车速。

快速路的拥堵评价以路段为单元,即相邻两个匝道之间为一个路段;主次干路的拥堵评价以两个重要交叉口(高等级道路相交)之间的若干路段(link)组成的连续路段为单元,由调查人员对连续路段的整体拥堵状况进行主观评价,减轻各交叉口延误的随机性对调查结果的影响。

拥堵等级采用十分制进行打分,定性划分为畅通[0,2)、基本畅通[2,4)、缓行[4,6)、较拥堵[6,8)和拥堵[8,10]五个等级。这样的处理方法可以提高对拥堵程度描述的精确性,为后续曲线回归提供方便。

3)拥堵等级划分

根据对各等级典型道路的初步调查结果及分析,结合交通评估工作的经验,得到初步的路段拥堵等级划分标准,如图 4-18 所示。

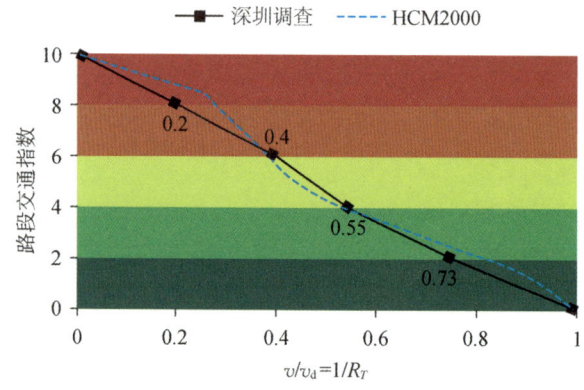

图 4-18 路段交通指数与行程时间比的关系

则路段交通指数为

$$TPI_{link} = F_l(R_{Tlink}) = \begin{cases} 0, & R_{Tlink} \in (0, 1]; \\ 8 - 8/R_{Tlink}, & R_{Tlink} \in \left(1, \frac{4}{3}\right]; \\ 9.5 - 10/R_{Tlink}, & R_{Tlink} \in \left(\frac{4}{3}, \frac{20}{11}\right]; \\ \dfrac{34 - 40/R_{Tlink}}{3}, & R_{Tlink} \in \left(\frac{20}{11}, 2.5\right]; \\ 10 - 10/R_{Tlink}, & R_{Tlink} \in (2.5, +\infty) \end{cases} \quad (4-17)$$

不同路段拥堵等级划分标准如表4-8所示。

表4-8 路段拥堵等级运行速度(km/h)

等级	畅 通	基本畅通	缓 行	较拥堵	拥 堵
高快速路	>60	(45, 60]	(30, 45]	(15, 30]	≤15
主干路	>40	(30, 40]	(20, 30]	(10, 20]	≤10
次干路	>30	(20, 30]	(15, 20]	(10, 15]	≤10
支 路	>30	(20, 30]	(15, 20]	(10, 15]	≤10

2. 路网交通指数

通过在深圳市的大量实地调查评分,研究行程时间比与交通指数之间的换算关系。针对路网运行评估,建立行程时间比与交通指数的线性回归关系,如图4-19所示,行程时间比为1的路网状态指数为0,根据调查数据取2.5倍的行程时间比为交通指数10,建立线性函数关系。

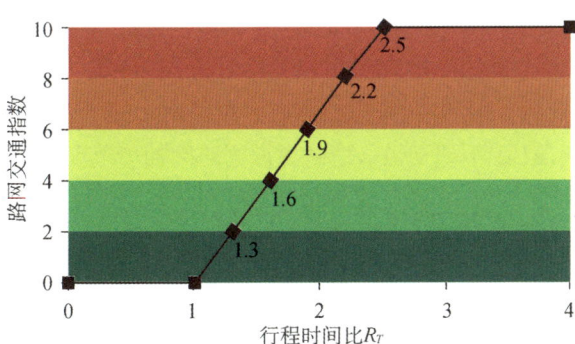

图4-19 路网交通指数与行程时间比的关系

路网交通指数为

$$TPI_{\text{network}} = F_n(R_{T\text{network}}) = \begin{cases} 0, & R_{T\text{network}} \in (0, 1]; \\ \dfrac{20(R_{T\text{network}} - 1)}{3}, & R_{T\text{network}} \in (1, 2.5]; \\ 10, & R_{T\text{network}} \in (2.5, +\infty) \end{cases}$$

(4-18)

以深圳市典型工作日为例,以 5 min 为周期计算全天交通指数(图 4-20),能够较好地反映早晚高峰的道路交通拥堵状况。图中,中心城区早高峰平均交通指数为 2.86,平均一次出行相比期望车速下多花费 0.43 倍时间,处于基本畅通;晚高峰平均交通指数为 4.20,平均一次出行相比期望车速下多花费 0.63 倍时间,处于缓行。

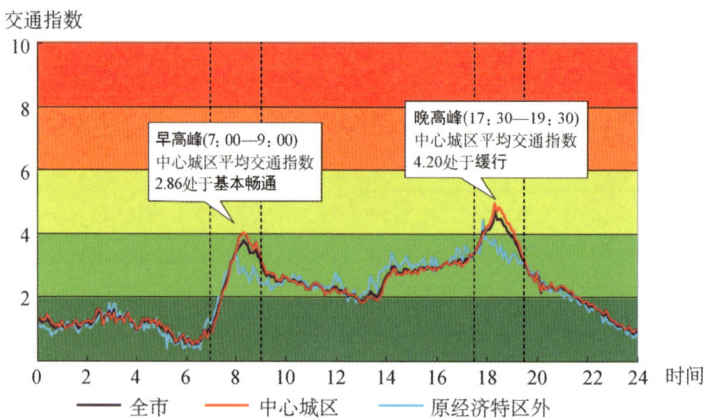

图 4-20 深圳市典型工作日交通指数曲线

4.2.2 拥堵时空扩展指标

4.2.2.1 指标定义

1. 拥堵里程比例

指标意义:从空间上反映路网拥堵强度和影响范围分布。

指标定义:在一定统计周期内,城市整体或区域路网中处于较拥堵及以上等级的路段里程占全路网的比例,取值范围[0,1],值越大说明路网拥堵范围越大(以百分数表示)。

其计算方式如下。

(1) 分别统计快速路、主干路、次干路、支路中处于较拥堵及以上等级的路段里程比例 $p_{\text{jam}, i}$。

(2) 计算各等级道路车公里数 VKT,即车辆总行驶里程。

(3) 以各道路等级的总行驶里程为权重,计算确定道路网的拥堵里程比例。

单一道路类型的总行驶里程为

$$VKT_i = \sum_{j=1}^{n} VKT_{i,j} \tag{4-19}$$

式中，VKT_i 表示 i 等级道路的总行驶里程；$VKT_{i,j}$ 表示车辆 j 在 i 等级道路的总行驶里程；n 表示统计时段内 i 等级道路上总共通过的车辆数。

单一道路类型的权重为

$$w_r = \frac{VKT_r}{\sum_{i=1}^{4} VKT_i} \tag{4-20}$$

式中，w_r 表示等级 r 的拥堵里程比例权重；VKT_i 表示 i 等级道路的总行驶里程。

路网拥堵里程比例为

$$\text{路网拥堵里程比例} = \sum_{i=1}^{4} w_i p_{\text{jam},i} \tag{4-21}$$

式中，w_i 表示 i 等级道路的拥堵里程比例权重；$p_{\text{jam},i}$ 表示 i 等级道路的拥堵里程比例。

2. 拥堵时空值

指标意义：从时间和空间上反映路网拥堵长度和时间。

指标定义：在一定统计周期内，区域路网或道路中处于较拥堵及以上等级的累计总里程时间，值越大说明路网拥堵越严重（单位：km·h）。

拥堵时空值等于处于较拥堵及以上等级的路段长度×拥堵时长。

3. 拥堵里程

指标意义：从空间上反映路网拥堵长度。

指标定义：在一定统计周期内，城市整体或区域路网中处于较拥堵及以上等级的路段里程，值越大说明路网拥堵范围越大（单位：km）。

拥堵里程等于处于较拥堵及以上等级的道路总长度。

4. 高峰运行速度峰度

指标意义：体现速度的偏离程度，主要用于评估高峰时段各车辆行驶速度的差异程度。

指标定义：描述道路运行速度在高峰时段分布形态的陡缓程度，计算如式(4-22)所示。

$$Kurtosis = \frac{1}{n-1} \sum_{i=1}^{n} (x_i - \bar{x})^4 / SD^4 - 3 \tag{4-22}$$

式中，x_i 为第 i 天道路高峰时段的运行速度；$\bar{x}$ 为高峰时段平均运行速度；SD 表示高峰时段运行速度标准差。

5. 高峰运行速度偏度

指标意义：体现速度的偏离程度，主要用于评估高峰时段各车辆行驶速度的差异程度。

指标定义：描述道路运行速度在高峰时段分布形态的对称性，计算如式(4-23)所示。

$$Skewness = \frac{1}{n-1}\sum_{i=1}^{n}(x_i-\bar{x})^3/SD^3 \qquad (4-23)$$

式中，x_i 为第 i 天道路高峰时段的运行速度；$\bar{x}$ 为高峰时段平均运行速度；SD 表示高峰时段运行速度标准差。

4.2.2.2 指标计算

拥堵里程比例、拥堵时空值、拥堵里程等拥堵时空扩展指标计算基于实时路况的结果，分别统计不同层面的交通拥堵指标，包括全市、各行政区、街道、交通小区和道路五个主要层面。高峰运行速度峰度和偏度则是对道路层面一个时间段内的统计结果。

基于运行速度计算拥堵时空扩展指标的主要过程如图 4-21 所示。

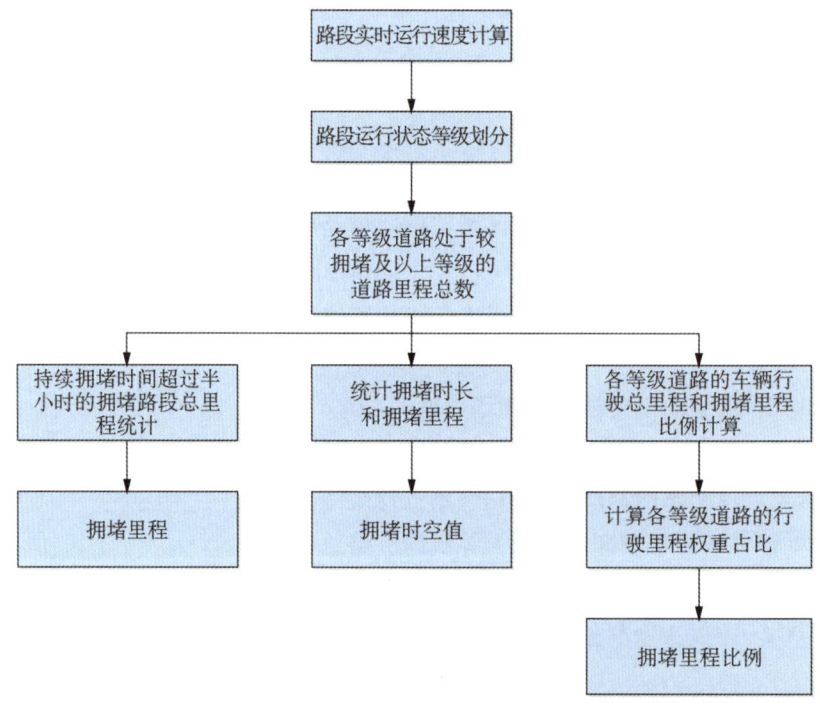

图 4-21 拥堵时空扩展指标计算过程

（1）基于原始的 GPS 数据，计算路段的实时运行速度。

（2）基于各等级道路的交通运行状态划分阈值，确定各路段的交通运行状态等级。

（3）统计不同等级道路处于较拥堵及以上状态的道路里程总数。

（4）以持续半小时为阈值和最小统计粒度，统计拥堵里程指标。

（5）统计目标时段的拥堵时长和拥堵里程情况，获取拥堵时空值。

（6）计算各等级道路的车辆行驶总里程和拥堵里程比例，基于各等级道路的行驶总里程，计算各等级道路的行驶里程权重占比，以行驶里程权重对各等级道路的拥堵里程比例进行加权，获取片区路网的拥堵里程比例。

4.2.2.3 算法应用

拥堵时空扩展指标可以从不同的角度表征道路的拥堵情况。例如,在一定周期内,城市整体或区域路网中处于较拥堵及以上等级的路段里程占全路网的比例从空间上反映路网拥堵强度和影响范围分布;计算区域路网或道路中处于较拥堵及以上等级的累计总里程时间,值越大说明路网拥堵越严重,可从时间和空间上反映路网拥堵长度和时间;另外,统计城市整体或区域路网中处于较拥堵及以上等级的路段里程,可以反映空间上路网的拥堵长度。拥堵里程比例、拥堵时空值以及拥堵里程三个指标,可以弥补运行速度、交通指数单一指标对道路拥堵分析的不足。

此外,高峰运行速度峰度和偏度可针对道路层面构建道路画像,以中路段①为单元,从时间、空间、道路属性、道路运行状态等多个维度描绘道路特征。针对单个路段构建的道路运行特征画像可用于监测预警、交通影响分析、交通预报、管控和绕行指引等场景。

4.2.3 路口延误特征指标

4.2.3.1 模型框架

交叉口延误采用出租车 GPS 数据和地图导航 GPS 数据进行融合计算,提高对交叉口的覆盖率。计算模型框架如图 4-22 所示,步骤包括数据输入、数据预处理、数据计算、数据融合和数据输出。

数据预处理单元根据两类不同的 GPS 数据采样频率和数据结构特性,充分考虑硬件故障、噪声干扰和通信链路中断等引起的数据缺失、数据错误等数据异常情况,在路网匹配和特征提取前对数据进行预处理。数据预处理的内容包括异常数据剔除、数据校正和数据过滤等操作。

数据计算单元包括路网匹配和延误计算两个步骤。由于 GPS 设备的精度不足,GPS 数据和对应的实际位置可能有偏差。因此,在进行特征提取前需要将 GPS 点的数据匹配到正确的路网节点范围和方向。基于路网匹配结果,对两类数据设计统一的数据结构和延误计算方法,提取两类数据的行驶特征。

数据融合单元在数据预处理和数据计算的基础上,通过数据的时间关联和节点关联对交叉口延误进行融合计算。

4.2.3.2 延误计算

交叉口延误计算设计流程如图 4-23 所示。首先,从原始 GPS 数据获取单一车辆 GPS 数据,对车辆 GPS 数据进行地图匹配处理并标记 GPS 数据所在交叉口 id。根据交叉口 GPS 数据,估算车辆通过交叉口的行驶时间 T_r 和行驶距离 L。基于行驶距离,计

---

① 中路段是为了对路段运行情况进行细化描述,以次干路及以上等级道路为对象,在交叉口位置将路段进行切分,通常以路名(路段起点路名—路段终点路名)表示。

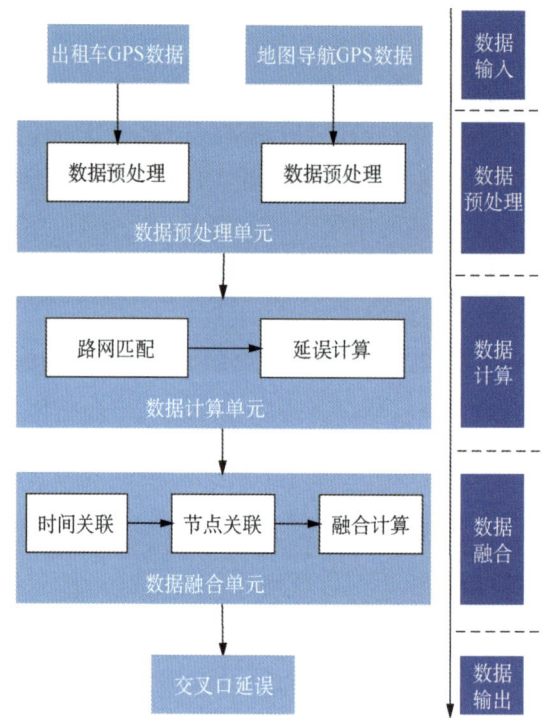

图 4-22 交叉口延误计算框架

算车辆在畅行条件下的通行时间(畅行时间 T_f),延误时间即实际行驶时间与畅行时间之差。

1. 交叉口范围划定

平面交叉口范围包括该交叉口各条道路相交部分和其进出口道(展宽段和渐变段)以及行人、自行车过街设施所围成的空间。根据道路交叉口进口道规划长度以及交叉口实际情况,将交叉口范围定为 140~180 m。

2. 自由流速度标定

自由流速度是指车辆在天气良好、交通量很小(接近 0)、车辆相互无干扰的情形下的行驶速度。本系统的自由流速度采用凌晨时段的运行速度代替,单个路段的自由流数据利用历史数据进行标定,步骤如下。

(1) 计算每 5 min 各路段的平均速度。

(2) 获取凌晨时段(0—6 点)全路网运行速度最高的时段,将该时段数据用于标定自由流速度。

(3) 计算标定时段数据中各路段的平均速度,作为该路段的自由流速度。

(4) 对于数据缺少的道路,取标定时段路网中对应等级道路的平均速度作为路段的自由流速度。

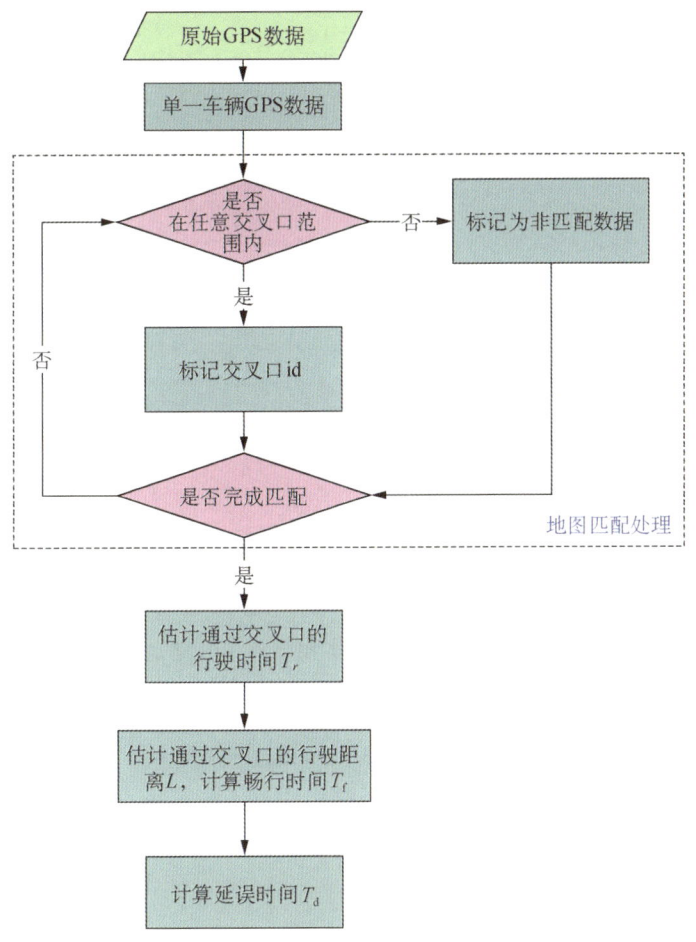

图 4-23 交叉口延误计算设计流程

根据以上标定计算,可得到深圳市全市路段的自由流速度。

3. 路段平均速度标定

路段平均速度是指路段在不同时间切片下(以 5 min 为单位)的平均运行速度,系统利用一个月的历史路段速度数据计算每 5 min 的平均值作为各时间切片的路段平均速度。

4. 通行时间估计

通过观察浮动车数据与地图的匹配情况发现,车辆在一定路线较短区间内的行驶速度总是在小范围内变化。在此区间内,车辆行驶距离与行驶时间的关系可近似认为是线性正比关系,因此,可以用简单的线性插值方法来估计浮动车在经过弧段端点 P_i 时的时间 T_i,如图 4-24 所示。

如果点 P_i 在前后一定范围内存在数据点 P_1 和 P_2,且点 P_1 和 P_2 处的数据定位时间为 T_1 和 T_2,上传点距离路段端点 P_i 的距离分别为 L_1 和 L_2,在交叉口短距离范围

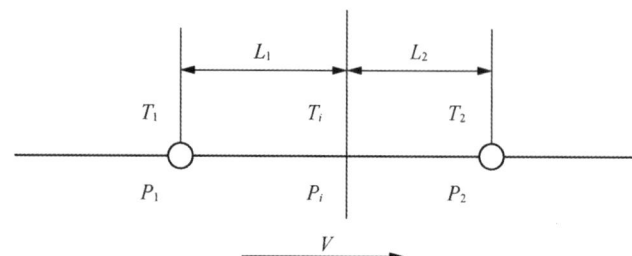

图 4-24 车辆行驶距离与行驶时间的近似线性正比关系

内假设两个路段运行速度一致,则

$$\frac{L_2}{T_2-T_i}=\frac{L_1}{T_i-T_1} \tag{4-24}$$

即

$$T_i=\frac{L_1 T_2+L_2 T_1}{L_1+L_2} \tag{4-25}$$

如果点 P_1 在前后一定范围内只存在其本身 1 个点,则通过点 P_1 所在路段的历史速度 V_{P_1} 来估计 T_i。

$$T_i=\frac{L_1}{V_{P_1}}+T_1 \tag{4-26}$$

当存在点 P_2 时,计算同理。

5. 行程时间计算

为了计算浮动车经过交叉口的实际运行时间,需要确定车辆通过交叉口范围起终点的通行时间。交叉口范围起终点的浮动车 GPS 数据示意如图 4-25 所示,其中,S 和 E 表示交叉口范围的边界点位置,$T_i(i=1,2,3,\cdots,n)$ 表示浮动车上传 GPS 数据的时间,T_S 表示浮动车驶入交叉口范围的时刻,T_E 表示浮动车驶离交叉口范围的时刻,车辆通过 GPS 轨迹点计算运动轨迹长度为 L_v,可通过曲线拟合估计车辆运动轨迹长度。根据 GPS 数据的轨迹判断车辆直行、左转和右转行为,分别估算交叉口中车辆的不同转向的实际行驶时间。

假设浮动车在交叉口范围起点前后范围最邻近的两点分别回传时间数据为 T_1 和 T_2,T_1 和 T_2 回传点距交叉口范围起点的距离分别为 L_{1S} 和 L_{2S},在交叉口范围终点前后最邻近的两点 n 和 $n-1$ 处分别回传时间数据为 T_n 和 $T_{(n-1)}$,T_n 和 $T_{(n-1)}$ 回传点距交叉口范围终点的距离分别为 L_{nE} 和 $L_{(n-1)E}$,假设交叉口范围短距离内车辆通行速度一致,根据通行时间估计计算方法,可分别计算 T_S 和 T_E。

$$T_E=\frac{L_{nE}T_{(n-1)}+L_{(n-1)E}T_n}{L_{nE}+L_{(n-1)E}} \tag{4-27}$$

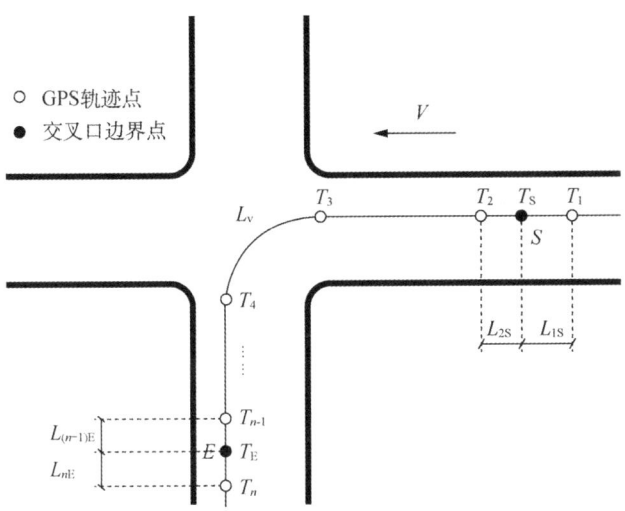

图 4-25 交叉口范围起终点的浮动车 GPS 数据示意

$$T_S = \frac{L_{1S}T_2 + L_{2S}T_1}{L_{1S} + L_{2S}} \tag{4-28}$$

因此,经过交叉口的实际运行时间 T_r 为

$$T_r = T_E - T_S \tag{4-29}$$

当交叉口起终点前后范围只有一个最邻近数据点时,则采用最邻近点所在路段的历史平均速度进行估算,得出 T_E 和 T_S 如式(4-30)和式(4-31)所示,最后计算 T_r。

$$T_E = \frac{L_{(n-1)E}}{V_{(n-1)}} + T_{(n-1)} \tag{4-30}$$

$$T_S = \frac{L_{1S}}{V_1} + T_1 \tag{4-31}$$

当交叉口起终点前后范围均不存在邻近数据点时,则舍弃该车辆样本数据。

6. 转向延误计算

T_1,T_2,T_n 和 T_{n-1} 的时间通过车辆的 GPS 数据点获取,而 L_{1S},L_{2S},L_{nE} 和 $L_{(n-1)E}$ 则可通过 GPS 数据点的经纬度坐标与起终点坐标进行长度计算。

浮动车经过交叉口各方向的延误时间为

$$T_a = T_r - T_f \tag{4-32}$$

式中,T_f 为通过交叉口的畅行时间,计算公式为

$$T_f = \frac{L_{2S} + L_v + L_{(n-1)E}}{V_f} \tag{4-33}$$

其中，V_f 为路段标定的畅行速度；$L_{2S}+L_v+L_{(n-1)E}$ 即车辆在交叉口行驶的总距离。

7. 融合计算

根据以上计算，交叉口转向平均延误即为统计浮动车的平均转向延误时间。以 5 min 为时间切片，对同一时间切片和同一交叉口编号的出租车延误时间和导航车辆延误时间进行融合计算。根据导航车辆和出租车辆的总延误时间和统计样本数得出

$$\overline{T}_d = \frac{T_{bd}+T_{taxi}}{m_{bd}+m_{taxi}} \tag{4-34}$$

式中，T_{taxi} 为出租车总延误时间；T_{bd} 为导航车辆总延误时间；m_{taxi} 为出租车样本数；m_{bd} 为导航车辆样本数。

4.2.3.3 算法应用

当前路况分析主要基于路段速度，但由于 GPS 定位无法达到车道级精度，因此，无法获得车道级路况。交叉口延误指标为交通运行分析提供了更精细化的指标。利用 GPS 数据结合交叉口的空间特征，可计算交叉口一定范围内不同转向层面的延误时间，从而评估交叉口的交通运行，弥补评估指标对道路拥堵精细化分析的不足。

4.2.4 典型车辆特征指标

车辆特征分析模块主要针对出租车、导航车、公交车和货运车四种主要车辆类型进行特征分析。通过对出租车、公交车运营特性的分析，可为深圳市出租车和公交车运营水平改善、提高车辆运营效率和智能调度提供数据和决策支持。对导航车的出行分析，可用于识别导航车的出行需求、出行特征，辅助车辆出行管理。对货运车的出行分析，可为区域货车出行需求、通道规划和影响评估提供基础数据和决策支持。典型类型车辆出行特征指标体系如图 4-26 所示。

4.2.4.1 出租车、导航车、公交车出行特征

1. 指标分析

出租车出行指载客状态下的出行，导航车出行指所有出行。

1）出行 OD 分布

出行 OD 分布（$C_{O_i \to D_j}$）是在指定时间区间内车辆出行路径（出租车指载客出行）的起终点分布。其中，O_i 表示起始街道 i（或重要兴趣点），D_j 表示到达街道 j（或重要兴趣点），$C_{O_i \to D_j}$ 表示从街道 i 到街道 j 的车辆出行量。为了反映车辆的出行分布特征，出行 OD 分析层次包括街道与街道间的出行 OD 量分布、街道与重要兴趣点间的出行 OD 量分布。重要兴趣点与街道的 OD 分布主要为了细化重要枢纽、大型景区等区域的出行分析，尤其是特殊节假日和周末的出行来源和去向。出行 OD 分布的最小统计粒度为小时（h）。

4 看不见的"黑科技"

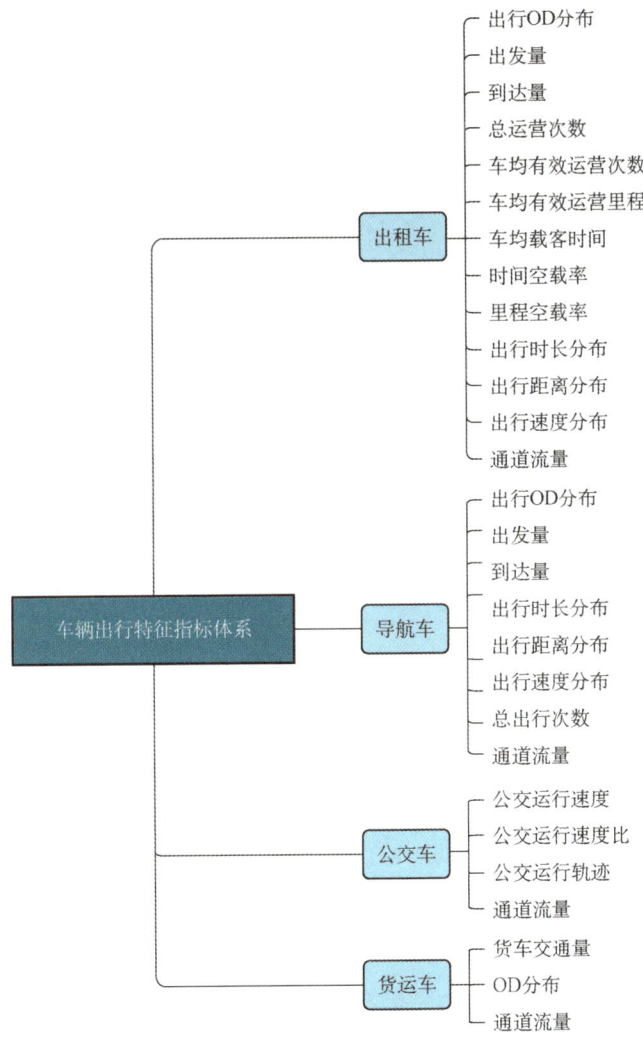

图 4-26　车辆出行特征指标体系

2) 出发量

出发量(L_{O_i})是在指定时间区间的车辆总出行次数(出租车指载客出行)。其中，O_i 表示出发街道 i，L_{O_i} 表示从街道 i 出发的出行量。分析层次包括街道和兴趣点。出租车出发量可以反映街道内对出租车服务的需求，根据街道对出租车的需求差异，进行出租车调配管理。出发量的最小统计粒度为小时(h)。

3) 到达量

到达量(A_{D_i})是在指定时间区间内的车辆总到达次数(出租车指载客出行)。其中，D_i 表示到达街道 i，A_{D_i} 表示到达街道 j 的出行量。分析层次包括街道和重要兴趣点。到达量可以反映街道的出行热度，根据街道的出行热度完善停车设施。到达量的最小统计粒度为小时(h)。

77

4) 出行速度分布

出行速度分布是车辆每次出行的平均速度在不同速度区间的分布,统计粒度为日(d)。出行速度分布可以反映全天车辆行驶速度的总体情况。速度区间划分为:[0,5]、(5,10]、(10,15]、(15,20]、(20,25]、(25,30]、(30,35]、(35,40]、(40,∞),单位为千米每小时(km/h)。

5) 出行距离分布

出行距离分布是车辆每次出行的里程在不同距离区间的分布,统计粒度为日(d)。出行距离分布可以反映全天车辆每次行驶里程的总体情况。距离区间划分为:[0,5]、(5,10]、(10,15]、(15,20]、(20,25]、(25,30]、(30,∞),单位为千米(km)。

6) 出行时长分布

出行时长分布是车辆每次出行的时长在不同时间区间内的分布,统计粒度为日(d)。出行时长分布可以反映全天车辆每次行驶时长的总体情况。时间区间划分为:[0,10]、(10,20]、(20,30]、(30,40]、(40,50]、(50,60]、(60,∞),单位为分钟(min)。

7) 总出行次数

总出行次数是全天每辆车的出行次数之和。

$$N_{bd} = \sum_{i=1}^{n} N_{bd_i} \quad (4-35)$$

式中,N_{bd} 为导航车的总出行次数;N_{bd_i} 为车辆 i 的当天出行次数;n 为当天导航车的样本数量。

通过导航车出行路径提取的方法,可得到样本出租车的全天出行次数。

8) 总运营次数

总运营次数是全天内每辆出租车的载客运营次数之和。

$$N = \sum_{i=1}^{m} N_i \quad (4-36)$$

式中,N 为出租车总运营次数;N_i 为出租车 i 的当天运营次数;m 为当天运营的出租车数量。

通过对出租车载客路径提取,可得到出租车的总运营次数。

9) 车均有效运营次数

车均有效运营次数是全天内平均每辆出租车的载客运营次数,即出租车总运营次数与当天运营车辆总数之比。

$$\overline{N} = \frac{\sum_{i=1}^{m} N_i}{m} \quad (4-37)$$

式中,$\overline{N}$ 为车均有效运营次数;N_i 为出租车 i 的当天运营次数;m 为当天运营的出租车数量。

10) 车均有效运营里程

车均有效运营里程是指全天平均每辆出租车的载客运营里程,即出租车全天运营总里程与当天运营车辆总数之比,计算如式(4-38)所示。

$$\bar{L} = \frac{\sum_{i=1}^{m} l_i}{m} \tag{4-38}$$

式中,$\bar{L}$ 为车均有效运营里程;l_i 为出租车 i 的全天运营里程;m 为当天运营出租车数量。

通过对出租车每次载客出行的路径提取,可得到出租车每次载客出行里程,累计所有出租车的载客里程,即可计算车均有效运营里程。

11) 车均载客时间

车均载客时间是全天每辆出租车的平均载客运营时间,即出租车全天载客总时间与当天运营车辆总数之比。

$$\bar{T} = \frac{\sum_{i=1}^{m} t_i}{m} \tag{4-39}$$

式中,$\bar{T}$ 为车均载客时间;t_i 为出租车 i 的全天载客时间;m 为当天运营出租车数量。

通过对出租车的每次载客出行的路径提取,可得到每次出租车载客出行时间,累计所有出租车的载客运营时间,即可计算车均载客时间。

12) 时间空载率

时间空载率是全天出租车空驶时间与出租车总运营时间之比。

$$R_t = \frac{\sum_{i=1}^{m}(T_i - t_i)}{\sum_{i=1}^{m} T_i} \tag{4-40}$$

式中,R_t 为时间空载率;t_i 为出租车 i 的全天载客时间;T_i 为出租车 i 的全天运营时间;m 为当天运营出租车数量。

13) 里程空载率

里程空驶率是全天出租车空驶里程与出租车总运营里程之比。

$$R_l = \frac{\sum_{i=1}^{m}(L_i - l_i)}{\sum_{i=1}^{m} L_i} \tag{4-41}$$

式中,R_l 为里程空载率;l_i 为出租车 i 的全天载客里程;L_i 为出租车 i 的全天运营里程;m 为当天运营出租车数量。

空载率的大小可从一定程度上刻画出城市出租车运营情况是否合理,空载率过高和过低都会导致出租车整体运营水平的降低。

14)通道流量

通道流量指通过某路段上的车流量通行量大小,可以细分不同类型车辆。

2. 算法逻辑

车辆运行轨迹提取算法设计流程如图4-27所示。首先,从原始GPS数据中获取单一车辆的GPS数据,根据不同类型车辆(巡游车、网约车、导航车)的状态特征识别车辆空载与重载(或导航状态与非导航状态)的状态变化。其次,基于不同状态的GPS轨

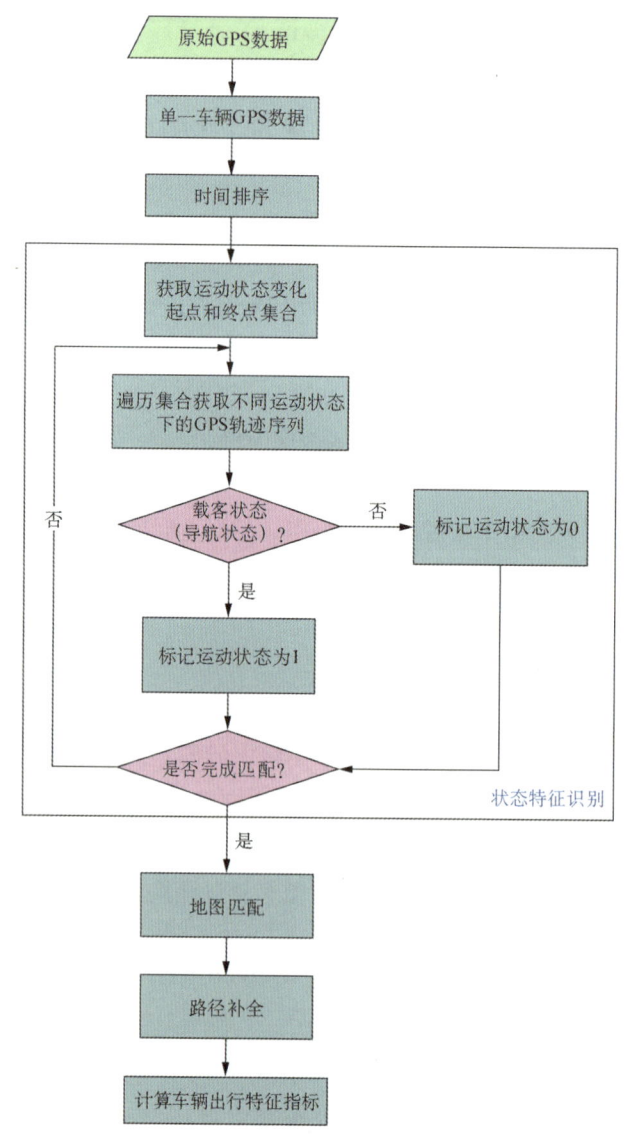

图4-27 车辆轨迹提取算法设计流程

迹序列进行地图匹配,获得车辆行驶路径,并对路径中路段中断位置进行补全处理。最后,基于轨迹数据,计算上述车辆出行指标。

1) 车辆状态识别

针对不同类型车辆,状态识别方法如下。

(1) 巡游车:巡游车具有载客运营特性,在行驶过程中车辆运营分为重载(1)和空载(0)两种状态。因此,巡游车可通过车辆行驶运营状态的变化提取出行路径,即 0→1 和 1→0 变化处对轨迹进行切分,便可获得巡游车的空载路径和重载路径,如图 4-28 所示。

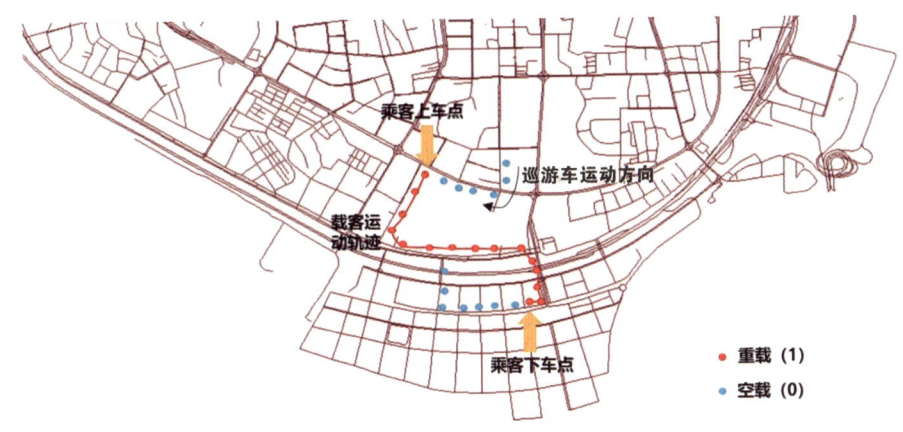

图 4-28 巡游车运动状态示意

(2) 网约车:网约车 GPS 数据的行驶状态包含载客、接单、空驶和停运四种运动状态。车辆在一次载客行为中运动状态的变化过程为"空驶—订单派单—行驶—乘客上车—行驶—乘客下车—空驶",因此,结合车辆运行订单号和行驶状态,可判断车辆载客和非载客状态。基于车辆位置数据可识别乘客上车和下车位置,提取车辆载客轨迹和非载客轨迹,如图 4-29 所示。

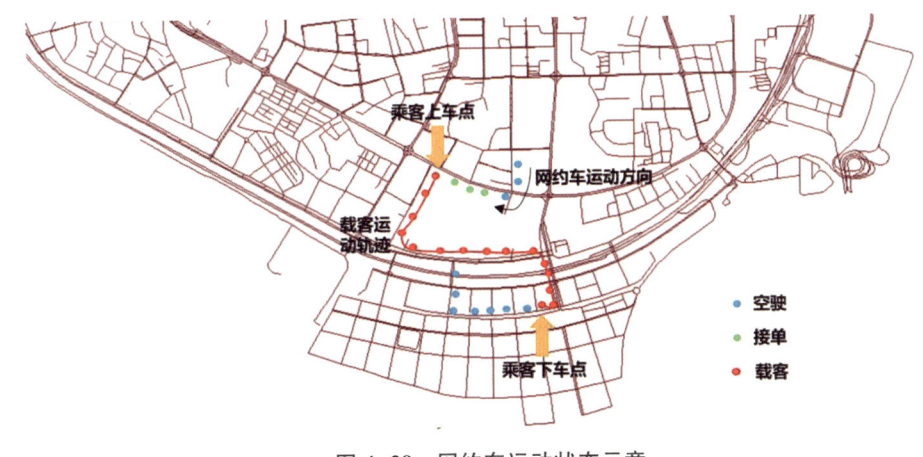

图 4-29 网约车运动状态示意

(3) 导航车：导航车在运动过程中包括导航状态和非导航状态，一般情况下，驾驶员在出发前进入导航状态，到达目的地时结束导航状态。因此，只需提取导航车连续导航状态 GPS 数据即可获得车辆出行轨迹，如图 4-30 所示。

图 4-30 导航车运动状态示意

2）地图匹配

由于受到 GPS 系统定位精度的影响，车辆 GPS 数据和对应的实际位置可能有偏差，需要根据城市道路交通路网的路段划分，将 GPS 数据匹配到路网中特定的路段、特定的方向。地图匹配算法利用车辆点序列位置和路网拓扑关系，并结合路网距离—时间关系及正常行驶规则来确定车辆行驶路径，如图 4-31 所示，详细的匹配算法见 4.1.2 小节地图匹配算法。

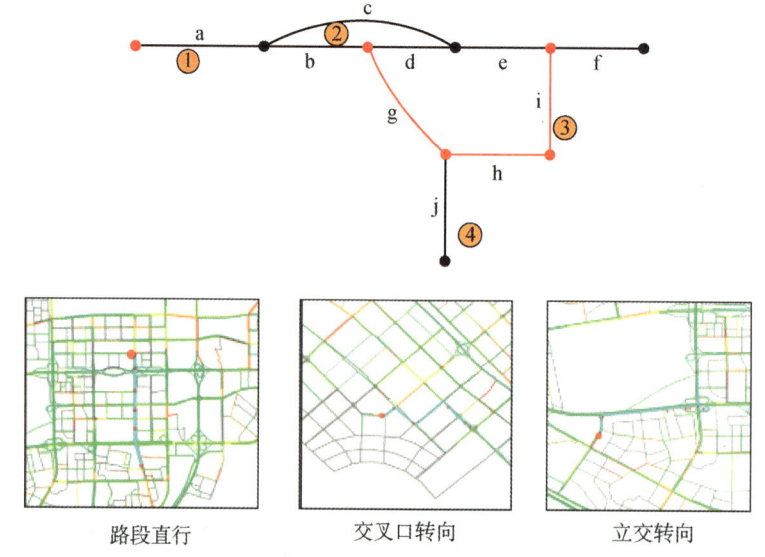

图 4-31 地图匹配算法

3) 路径提取

基于全天的路网匹配结果数据,对前一天的车辆进行路径提取处理。由于存在运营状态标志,出租车可通过运营状态提取载客路径和非载客路径,路径提取的算法流程如图4-32所示。

图4-32 路径提取算法流程

(1) 获取前一天的GPS路网匹配数据,并根据车牌号对数据进行分组处理。

(2) 对分组处理后的数据进行路径提取处理,包括以下步骤。

① 读取分组数据,从分组数据中获取其中单一车辆的GPS路网匹配数据。

② 根据时间对车辆的匹配数据进行排序,获得车辆一天的轨迹序列。

③ 对序列进行路径提取,方法如下:出租车重载用1表示,空载用0表示,当轨迹序列中相邻两个记录从1到0变化的时候,表示出租车载客结束,变为空载状态,提取匹配数据点至行驶状态变化的位置(包括状态为0数据)为重载路径;当相邻两个记录从0到1变化的时候,表示出租车从空载状态变为重载状态,同理,提取出租车空载路径。根据此方法可获取该车辆全天重载和空载的轨迹数据。

④ 判断路径中的相邻路段是否连续,否则对路径中断处进行路径补全,补全算法采用最短路算法。

⑤ 根据路径数据的起终点经纬度和时间,计算每条路径的行驶里程和行驶时间,从而可计算每条路径的平均行驶速度。

⑥ 通过加密算法对车牌号进行加密,得到新的车牌ID。

⑦ 根据起始、到达点的经纬度进行街道和兴趣点匹配,将路径的起始点和到达点与街道关联。

⑧ 保存路径信息包括:车牌ID(加密)、车辆类型、出发时间、到达时间、出行距离、平均速度、出行路段序列、运营状态(1表示重载,0表示空载)、出发点经度、出发点纬度、到达点经度、到达点纬度、起始街道id、到达街道id、起始兴趣点id、到达兴趣点id。

⑨ 判断是否所有车辆都完成路径提取,是,则进行第(3)步;否则,重复进行第(2)步。

(3) 完成所有车辆的路径提取处理,将路径信息存储于历史路径表中。

(4) 车辆路径提取处理结束。

导航车由于不存在行驶状态标志位,出行路径提取需通过判断前后数据点的时间间隔大小。对导航车数据进行排序后,如果相邻两个数据点的时间差大于30 min,则认为是第二次出行,对序列进行切分并提取出行路径,计算时间、速度和里程,并将路径信息入库。

车辆轨迹包括车牌ID、车辆类型、出行时间、到达时间、行驶距离、平均速度、出行路段序列、运营状态、出发点经度、出发点纬度、到达点经度和到达点纬度。

4) 指标计算

根据车辆轨迹数据的起始、到达点经纬度坐标,通过空间匹配可获得车辆出发和到达的兴趣点、街道和行政区,再通过聚合计算,可得到出行OD分布等指标。

4.2.4.2 公交运行轨迹算法模型

利用公交车连续的GPS数据,并与公交线路和站点匹配,可估算每辆公交车的到站时间。公交运行轨迹分析以公交车为粒度,描绘每一辆公交车到站的时空信息,识别公交线路运营过程中的异常,如到站间隔差异、进站列车化等现象。

1. 线网匹配

由于受到 GPS 系统定位精度的影响，车辆 GPS 数据和对应的实际位置可能有偏差。因此，需要对 GPS 数据进行线网匹配处理，将 GPS 数据与对应公交线路和行驶方向进行匹配。

2. 到站估计

根据公交车的 GPS 轨迹数据，估计公交到站时刻，流程如下。

(1) 获取前一天的公交车 GPS 历史线网匹配数据。

(2) 根据公交车对 GPS 数据进行分组处理，提取公交车的单次出行轨迹数据。

(3) 对单辆公交车的单次出行轨迹进行到站估计，包括以下步骤：

① 遍历轨迹中的 GPS 数据，通过 GPS 点的经纬度和公交线路站点的经纬度信息，计算公交车 GPS 与线路站点的间隔，如果间隔少于规定阈值，则认为公交车到站，保存到站信息。

② 完成公交车单次出行轨迹的到站估计，保存公交车历史到站信息。

③ 判断是否所有公交车完成到站估计，是，则进行第(4)步；否则，继续第(3)步。

(4) 完成所有车辆的到站估计处理，将公交到站信息存储为车辆到站记录表。

(5) 公交运行轨迹处理结束。

根据车辆到站记录表，构建公交运行轨迹图，分析公交车延误和发车间隔情况。

4.2.4.3 小汽车与公交车对比指标

为了有效评估公交运行情况(包括片区、专用道、路段等)，对比公交出行的竞争力，系统构建了相对性公交运行评估体系，对比公交车和小汽车的运行情况，包括绝对速度和相对速度比指标。

1. 评估指标体系

系统从指标、空间、时间和类型四个维度来分析评估公交运行情况，如图 4-33 所示。指标细分为公交车速度与速度比(速度比＝小汽车速度/公交车速度)，其中，速度

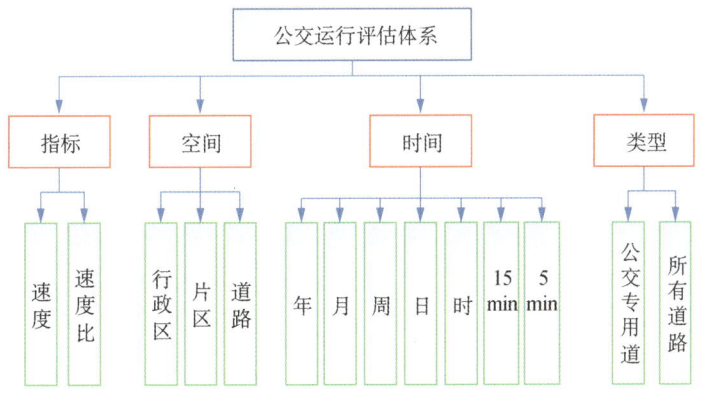

图 4-33 公交车评估指标体系

表征公交车的绝对运行状态,速度比表征公交车的相对运行状态;空间包括行政区、片区和道路;时间包括年、月、周、日、时、15 min、5 min 等多个层次;类型主要区分公交专用道和所有道路。

2. 等级划分

与深圳市道路交通运行指数的定义和颜色一样,公交运行级别也分别用绿色、浅绿、黄色、橙色和红色表示,如表 4-9 所示。

表 4-9 公交运行级别划分

颜色					
速度	$v \geqslant 25$	$22 \leqslant v < 25$	$19 \leqslant v < 22$	$16 \leqslant v < 19$	$v < 16$
速度比	$k < 1.3$	$1.3 \leqslant k < 1.5$	$1.5 \leqslant k < 1.7$	$1.7 \leqslant k < 1.9$	$k \geqslant 1.9$

3. 评估与展示

为横向对比不同专用道的运行效果,系统利用柱形图和路网显示对比不同公交专用道的运行效果,如图 4-34 所示。

图 4-34 专用道排名及公交专用道路网展示

4.2.4.4 货运车辆特征分析模型

货运车辆特征分析通过对货车运行轨迹的特征分析,计算货车交通量、出行 OD 分布、通道流量等指标,为深圳市区域货车出行需求、货车通道规划和影响评估提供基础数据和决策支持。货运车辆特征分析的数据基础主要为货车 GPS 数据,货车 GPS 数据空间分布较不均匀,主要分布在主干路和快速路等货运通道以及物流和口岸等货源区域。

1. 模型框架

货运车辆特征分析模型框架如图 4-35 所示,步骤包括数据输入、停留点识别、轨迹提取和指标计算四个过程。

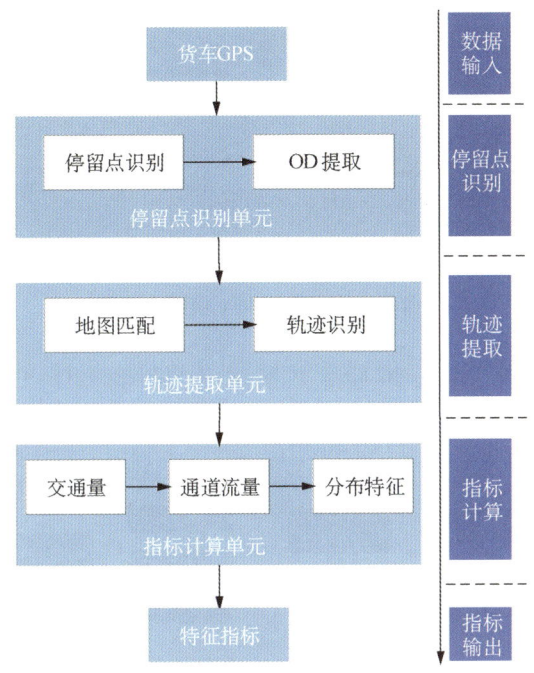

图 4-35 货运车辆特征计算框架示意

2. 停留点识别

货车停留点是指货车在出行结束时停留的位置,停留点通常是货车在较小空间区域内停留了较长时间的轨迹点集合。识别货车停留点需要先识别货车出行的 OD 点,OD 点是车辆在一次出行中的起点和终点位置。基于 OD 点提取货车停留点集合并从集合中计算停留点位置。从 GPS 轨迹数据中识别停留点,可以有效去除 GPS 轨迹数据中不重要的和冗余的信息,而得到的 OD 点序列有助于对 GPS 轨迹的提取。

本算法主要基于 Stop/Move 概念模型,提出了逐级合并的停留点识别方法。首先,使用简单的速度判别准则,将轨迹点初步分为停留和移动轨迹,并根据有意义的停留与移动点在持续时间、跨越距离上的限制,动态更新子轨迹的停留、移动标签,并逐级合并相同类型相邻的子轨迹来提取轨迹识别结果。通过识别的 OD 点信息获得停留点集合,进而计算货车的停留点位置和停留时长。

轨迹是车辆有目的的移动路径,由时空点序列构成。停留点(即 Stop)是轨迹点序列中的连续子序列,满足下述两个条件。

(1)原地静止或在小范围空间内慢速移动,并且持续足够的时间。

(2)关联有意义的地理空间点要素。

根据上述讨论,轨迹的时空关联 Stop/Move 模型即由关联于地理空间要素的 Stop/Move 对象序列构成,如图 4-36 所示。

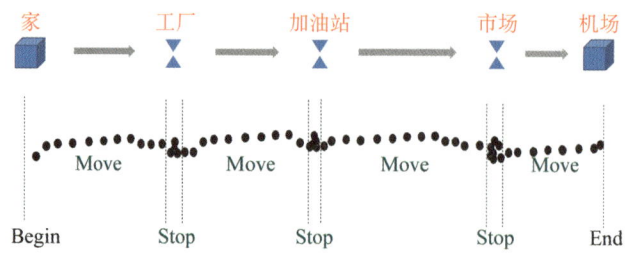

图 4-36 Stop/Move 模型示意

定义时空关联 Stop/Move 模型并基于该模型得到 OD 点识别算法流程,如图 4-37 所示。

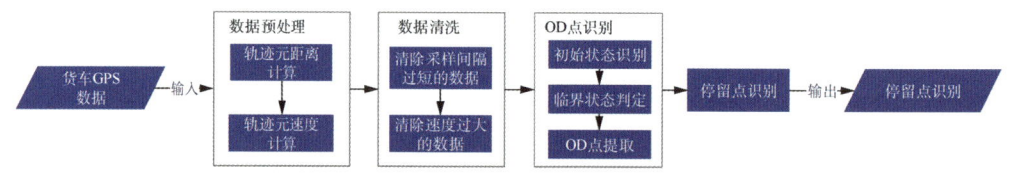

图 4-37 OD 点识别算法流程

1) 轨迹元速度计算

将两个相邻的 GPS 数据采样点视为整个行驶轨迹中的一个有限的轨迹元,根据经纬度,计算两个相邻采样点之间的直线距离和平均行驶速度,可利用式(4-42)计算轨迹元的平均行驶速度 v。其中,距离采用相邻采样点的经纬度坐标,速度即距离除以相邻采样点的时间差。

$$v = \frac{l}{t_E - t_S} \tag{4-42}$$

式中,v 是轨迹元的平均行驶速度;l 是轨迹元的起点 S 与终点 E 之间的直线距离;t 指轨迹元中 GPS 点的定位时间。

基于行驶速度计算结果对异常噪声进行清洗,主要包括采样时间间隔过短、平均行驶速度过大两类异常情况,直接删除异常采样点,可保证数据的有效性。其中,采样时间间隔的阈值拟选用 5 s,速度阈值拟选用 140 km/h。

2) 初始状态识别

完成数据清洗之后,第一步根据轨迹元的平均速度进行初始状态的初步判定,将初始状态定义为三种:运动(Move)、静止(Stop)和未知(Unknown)。其中,运动(Move)的判定条件是速度大于速度阈值 v_{min}(明显的运动状态的速度最小值),静止(Stop)的判定条件是速度小于速度阈值 v_{max}(明显的静止状态的速度最大值),未知(Unknown)状态是速度介于速度阈值 v_{min} 和 v_{max} 之间。其示意如图 4-38 所示。

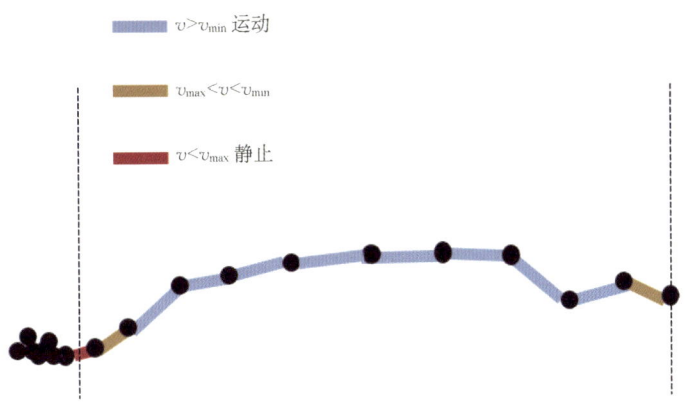

图 4-38 初始状态识别示意

其中,速度阈值 $v_{\min}$(明显的运动状态的速度最小值)推荐采用 2.5 m/s(9 km/h),是根据手动挡汽车 1 挡起步的速度而设定的;速度阈值 $v_{\max}$(明显的静止状态的速度最大值)推荐使用 0.25 m/s,是根据车辆 GPS 定位精度为 10 m,一个采样间隔(40 s)内的 GPS 信号漂移速度而设定的。然后,将初步识别的结果进行连续状态的归并,完成运动状态的初始判定。

3) 临界状态判定

第二步完成对于未知(Unknown)运动状态的识别和处理。根据未知运动状态的前一状态进行"状态的延续"。由于状态为未知的轨迹元运动特点是持续低速,对应的真实车辆状态可能是在减速停车或者是低速起步,其都与前一状态较为接近,所以,"状态的延续"可以作为未知状态判定的标准。

4) OD 点提取

根据不同含义的静止点时空特征,对于静止点的状态有效性进行判定,提取具有不同含义的静止点,实现状态更新。由于所需要识别的静止点是上下货点,根据普遍的上下货事件的时空特征,其通常表现为上下货的时间较长。两次上下货之间的持续行驶距离较远。根据时间阈值,其时间相较于一般性停车的时间更长,因此,根据经验,推荐选用 900 s(15 min)时间作为上下货点识别的标准,大于该阈值的停车点被定义为上下货点。

另外,上下货点之间的行驶距离较一般情况更远,因此,根据经验,推荐选用 1 500 m 作为上下货点识别的标准,大于该阈值的停车点被定义为上下货点。一般货运距离和时间是连续的,因此持续距离过短的行驶状态将动态更新为停车状态。

最后,对相邻的具有相同运动状态的轨迹元进行合并,保留起终点的经纬度和时间信息,最终分别识别出货车轨迹中运动状态下的 OD 表和静止状态下的 OD 表。

3. 轨迹提取算法

轨迹提取算法是指将历史离散的车辆 GPS 数据转变成连续的路段序列形式。基于地图匹配结果和 OD 点提取结果,根据车辆 GPS 行驶路段和时间标签,可获取车辆出行途经的路段序列信息,并计算车辆行驶距离和行程速度。基于轨迹提取结果可用于路段流量统计、出行需求分析、OD 分布分析和出行特征分析等方面。驶轨迹提取算法设计流程如图 4-39 所示。

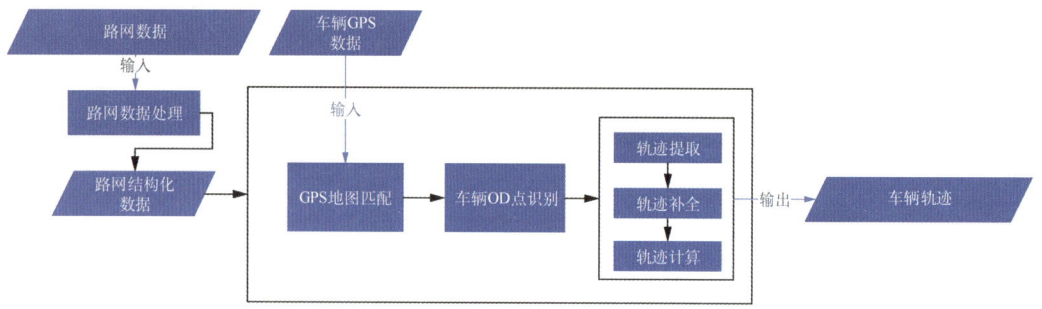

图 4-39　行驶轨迹提取算法流程图

第一步:对 GPS 数据进行地图匹配和最优匹配路段选择。

第二步:对匹配后的 GPS 数据按车辆编号进行分组,得到每辆车的 GPS 数据集;对单一车辆的 GPS 数据集按时间进行顺序排列,根据车辆类型提取车辆 OD 表。

第三步:根据车辆 OD 表和 GPS 轨迹数据提取车辆运动轨迹,并对轨迹进行处理和指标计算。

基于 OD 点提取车辆轨迹后需要对车辆轨迹进行处理,包括删除重复路段、对轨迹不连续路段进行补全。

(1) 当 GPS 数据回传时间间隔较小时,车辆可能会在同一路段产生多个 GPS 记录,在路径中该路段 id 会连续出现多次。因此,在路径序列中对于重复路段则只需要保留其中之一,保证后续行驶距离计算正确。

(2) 当 GPS 数据回传时间间隔较大时,车辆相邻两个 GPS 记录在空间上的距离较大,导致路径中前后路段并非相邻且连续的两个路段,因此,需要对路径中不连续部分进行处理,使用最短路算法对非连续路段进行补全处理。最短路算法采用 A-Star 寻路算法。

4.2.4.5　算法应用

1. 车辆需求分析

基于车辆 OD 出行分布,结合出发量和到达量指标,可以反映行政区和街道的打车出行需求,以及不同区域对出租车服务的需求强度和出行热度,支撑对出行需求更大的区域进行出租车服务提升。通过重要兴趣点与街道的 OD 分布可以识别重要枢纽(机场、高铁站、客运站等)以及大型景区等热点区域的出行来源,尤其是节假日和周末的出行来源和去向。结合通道流量,可分析重要枢纽乘客和大型景区游客的主要集散路径,分析热点出行的交通影响。

通过分析出租车日常营运指标,如出租车全天点运营次数、车均有效运营次数、车均有效运营里程、车均载客时间等,可分析出租车的日常运营情况,为出租车投放量提供数据依据。基于时间空载率和距离空载率,分析深圳市出租车运营情况是否合理,资源是否充分利用,以反映整体的运营水平。

2. 公交运行轨迹分析

基于公交车进站匹配结果数据,以时间为横坐标、线路站点为纵坐标,描绘公交线路中每辆公交车的到站运行轨迹线,线路上所有运行车辆构成的运行轨迹如图 4-40 所示。通过分析公交运行轨迹可获取异常数据,如前后车辆的到站时间间隔过短或出现点重合情况,则表示发车班次过于频繁、前车过慢或后车过快,浪费公交车辆资源。通过分析站点到站间隔分布情况,可得到公交车辆到站间隔的主要时间区间,从而进行公交线路班次优化,减少乘客候车时间。另外,通过分析线路的车辆全程运行时间,可识别运行异常时段。

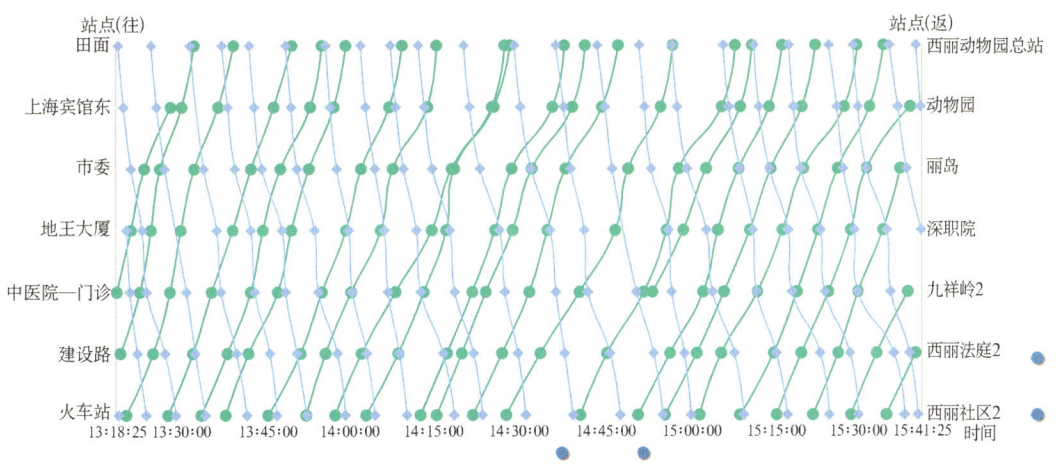

图 4-40 公交运行轨迹分析示意

3. 货运车辆分析

货运车辆分析利用深圳市货运车辆 GPS 数据,通过对原始 GPS 数据的清洗、停留点识别和轨迹提取等挖掘处理,对出行分布特征进行统计,分析深圳市货运出行总量、行政区货运出行需求和构成比例。基于停留点提取识别深圳市主要的货运节点,西部蛇口港和东部盐田港仍为深圳市主要的货运汇聚点。结合货运通道的识别,对西部港口和东部港口的主要货运通道和深圳市内部货运通道进行分析,实现实时监控货运车辆在货运场站、热点区域和货运通道的聚集和运行情况,协助货车通道规划和影响评估提供等工作。

4.2.5 出行可达性指标

可达性是描述个体出行到达目的地的便捷程度。可达性主要由三大客观要素共同决定,包括起点、终点以及二者之间可采用的交通方式。

在起点,个体根据出行需求实现出行,个体的影响因素可分为主观因素和客观因素；终点，即个体活动吸引点，受到地理位置、规模大小、空间布局、吸引力和供需关系等因素的约束。影响起点到终点连接方式的主要因素包括道路路况、天气、交通事件等，一般以距离、时间、费用进行表示。

可达性衡量个体出行的空间特征和时间特征。在空间维度上，由于起点和终点存在空间阻力，同一起点出发到达不同空间位置的难易程度不同；同理，从不同空间位置到达同一终点的难易程度也会存在差异。在时间维度上，起点和终点相同，从不同时刻出发，会受到不同空间阻力的影响。

等时线是以时间为单位的等值线，本书采用等时线方法对可达性进行描述，目的是直观地展示可达性在时空维度的演变。

将可达性-等时线模型定义为从某一地点出发，个体到达目的地所用出行时间相等的各点连成的平滑曲线。可达性-等时线模型可直观反映：①相同时间内个体出行的最大范围；②两条等时线在不同空间位置的空间间隔差异；③不同出发时刻下，各空间位置的可达性演变结果。可达性-等时线模型可以作为城市空间位置、出行方式的时空可达性衡量工具。可达性-等时线模型的建模流程为：①多模式交通网络搭建；②行程时间估计；③等时线生成。

4.2.5.1 多模式交通网络搭建

可达性-等时线模型的实现依赖于多模式交通网络搭建。多模式交通网络包含了道路网络和公交网络，服务于小汽车、公交车、步行单一或组合的出行模式。

道路网络由道路路段、交叉口等元素组成，不仅应用于小汽车出行的路网计算，还适用于公交出行的步行阶段和步行出行的路径规划。公交网络不仅包含了公交走廊、线路、站点等静态元素，还需要考虑发车班次等动态元素。合理提取和建立道路网络和公交网络结构的基本实体，准确描绘实体的空间或瞬时特性，基于合适抽象标准呈现多粒度下的交通网络，可为进一步描述交通系统下的时空可达性，即个体利用小汽车、公交车出行的时空过程，提供有效的网络基础。

交通地理信息系统(GIS-T)利用 GIS 实现对交通规划和管理应用中的实体活动的详细表达。基于 GIS-T 模型下的道路网络结构搭建不仅需要构建路网相应的语义层、拓扑层，更需要实现路网中语义层与拓扑层之间的连接，即实现 GIS-T 模型的静态元素与动态属性的融合。因此，建立基于 GIS-T 的多模式交通网络数据模型意味着实现交通网络中基于不同抽象标准的静态和动态元素间的融合，进一步地，需要对交通网络中离散移动对象在指定时段从起点区域到达终点区域的行为进行时空表达。简单来说，我们需要建立适用于可达性模型的 GIS-T 交通网络的数据模型，以应用于计算个体小汽车、公交车、步行的单一出行或组合出行的时空过程和可达性。

采用 UML 语言对 GIS-T 快速公交网络数据模型进行描述，如图 4-41 所示。一条道路弧段是带方向的，由相邻道路节点连接分割而成。每个道路节点是交叉口的抽象结果。一条公交走廊是道路的特定组成部分，服务于一到多条公交线路，可表示为节点对象集和弧段对象集的抽象。每条公交线路沿着公交走廊分布在道路的两端,包含两条不同方向的路径。公交路线表示其中一个方向的公交路径,位于道路的一侧,是指定方向的公交线路及其所连接的公交站点的组合。公交站台表示坐落在道路两边的至少两个站点的集合。每个公交站点位于其服务路线的同一方向的一侧,继承于节点对象,记录了站点位置的静态信息。每条公交路线可表示为一系列公交站间路段的组成,每条公交站间路段由同一方向的公交路线的两个相邻公交站点分割而成,是弧段对象的抽象结果。

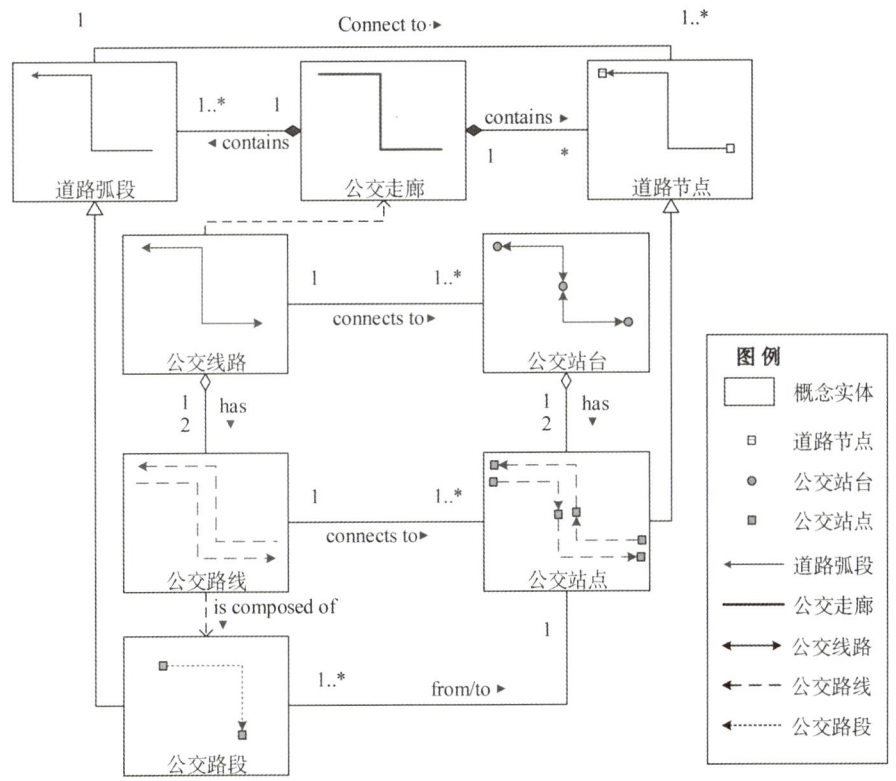

图 4-41　多模式交通网络数据模型概念图

4.2.5.2　行程时间估计

1. 行程时间计算

1) 栅格生成

可达性模型采用出行时间作为统一衡量阻抗。这里按 1 000 m 等间距将城市区域划分为 n 个栅格,记为 G_i。每个栅格均作为行程时间估计的起点和终点,则所生成的矩阵为

$$\boldsymbol{OD} = \begin{bmatrix} (G_1, G_1), & (G_1, G_2), & \cdots, & (G_1, G_n) \\ (G_2, G_1), & (G_2, G_2), & \cdots, & (G_2, G_n) \\ \vdots & \vdots & & \vdots \\ (G_n, G_1), & (G_n, G_2), & \cdots, & (G_n, G_n) \end{bmatrix} \quad (4\text{-}43)$$

2) 出行路径规划算法设计

行程时间估计是在多模式交通网络的基础上,分别计算每个栅格对 $(G_i, G_j)(i, j=1, 2, \cdots, n)$ 利用小汽车出行和公交出行的行程时间。

驾车出行和公交出行存在本质差异,主要体现在:①驾车出行可随时在下一个交叉口改变行驶方向;但公交出行中,换乘是一个非常敏感的因素,换乘意味着再一次的等待时间成本和经济成本,甚至再次面临拥挤的舒适度成本。②驾车路线是不固定的,公交车行驶路线是固定的。因此,驾车出行路径和公交出行路径的规划方法存在本质上的差异。

驾车出行路径规划采用 Dijkstra 算法,以时间作为权值,计算每个栅格对的最短时间路径,并求出对应的行程时间。详细计算参考 4.3.5 小节。

公交出行路径有多种评价指标,如尽量满足换乘次数少、出行费用低、出行时间少、出行距离短等。考虑到换乘因素对于个体出行十分敏感,本书以换乘次数最少作为最优线路选择的标准。当多个线路换乘次数一样时,以经过站点数最少作为选择依据。

3) OD 行程时间矩阵生成

根据上述出行路径规划算法设计,分别建立 OD 驾车出行时间矩阵和公交行程时间矩阵。由于早晚高峰、平峰时,驾车运行、公交运行时间存在差异,这里将一天以 5 min 间隔进行划分,共得到 288 个时间片段 $T_k(k=1, 2, \cdots, 288)$。对于时间片段 T_k,定义栅格对 (G_i, G_j) 的行程时间为

$$t_{(G_i, G_j)}^{T_k, mode} = \sum_{a \in path_{(G_i, G_j)}^{T_k, mode}} \delta_a \times \frac{length_a}{v_a^{T_k}} \tag{4-44}$$

式中:$t_{(G_i, G_j)}^{T_k, mode}$——时间片段 T_k 下从栅格 G_i 出发到达栅格 G_j 的行程时间;

$mode$——驾车出行、公交出行的标记,其中,1 表示驾车出行,2 表示公交出行;

$path_{(G_i, G_j)}^{T_k, mode}$——由指定出行模式求解得到的出行路径;

a——出行路径途经的(道路、公交、步行)路段;

$length_a$——出行路径途经的路段的长度;

$v_a^{T_k}$——出行路径途经的路段的实时运行速度;

δ_a——路段 a 是否属于对应的出行路径 $path_{(G_i, G_j)}^{T_k, mode}$ 的标记,1 表示属于,2 表示不属于。

采用实时浮动车 GPS 和公交车 GPS 数据,通过地图匹配,计算道路、公交途经道路的实时运行速度,并按上述公式计算得到各时间片下的 OD 驾车行程时间矩阵和 OD 公交行程时间矩阵。

2. 公交出行路径规划

1) 步行

步行包括个体从起点区域步行到上车站点和从最终下车站点步行到目的地。步行的过程是要找到公交系统的入口点,即公交站点。任何一次出行的车站选择和路线选

择是一个共同作用的过程。选择步行后,乘客选择线路和站点存在两种模式:模式一是乘客没有能力判断最优路径,只能选择离出发点最近的车站进站,离目的地最近的车站出站,在进站车站和出站车站之间选择一条合适的公交线路,线路的选择以站点数少、换乘次数少为原则;模式二是乘客能准确预计步行时间和公交行程时间的总和,根据最优方案选择出发站点和目的站点。

但实际上,大部分乘客不具备步行时间和公交行程时间总和最优的计算能力,且从心理角度出发,乘客都愿意选择步行尽可能少的出行方式。因此,选择模式一。在所建立的多模式交通网络结构中,出发点不一定在网络拓扑中,因此,需要获取路网的入口点(图 4-42)。在选择路网入口点时,选择离出发点 O 最近路段的最近点,即路网上离出发点最近的点 A。虽然这不一定得到从出发点到公交站点的最短路径(图中虚线段 OB),但是符合一般住宅区、小区等邻近道路的情况。采用 Dijsktra 最短路径算法计算出发点到起始公交站点的步行路径。

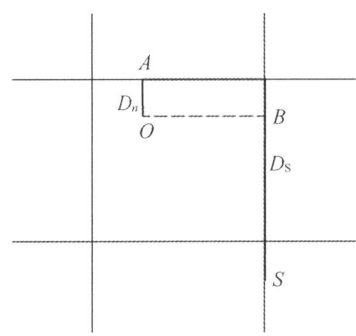

图 4-42 道路网络及公交网络入口点选择

2)候车/换乘

一旦个体通过步行进入公交网络,个体即进入乘客角色。候车是指乘客进站到公交车辆到达(上车前)之间的整个过程;换乘是指乘客从一辆车下车进入换乘站点到换乘车辆到达之间的整个过程。因此,换乘可视为候车情况的一个特例。在候车/换乘时,尽管乘客在站点空间范围内基于多种目的实现不定向移动,如查看车辆信息牌、观察 BRT 走廊的车辆、打发时间,但这种空间移动相比其他过程可以忽略不计。

3)搭乘

搭乘,即乘客上车后,依赖于公交车辆运行而移动的过程。乘客从站点上车,即进入搭乘过程;乘客到达目的地附近站点下车,即结束该过程。乘客在该过程的时空移动完全依赖于搭乘车辆的时空过程,即跟随车辆进入行驶和停靠的循环,直到乘客到达下车站点,则跳出该循环。因此,在整个时空过程中,乘客的空间移动同样依赖于搭乘车辆的服务线路,其相应的搭乘时间是车辆在此期间的运行结果。

4)最少换乘算法

以换乘次数最少作为公交出行路径的最优线路选择标准,当多个线路换乘次数一样时,以经过站点数最少作判断,具体步骤如下。

(1)输入出发地栅格点 G_i、目的地栅格点 G_j 和交通网络系统 I,换乘次数记为

$$N_{\text{transfer}} = 0$$

(2)结合步行过程,计算得到起始站点 S_o、终点站点 S_d。

(3) 给定两个集合 φ_o 和 φ_d，φ_o 称为 S_o 的后续线路集，φ_d 称为前续线路集。首先选出所有经过 S_o 的线路，将线路上 S_o 的后续线路写入 φ_o；同样，选出所有经过 S_d 的线路，将线路上 S_d 的前续线路写入 φ_d。

(4) 如果 $\varphi_o \cap \varphi_d \neq \varnothing$，则表明 φ_o 与 φ_d 之间存在直达线路；若 $\varphi_o \cap \varphi_d = \varnothing$，表明 φ_o 与 φ_d 之间不存在直达线路，需要换乘，换乘次数加 1，即

$$N_{\text{transfer}} += 1$$

(5) 计算得到不经过的各条公交线路，即

$$\varphi_c = I_{\text{bus}} - \varphi_o - \varphi_d$$

分别与 φ_o 与 φ_d 求交集，得到

$$\varphi'_o = \varphi_o \cap \varphi_c \text{ 和 } \varphi'_d = \varphi_d \cap \varphi_c$$

(6) 把 φ'_o 纳入 φ_o，φ'_d 纳入 φ_d，即

$$\varphi_o = \varphi_o \cap \varphi'_o$$
$$\varphi_d = \varphi_d \cap \varphi'_d$$

重复第(4)步进行迭代，直到找到连通线路为止。

(7) 如果存在换乘次数相同的线路，则统计各线路经过站点数，取站点数最少的作为最优线路。

4.2.5.3 等时线生成

等时线生成的常用方法有三角网法与矩形网格法两种。这里采用矩形网格法，如图 4-43 所示。

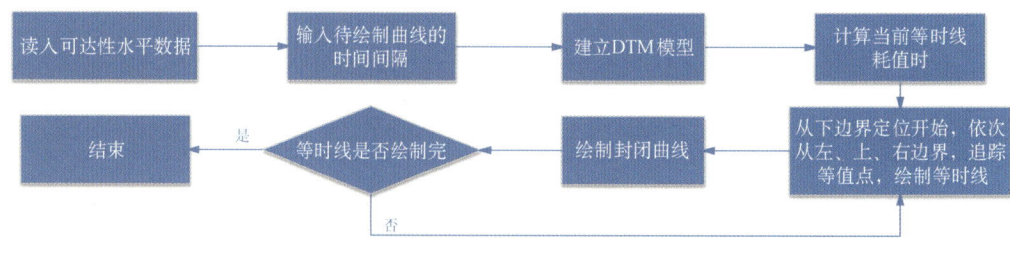

图 4-43 等时线生成流程

1. 数字地形模型的建立

数字地形模型（Digital Terrain Model，DTM）是绘制等时线的基础，它是空间地形数据的集合，存储在 GIS 软件的空间数据库中。DTM 包括空间位置数据和地形属性数据，可将离散数据网格化，在建立一些环境与资源信息的系统中发挥着至关重要的作用。采用矩形网格法绘制等时线，需要将该区域划分为若干行、列的矩形网格，利用 DTM 将区域内各离散点的属性值转化为网格节点上的数据值。属性值可为地层厚度、

高程、气压、时间成本等多种数据,可达性计算往往特指由中心点到各点的距离、出行时耗等。上述工作称为网格点数值化:首先,读入可达性水平数据。每个原始数据点的信息包括采样点的横坐标、纵坐标及时间成本属性值,采样点的坐标决定了网格区域的边界。其次,划分矩形网格,即按研究需求将矩形网格区域再划分为 $m \times n$ 个子网格。最后,根据实际情况选择一定的算法得出每个网格点的时间成本值。

2. 等时点的计算

建立 DTM 后,需要确定等时点的位置。在指定城市区域的 $m \times n$ 个栅格点中,设定栅格 G_i 中四个边缘点的时间属性值分别为 $t_i^{\text{left,up}}$、$t_i^{\text{left,down}}$、$t_i^{\text{right,up}}$ 与 $t_i^{\text{right,down}}$,如图 4-44 所示。

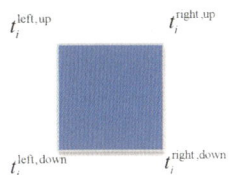

图 4-44 栅格等时点计算示意

检查待绘制的等时线值 t' 是否在 $t_i^{\text{left,down}}$ 与 $t_i^{\text{right,down}}$ 之间,$(t_i^{\text{left,down}} - t')(t_i^{\text{right,down}} - t') < 0$ 成立,则表示栅格的下横边存在等时点;$(t_i^{\text{left,down}} - t')(t_i^{\text{left,up}} - t') < 0$ 成立,则表示栅格左纵边存在等时点。对于栅格的右纵边和上横边,可转化到位于其上的栅格和其右的栅格。

3. 等时点的跟踪

全部采样点的属性值计算完成后,就可追踪所有属性值相等的点,按顺序将其逐点连接成一条曲线,便得到等时线。这个过程需要明确如下几个问题。

1) 等时线进入网格内部的走向

等时线进入网格内部时,有四种走向:从上到下、从下到上、从左到右、从右到左。其中,从上到下和从左到右的情况可通过该点所在行或列的序号进行判别,而从下到上和从右到左的情况可通过等时点坐标的相对位置进行判别。

2) 等时线出网格外部的走向

进入一个网格中的等时线延伸至下一个网格时,只能选择除进入方向外的另外三个方向。为了避免出现等时线交叉等异常现象,追踪下一个等时点的过程可分为两步:首先,需考虑等时线原有的前进方向;其次,考虑采样点与上一个等时点的位置关系和距离远近,即综合等时线方向与位置关系两个因素才能完成等时点追踪过程。

3) 等时点与网格节点重合

若等时点追踪过程中出现网格节点的属性值与待追踪采样点的属性值相等的情况,则等时点的追踪会混乱,此时,可将网格节点属性值加上一个足够小的值进行修正,这样就不会发生与等时线属性值相等的情况。

4. 等时线的绘制

等时线应符合以下要求。

(1) 研究区域内属性值不同的等时线不可相交。

(2) 一条等时线通常为连续的光滑曲线。

(3) 研究区域内相同属性值的等时线可以存在多条,但不能相交。

(4) 等时线可以是闭合曲线,也可以是与域外相连的开放曲线。但在本模型中,由于要计算等时线覆盖的可达区域面积,只考虑曲线闭合的情况。

不同的等时线分别对应不同的属性值,而相同属性值也可能对应多个分支。因此,需要采取合理的搜索方法才能正确绘制等时线。须确定等时线开始的位置,按照以下方法对等时点进行追踪。

由于开放曲线的线头和线尾都位于边界,开放曲线上的等时点可按照以下方法搜索。首先,设定一个属性值,从研究区域的底边开始,按照从左至右的顺序搜索每个子网格的底边,确认是否存在属性值相同的点,若存在,则设该点为 P_i;否则,继续向右重复搜索过程。接着,对于等时点 P_i 存在的情况,按自下而上的顺序假设存在一系列点,对 P_{i+1} 点进行追踪,直至该网格所有等时点搜索完毕。之后,继续向右边的网格寻找是否存在等时点。若存在,则重复以上搜索过程;若不存在,则分别从研究区域边界的左边、上边、右边的子网格开始进行类似的搜索过程。对于曲线闭合的情况,可以从任意一个等时点开始搜索。因此,闭合曲线的等时点搜索过程为在研究区域内左起第二列子网格开始,扫描每一子网格纵边,搜索顺序为从左向右,从下向上。如存在等时点,就以此作为等时线的起始点,重复上述过程直至返回起始点,便得到一条闭合的等时线。若不存在等时点,则继续搜索其他子网格,直至扫描全部子网格左边界。

将追踪得到的等时点连接为曲线即可得到等时线,标注该等时线的属性值。统计每条等时线的属性值,形成一个一维数组并存储,数组中各属性值与等时点坐标的行下标一一对应,按照该属性值对等时线进行标注。当精度要求较高时,还需要通过插值法对等时线进行光滑处理。

在行程时间等时线绘制过程中,需要将各行程时间相等的目的地点连起来,绘制平滑曲线。遍历每个栅格对,生成栅格对的出行路径并计算相应的行程时间值,然后将相同时间值的点连线,直线的连线并不是平滑曲线,因此,需要采用插值平滑方法,这里采用克里格法,如式(4-45)和式(4-46)所示。克里格法进行插值的主要步骤如图4-45所示。

$$Z(x_0) = \sum_{i=1}^{n} \lambda_i Z(x_i) \tag{4-45}$$

$$\begin{cases} \sum_{i=1}^{n} \lambda_i C(x_i, x_j) - \mu = C(x_i, x_0) \\ \sum_{i=1}^{n} \lambda_i = 1 \end{cases} \tag{4-46}$$

式中:$Z(x_i)$——样本点 x_i 的观测值,$i=1, 2, \cdots, n$;

$Z(x_0)$——未知样点 x_0 的观测值;

λ_i——权重;

$C(x_i, x_j)$——样本点的协方差;

μ——拉格朗日乘子。

插值数据的空间结构特性用半变异函数描述为

$$v(h) = \frac{1}{2N(h)} \sum_{i=1}^{N(h)} [Z(x_i) - Z(x_i+h)]^2 \tag{4-47}$$

式中，$N(h)$ 是划分栅格数。

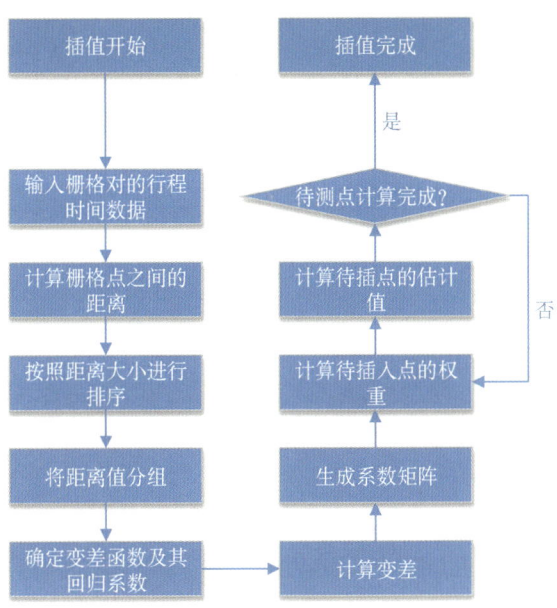

图 4-45 克里格法插值步骤

4.2.5.4 结果分析

图 4-46 所示为早高峰自驾从深圳北站出发到全市的可达范围,从图中可以看出,在早高峰期间,采用自驾的方式从深圳北站出发,10 min 内的可达区域覆盖在深圳北站附近;行驶超过 30 min,可达范围扩大至龙岗区、福田区、宝安区、龙华区、光明区和南山区;行驶时间超过 40 min,可达范围扩大至罗湖区、盐田区;行驶时间超过 60 min,可达范围扩大至坪山区;行驶时间超过 70 min,才能到达大鹏新区。其中,深圳北站到达福田区各地的时间范围基本覆盖在 30 min 内,到达龙华区各地基本覆盖在 50 min 内,到达南山区、宝安区和光明区各地基本覆盖在 60 min 内,到达龙岗区分布在 0～90 min 内,到达盐田区可达时间分布在 60 min 以上,到达大鹏新区的可达时间分布在 80 min 以上。

早高峰公交出行方式(图 4-47)从早高峰深圳北站出发,在 10 min 内的可达区域覆盖范围相比自驾方式明显缩小,行驶超过 40 min 后,可达范围蔓延至龙岗区、福田区、龙华区和南山区;行驶时间超过 50 min,可达范围蔓延至罗湖区和宝安区;行驶时间超过 60 min,可达范围蔓延至光明区;行驶时间超过 90 min,才能到达坪山区、盐田区、大鹏新区。相对来说,公交出行时间比自驾出行时间偏高,尤其是进入坪山区、盐田区,主要原因在于其规划地铁路线暂未开通,周边公交跨区线路较少,导致公交出行不方便。

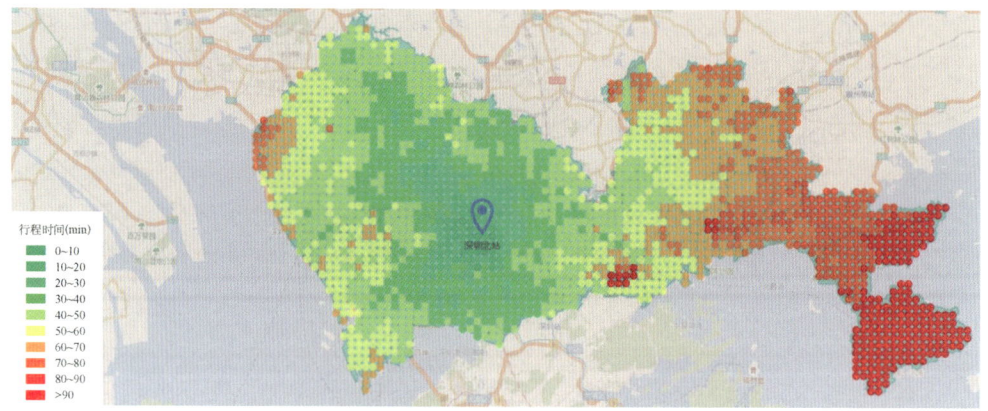

图 4-46 早高峰自驾从深圳北站出发到全市的可达范围

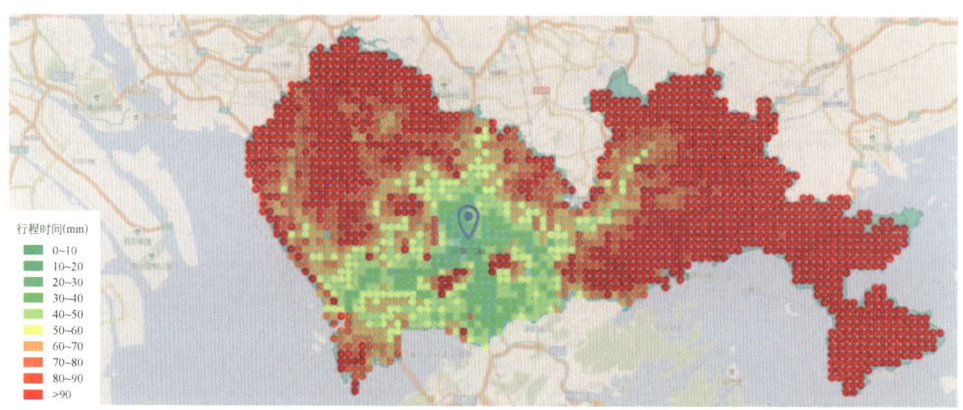

图 4-47 早高峰采用公交出行方式从深圳北站出发到全市的可达范围

4.2.5.5 算法应用

可达性模型结果展示了进出指定区域的便捷程度,通过公交、驾车等多种出行方式,对比早高峰、晚高峰和平峰,反映到达/离开热点区域在不同时空维度下的可达情况,有效发现城市可达性不高的区域。

4.3 溯源预测类

4.3.1 道路流量推算模型

Light Generalized Boosted Models(LightGBM)算法是一种基于 GBDT(Gradient Boosting Decision Tree)框架的组合决策树算法,主要通过直方图方法离散化特征,并采用子叶分割策略保证高效率,同时,引入最大树深度防止过拟合,支持并行训练来提高模型的训练速度与预测精度。LightGBM 算法是 GBDT 框架的优化延伸,提高了模型的训练效率,确保其适用于大数据多特征的数据学习,实现更高精度的数据预测。

考虑到现有数据源实际特征与应用局限,模型中主要采用的数据源包括出租车GPS 数据、地图导航数据和公交车 GPS 数据三类数据源。

4.3.1.1 模型训练

模型训练是模型自主学习所有历史数据之间的潜在关系,寻找最好的方式构建数据之间的结构联系的一个过程。该过程直接影响模型的预测精度,是数据预测中最关键的步骤。模型训练的效果很大程度上依托特征工程的构建。

1. 特征工程

特征工程是确定与预测目标相关联的影响因素的主观过程。本次的特征工程除了涵盖路段速度特征之外,统筹考虑天气、路段关系、时间等其他潜在影响因素,构建的特征工程(图 4-48)具体分为动态特征和静态特征。

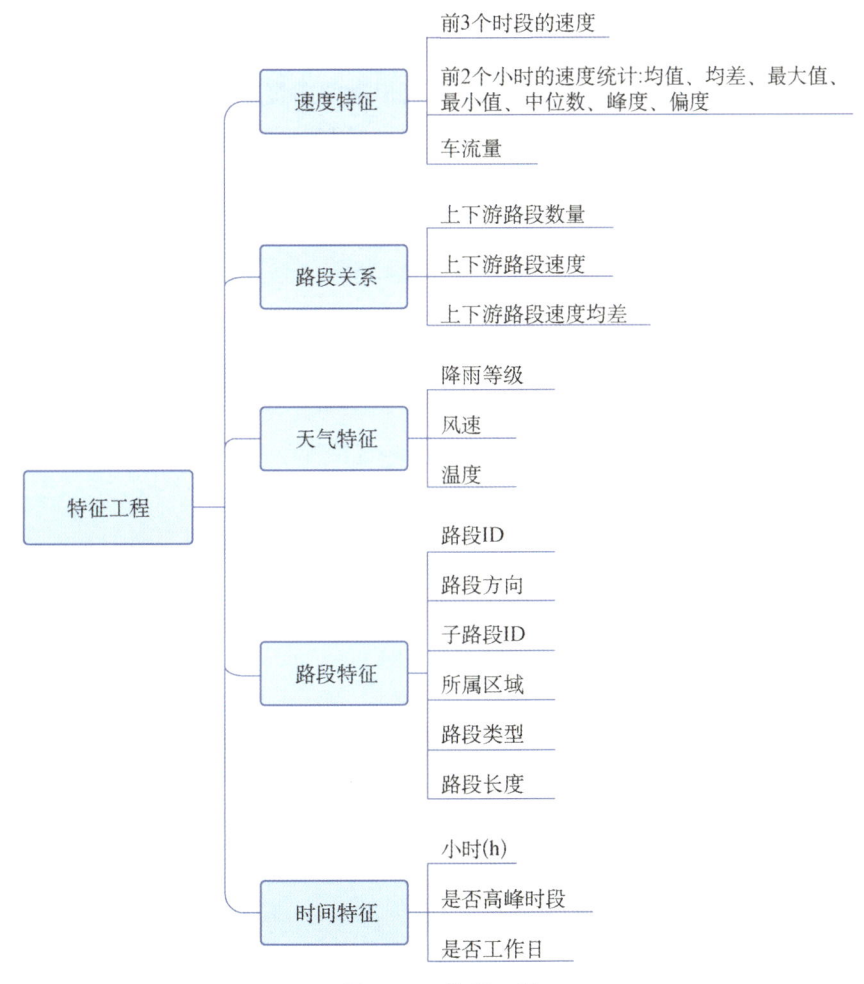

图 4-48 特征工程

1) 动态特征

速度特征：速度特征除了沿用前3个时刻的速度值，增加考虑前2个小时的速度时间序列的统计指标，包括均值、标准差、最大值、最小值、中位数、峰度、偏度与车流量，更全面地考虑速度的变化趋势。

天气特征：考虑温度、风速与降雨等级，考虑天气情况可能造成道路交通运行影响。

时间特征：划分当前小时、是否高峰时段以及是否工作日，考虑不同时间段内的路段速度的运行特性与变化情况。

路段关系：考虑当前路段的上下游路段数量、速度和速度均差。

2) 静态特征

路段特征：确定路段所属区域、路段方向、划分子路段的类型、路段长度等静态属性，考虑路段的地理特征对于路段运行速度的影响。

2. 数据预处理

模型的预测精确度很大程度上由训练特征的数据集的质量决定，因此，一个数据充沛、完善、采样率合适的历史数据集是模型准确预测的前提条件。上述特征工程的特征变量可细分为连续变量和离散变量，针对不同的数据类型进行不同的数据预处理方式。数据预处理流程如图4-49所示。

1) 连续变量

连续变量是指在一定区间内可以任意取值，其数值是连续不断的。不同数据源在不同路段的数据质量存在差异，因此，需要对连续的速度数据进行严格的筛选处理，主要步骤如下。

(1) 数据记录去重：删除在同一时段内重复的数据记录。

(2) 异常值剔除：将不合常理的速度值剔除，包括样本车辆数少于10辆的数据记录与速度超过140 km/h的数据记录。

(3) 数据过滤与补全：采用趋势过滤器(Trend Filter)对时间序列的速度数据进行异常值的再剔除与缺失值的补全，如式(4-48)所示。

$$\frac{1}{2}\|x-y\|_2^2 + \delta\|Dx\|_1 \tag{4-48}$$

式中，x 表示输出数据；y 表示输入数据；δ 表示过滤平滑系数；D 表示二阶差分矩阵。

速度特征、车流量和路段关系均为连续变量。

速度特征：速度值是路段状态的最直观反映。除了常用的均值与标准差等统计指标，还引入了峰度(Kurtosis)和偏度(Skewness)。

$$Kurtosis = \frac{1}{n-1}\sum_{i=1}^{n}\frac{(x_i-\bar{x})^4}{SD^4} - 3 \tag{4-49}$$

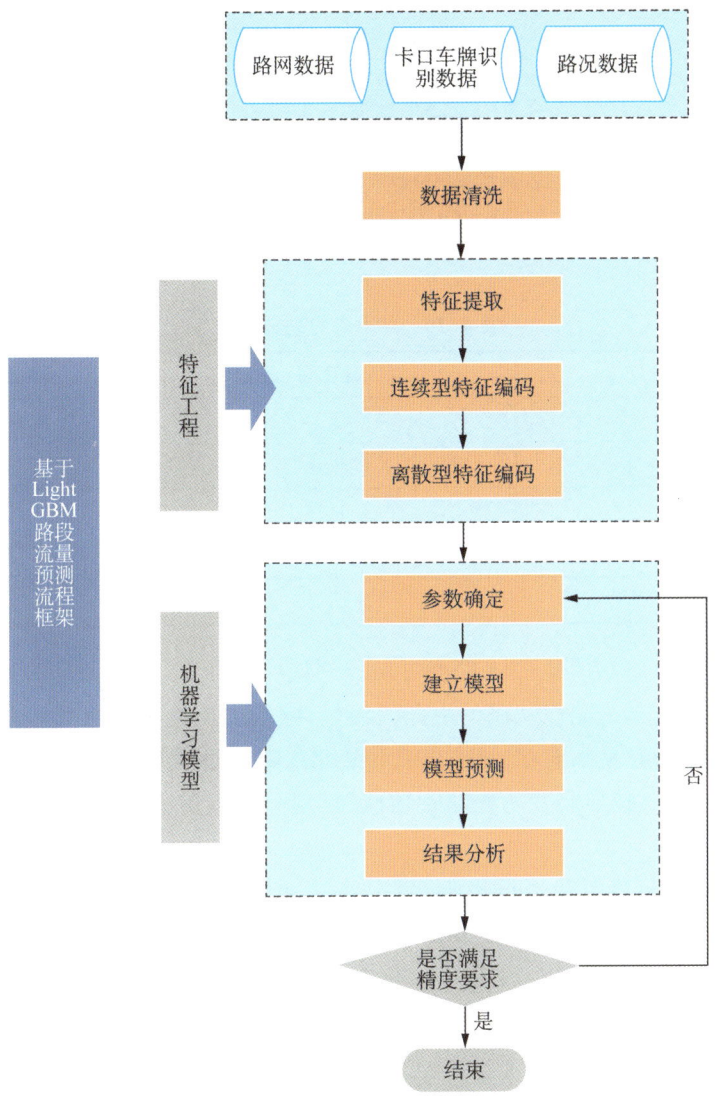

图 4-49 数据预处理流程

$$Skewness = \frac{1}{n-1} \sum_{i=1}^{n} \frac{(x_i - \bar{x})^3}{SD^3} \qquad (4-50)$$

式中，SD 表示对应样本的标准差。

车流量：车流量是路况计算结果准确性的一个关键指标，路段上的样本量越多，速度计算的结果可靠程度越高。

路段关系：上下游的路段速度是当前路段交通运行状态的间接反映。因此，采用上下游路段的连接数量描述研究路段的地理连接关系，采用上下游路段的平均速度与速度标准差定量描述上下游路段的交通运行状态。

2) 离散变量

离散变量指变量值可以按一定顺序一一列举,表示对应的物理意义,如下几个变量均为离散变量。

天气特征:深圳的道路交通运行中,受天气影响最大的因素主要为降雨等级,降雨量影响人们的出行,也间接影响路段的运行状态。本算法统计深圳市内各个观测点每 5 min 的前 1 h 的累计降雨量,按照中国气象部门的标准划分为五个降雨等级:天晴、小雨、中雨、大雨、暴雨(表 4-10)。

表 4-10 降雨等级划分依据

降雨等级	1 h 累计降雨量(mm)	离散值
天晴	0	0
小雨	≤2.5	1
中雨	2.6～8	2
大雨	8.1～15	3
暴雨	≥15.1	4

路段基础特征:包含路段 ID、路段方向、子路段 ID,子路段 ID 是研究路段的标示编号,路段 ID 则描述研究路段从属的大路段编号,路段方向则确定大路段的车流行驶方向,划分为从西向东、从东向西、从南向北和从北向南等四种方向。

路段所属区域:按照路段所处的管辖区域,划分为福田区、罗湖区、南山区等 11 个区域。

路段类型:按照路段的设计类型,划分为高速路、快速路、主干路、次干路等四种类型。

路段长度:选取所有研究路段的长度分位数统计值的临近值,将路段长度划分为短、中、长、超长路段等四个等级,对应的划分依据依次是小于 600 m、大于 600 m 且小于 850 m、大于 850 m 且小于 1 200 m 以及大于 1 200 m。

是否高峰时段:高峰时段的路段运行状态与平峰时段的存在较大的差异。因此将 7:00—10:00 和 17:00—20:00 两个时段定义为高峰时段,其余时段为平峰时段。

是否工作日:工作日时路段可能呈现明显的早晚高峰的周期规律,非工作日时路段可能呈现平缓运行的状态。

4.3.1.2 OD 矩阵迭代估计

基于交通分配模型将 OD 矩阵进行交通分配,获取路网交通流量,如式(4-51)所示。

$$\frac{\partial z}{\partial f_k^\omega} = \sum_{a \in A} \frac{\partial z}{\partial x_a} * \frac{\partial x_a}{\partial f_k^\omega} = \sum_{a \in A} t_a * \delta_{ak}^\omega = \tau_k^\omega z(f) = \sum_{\omega \in W} \sum_{k \in K^\omega} \int_0^{f_k^\omega} \tau_k^\omega(f) \mathrm{d}f \tag{4-51}$$

遵循用户均衡原则(UE)：没有用户能够通过改变自己的路径来获得更短的旅行时间。

交通流量分配方法：路径算法(path-based)收敛精度高、路径信息完整，以路径分配算法为研究对象。

OD 矩阵目标函数为

$$z(f) = \sum_{\omega \in W} \sum_{k \in K^{\omega}} \int_0^{f_k^{\omega}} \tau_k^{\omega}(f) \mathrm{d}f \tag{4-52}$$

三种层级交通分配算法的比较如表 4-11 所示。

表 4-11 三种层级交通分配算法的比较

	Link-based	Path-based	Origin-based
决策变量	路段流量	路径流量	起点通路比例 起点路段流量
提供信息量	少量	大量	大量
占用内存	最少	最多	中等
收敛速度	慢	快	快
常用求解算法	Frank-Wlofe 算法 限制单纯分解算法(RSD)	非集计单纯分解算法(DSD) 梯度投影算法(GP) 共轭梯度投影算法(CGP) 快速收敛牛顿算法(RCN)	起点算法(OBA)

OD 矩阵路径分配如图 4-50 所示。

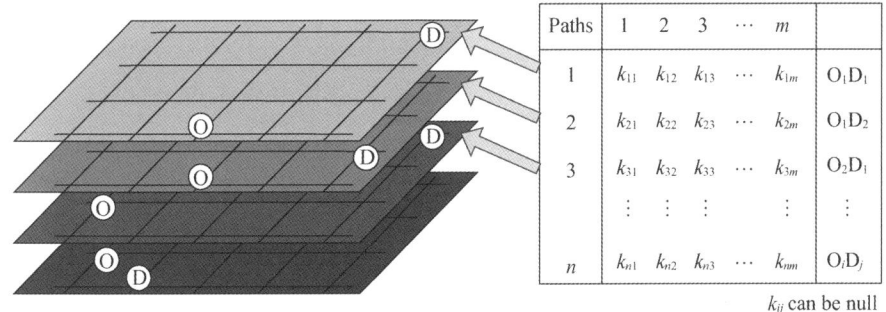

图 4-50 OD 矩阵路径分配

本书结合多源浮动车数据对交通流进行动态分配，包括以下步骤。

(1) 获取待分配区域内的多类别检测器采集的部分路段多源交通数据。

(2) 将步骤(1)中获取的部分路段多源交通数据输入至预先建立的动态 O-D 反推与交通分配组合模型中，获取到待分配区域内全路段目标流量数据和全路径目标流量数据,以实现交通分配。上述动态 O-D 反推与交通分配组合模型是基于动态 O-D 反推模型和动态交通分配组合模型通过动态网络加载以及交通流的数学描述而成的单层组合模型。

其中,部分路段多源交通数据的采集可以包括利用环形线圈检测器获取的路段交通数据等固定源数据、利用浮动车 GPS 获取的浮动车数据,以及计算得出路段车速和行程时间等相关移动源数据。所构建的动态 O-D 反推与交通分配组合模型,充分利用固定源数据与移动源数据的互补优势,以非线性数学规划模型的形式,将动态 O-D 反推模型与动态交通分配模型相融合,生成单层组合模型。

根据上述对于动态 O-D 反推模型与动态交通分配模型输入、输出量的总结与分析,可以获知动态 O-D 反推与动态交通分配的输入、输出量存在相对应的联系。动态 O-D 反推模型通过部分路段观测到的时变交通量计算时变的路径交通量,进而反推得到全路网动态 O-D 出行量;而动态交通分配模型则是在全路网动态 O-D 出行量已知的情况下,将未来一段时间内的 O-D 出行需求合理地分配到各条路径上,得到动态变化的路径交通量与路段交通量。

4.3.1.3 路段通行车辆溯源模型

以历史断面检测器数据和各种车型的浮动车 GPS 数据为基础,以宏观交通流模型中的交通分布为基础建立典型路段的流量推算模型,并划分成以 15 min 为一个时间片的 OD 分布作为先验 OD 矩阵;以典型路段流量为基准,按时段对先验 OD 矩阵进行迭代估计和交通分配,获取全路网中次干路等级以上的流量。

在此基础上,以宏观交通模型为基础获取全市所有交通片区空间层级在早高峰、晚高峰、平峰以及夜间的交通分布。之后,以各种车型的历史浮动车 GPS 数据和历史地磁检测建立典型路段的流量推算模型,对全市各主要干道的路段进行流量推算。采用交通流经典算法用户均衡分配模型(UE 模型)将 OD 矩阵进行交通分配,获取路网各路段的交通流量,用于计算典型路段平均流量的误差,判断误差是否符合精度要求,并对其不断地迭代优化,精准生成全路网交通流量。

模型纳入的数据主要包括:出租车 GPS 数据,公交车 GPS 数据,两客一危、货车等 GPS 数据及地磁检测数据,并对数据进行预处理、数据匹配等操作。

以历史断面流量和浮动车数据为基础,建立典型路段的流量推算模型,推算 15 min 路段实时流量:

深圳市交通片区划分:1 139 个。

典型时段交通分布:早高峰、晚高峰、平峰、夜间。

15 min 时间片交通分布:对典型时段的小时 OD 矩阵按照路网历史流量总量以 15 min 为单位切分,如表 4-12 所示。

初始交通分布如图 4-51 所示。

表 4-12　晚高峰小时 OD 矩阵切分

时间片段	流量占比(%)
17:30—17:45	23.2
17:45—18:00	26.7
18:00—18:15	28.8
18:15—18:30	21.3
合计	100

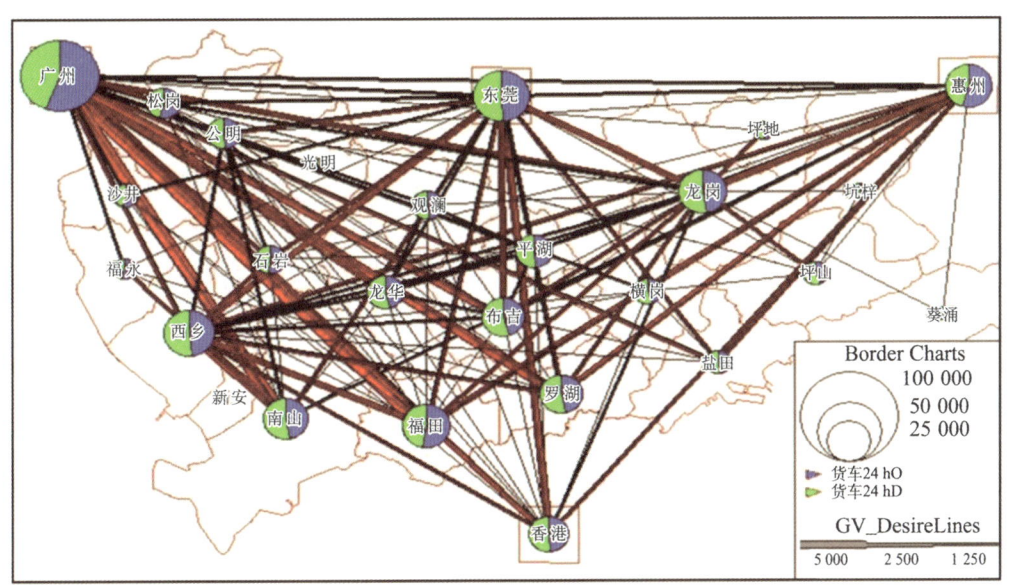

图 4-51　初始交通分布

动态 O-D 反推模型和动态交通分配模型的研究对象均为城市路网交通流,在二者对同一城市路网进行研究的前提下,动态 O-D 反推模型的输入对象为研究时段内,部分城市路段的路段检测流量和城市路网的动态先验 O-D 出行量;动态 O-D 反推模型的输出结果为整个城市路网的动态 O-D 出行量。动态交通分配模型的输入对象为整个城市路网的时变动态 O-D 矩阵,动态交通分配模型的输出结果为全路网所有路段的动态交通量以及全路网所有路径的动态交通量。

根据以上对动态 O-D 反推模型和动态交通分配模型的输入对象、输出结果的分析,可将二者的对比汇总,结果如表 4-13 所示。

表 4-13 动态 O-D 反推模型与动态交通分配模型对比

模型行程	输入条件	输出结果
动态 O-D 反推模型	部分路段检测器流量 $V_\mu(h)$（部分） 先验 O-D 出行量 B_μ^n（部分）	路网动态 O-D 出行量 B_μ^n
动态交通分配模型	路网动态 O-D 出行量 B_μ^n	所有路段动态交通量 $V_\mu^g(h)$ 所有路径动态交通量 $V_\mu^k(h)$

从表中可以看出，对同一个城市路网而言，动态 O-D 反推模型的输出结果可以作为动态交通分配模型的输入条件。同时发现，先验 O-D 出行量 B_μ^n 是动态 O-D 反推模型的核心输入条件。但在实际路网条件下，先验 O-D 出行量 B_μ^n 往往难以获取，致使传统的基于状态空间模型构建的动态 O-D 反推模型和动态交通分配组合模型在实际路网中的表现不佳。因此，为了克服状态空间方程的约束，本书提供一种基于多源数据的交通流量溯源方法，包括以下步骤。

(1) 获取待分配区域内的多类别检测器采集的部分路段多源交通数据。

(2) 将步骤(1)中获取的部分路段多源交通数据输入至预先建立的动态 O-D 反推与交通分配组合模型中，获取到待分配区域内全路段目标流量数据和全路径目标流量数据，以实现交通分配；上述动态 O-D 反推与交通分配组合模型是基于动态 O-D 反推模型和动态交通分配组合模型通过动态网络加载以及交通流的数学描述而成的单层组合模型。

其中，部分路段多源交通数据的采集可以是包括利用环形线圈检测器获取的路段交通数据等固定源数据、利用浮动车 GPS 获取的浮动车数据以及计算得出路段车速和行程时间等相关移动源数据。

本研究所构建的动态 O-D 反推与交通分配组合模型，其目标函数如式(4-53)所示。

$$\min M = \omega_1 \sum \left(\frac{V_\mu^g(h) - V_\mu(h)}{V_\mu(h)} \right)^2 + \omega_2 \sum \left(\frac{T_\mu^g(k) - T_\mu(k)}{T_\mu(k)} \right)^2 \quad (4-53)$$

式中，μ 为观测时间；h，k 均为部分路段的标号；$V_\mu^g(h)$ 为全路段动态交通量；$V_\mu(h)$ 为部分断面检测器数据得到的流量；$V_\mu(h)$ 为全路径行程时间；$T_\mu(k)$ 为部分路段路径行程时间；ω_1 为路段流量的偏差的权重，ω_2 为路径行程时间的偏差的权重，其中，$0 \leqslant \omega_1$，$0 \leqslant \omega_2$，且 $\omega_1 + \omega_2 = 1$。

全路段动态交通量的计算方法，根据部分路段的检测流量和各 O-D 对在总时段上的静态出行总量，反推获得各 O-D 对出行量在每一时段的分配数据；获取时变的分配比例为

$$S_\mu^n = \frac{B_\mu(ij)}{B_L(ij)} = \frac{B_\mu(j) B_\mu^{FCD}(ij)}{B_L(ij) B_\mu^{FCD}(j)} \quad (4-54)$$

根据所述时变的分配比例，获取时变的动态 O-D 出行量；计算在观测时段内 O-D 对之间各条路径的路径流量

$$f_\mu^k(ij) = P_\mu\left(\frac{k}{K^n}\right)B_\mu^n \tag{4-55}$$

获取所有路段在观测时段内的路段估计流量

$$V_\mu^g(h) = \sum_{n=1}^{N}\sum_{k=1}^{K^n}\lambda f_\mu^k(n) \tag{4-56}$$

式(4-54)~式(4-56)中，$B_u(j)$ 为在观测时段 μ 内，到目的地 j 的出行总量；$B_L(ij)$ 为在总时段 L 内，O-D 对之间的静态出行量；$B_\mu^{FCD}(ij)$ 为在观测时段 μ 内，O-D 对之间的浮动车出行量；$B_\mu^{FCD}(j)$ 为观测时段 μ 内，到目的地 j 的浮动车出行量；i 和 j 分别为 O-D 对的出发地和目的地；λ 为变量（0~1）；$V_\mu^g(h)$ 为在观测时段 μ 内，估测的通过路段 h 路段检测器的断面交通流量；N 为整个路网具有的 O-D 对的个数；$S_\mu(n)$ 为时变的分配比例；B_μ^n 为动态 O-D 出行量；$f_\mu^k(ij)$ 为路径流量；$P_\mu\left(\frac{k}{K^n}\right)$ 为路径 k 的选择概率，K^n 为总路径数。

基于多源数据的交通分配方法，其特征在于全路径行程时间的计算方法：建立路段长度、路段交通流量和路段平均行程时间三者之间的关系式为

$$t_\mu = a + bR + cV + dW \tag{4-57}$$

根据各路段的路段平均行程时间，计算所述全路径行程时间为

$$T_\mu^g(k) = \sum_{h=1}^{\varphi_k}\lambda t_\mu(h) \tag{4-58}$$

（3）将步骤（2）中计算得到的初始结果与交通实时检测数据得到的路段流量进行比较，计算初始结果与实时路段流量之间的精度。若初始精度不符合预设精度要求，则对目标交通路网的各条 OD 路径上的流量进行调整，然后重新进行动态交通分配，得到新的交通路径分配结果，并返回执行将步骤（2）结果与交通实时检测数据进行比较，计算出交通 OD 反推模型和交通分配模型结果精度的步骤；若精度符合预设要求，则输出路径分配结果，该结果即为最终的路段流量来源路径。

步骤（3）属于动态交通分配，其中动态 OD 矩阵描述了交通网络中动态的交通需求，是动态交通分配（DTA）模型和一些实用的微观交通仿真器的基础输入数据。在智能交通系统（ITS）中，先进的出行者信息系统（ATIS）面临的问题是如何将动态的交通需求合理分配到不同路径上，以降低个人或整个系统范围内的出行费用。由于传统的 OD 矩阵的获取需要开展大规模的交通调查，耗费大量的人力、物力和财力，所以，通过路段检测数据（流量、速度等）进行实时 OD 矩阵的反推是十分经济且高效的方法，该方法也称为 OD 估计。OD 估计经历了静态 OD 估计和动态 OD 估计两个阶段。其中，动

态OD矩阵估计问题分为离线估计(off-line)和实时估计(real-time)两种,前者在已知各个时段路段检测流量的情况下,估计出相应于各时段的OD分布交通量,主要用于研究当前交通片区在较短时间内的交通分布情况;后者指对当前时段OD进行估计并预测下一时段的分布交通量,并迭代循环。

4.3.1.4 流量推算结果

图4-52所示为经过"OD反推-流量分配"循环迭代的精度变化,输出流量推算结果整体精度为65.97%。高速路、次干路流量分配精度满足要求,快速路关键断面数据较少,流量分配精度较低;次干路里程长、关键断面少,其分配结果暂不具备太大的参考意义,考虑纳入更多关键断面优化分配结果,如图4-53所示。

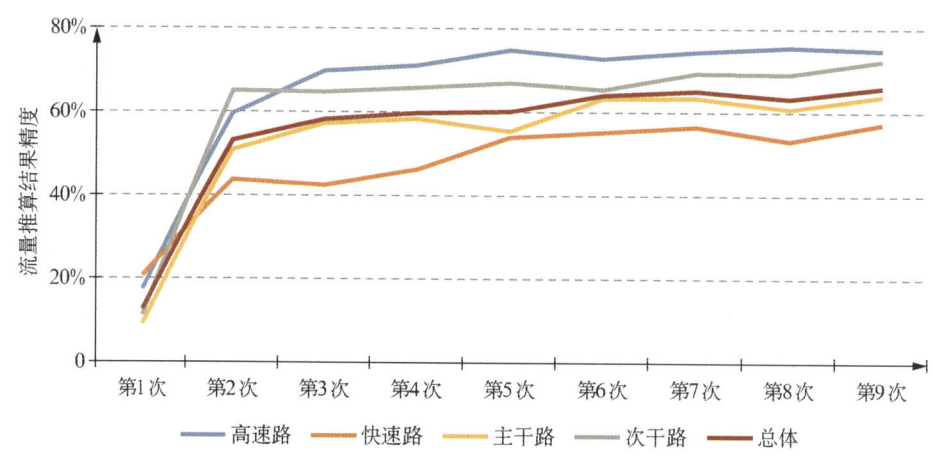

图4-52 循环迭代的精度变化

图4-53 深圳市路网流量分配结果

4.3.2 基于特征匹配的拥堵成因识别模型

按交通拥堵的发生频率,一般将交通拥堵分为常发性交通拥堵(常发拥堵)和偶发性交通拥堵(偶发拥堵)。其中,常发性交通拥堵主要是路网结构不当造成的,道路资源不能满足实际的通行需求,一般是在高峰时段或者特定的路段位置常发,是可以预测的。它的重要特征是:瓶颈所引发的交通拥堵在某些特定位置和特定时间段反复出现。偶发性交通拥堵原因一般包括偶发的道路施工、特殊活动、天气状况和交通事件等。常发拥堵和偶发拥堵的特征差异如图 4-54 所示。

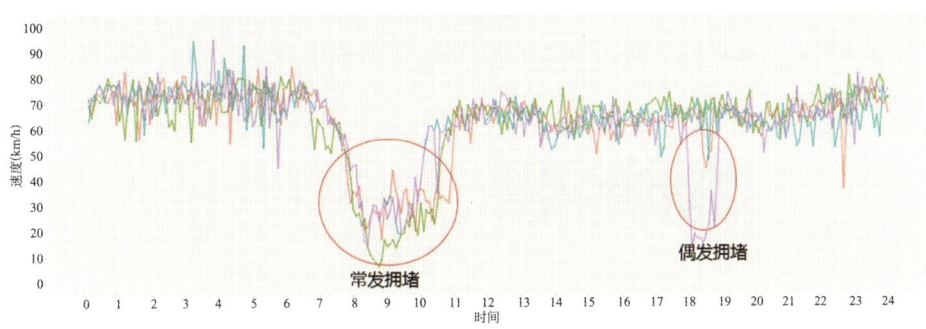

图 4-54 常发拥堵和偶发拥堵的特征差异

为了有效判别拥堵成因,建立拥堵成因识别流程,如图 4-55 所示。首先,依据历史数据进行拥堵类别划分,共分为常发拥堵和偶发拥堵两类;其次,对偶发拥堵的主要因素如道路施工、特殊活动、天气等进行偶发特征分析;最后,根据不同拥堵成因,深度关联路况、天气、样本车辆等因素,构建拥堵成因识别模型。

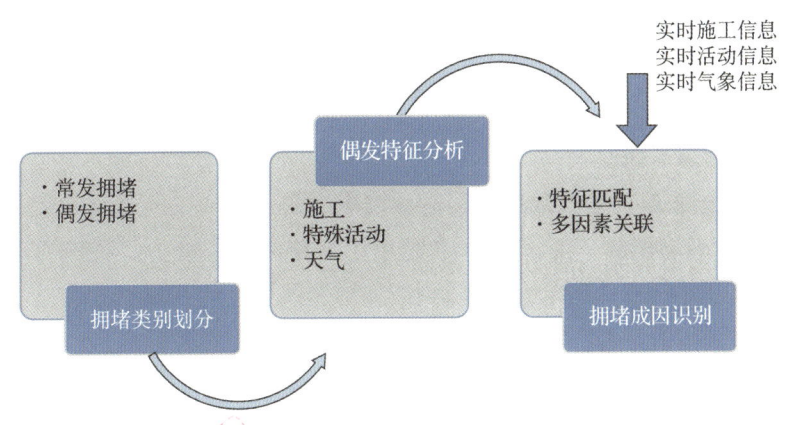

图 4-55 拥堵成因识别流程

针对不同地点类型的交通拥堵成因,对路况、气象、流量等数据进行深度关联分析,建立人工智能分析模块,实现对拥堵、路面积水、事故等交通事件的短时自动预警,提前引导路径选择,为警力调配提供技术支持。

4.3.2.1 道路施工交通影响

道路施工交通影响的直接结果是施工路段及其周边道路持续拥堵。道路施工造成的交通拥堵识别流程如图 4-56 所示。首先,识别交通拥堵是否为偶发性交通拥堵,拥堵发生路段的交通运行情况明显区别于正常的交通运行状态,速度明显大幅下降。偶发性的交通拥堵识别主要是对识别的拥堵路段进行评估分析,判别交通影响情况是否与施工的交通影响特征相似,以识别拥堵成因。

道路施工的拥堵路段识别主要体现在一些交通影响较大的道路,施工开始初期的交通影响显著,而已经实施了一段时间的施工项目,其交通影响持续,且可能转变为常发的交通拥堵。在数据样本量较为充足的区域,交通影响较大的施工拥堵路段识别准确度约为 80%。

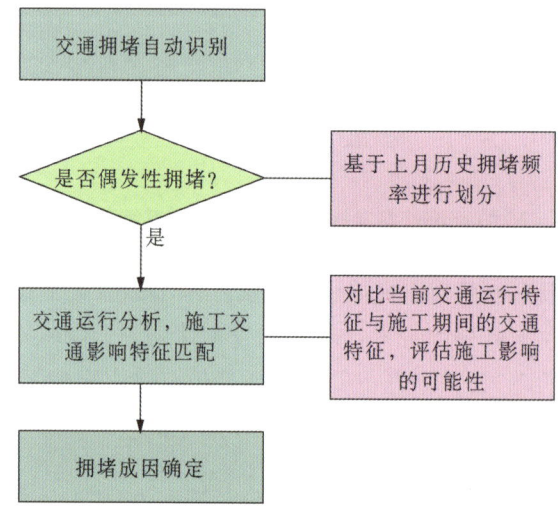

图 4-56　道路施工造成的交通拥堵识别流程

4.3.2.2　特殊活动交通影响

特殊活动交通影响的直接结果是活动场馆周边的道路或关联道路的交通需求大幅上升,大量的出行车辆和人流的涌入大大超出了道路的服务能力。特殊活动交通影响的拥堵识别流程如图 4-57 所示。首先,判断拥堵为偶发性的拥堵;其次,结合路网和热点分布情况,搜索周边是否存在体育馆、音乐厅、广场等活动场所;最后,通过分析样本车辆数和周边道路交通运行情况,对比常态化的交通运行情况和拥堵时段交通运行情况,识别特殊活动交通影响。一般,随着活动开始和结束,会在同样的路段范围出现两次拥堵,拥堵时段为活动开始时间之前和结束时间之后。

热点场馆或活动场所的搜索主要通过地图和热点区域的关联查询,在拥堵路段 5 km 范围内分布有场馆的,即把拥堵路段纳入活动影响范围。地图搜索基于 arcGIS 智能搜索模型,能够关联到目标范围的道路。

针对拥堵道路,除了分析道路运行速度变化外,还包括分析拥堵路段周边的样本车辆数,建立样本车辆数和交通运行状态的关联模型。一般通行的样本车辆数均超过

2倍常态化样本车辆,且道路运行速度在较拥堵级别的持续时间超过1 h。

针对市内主要场馆和活动场所周边的拥堵路段进行分析,可有效识别特殊活动造成的拥堵,且准确率大于90%。

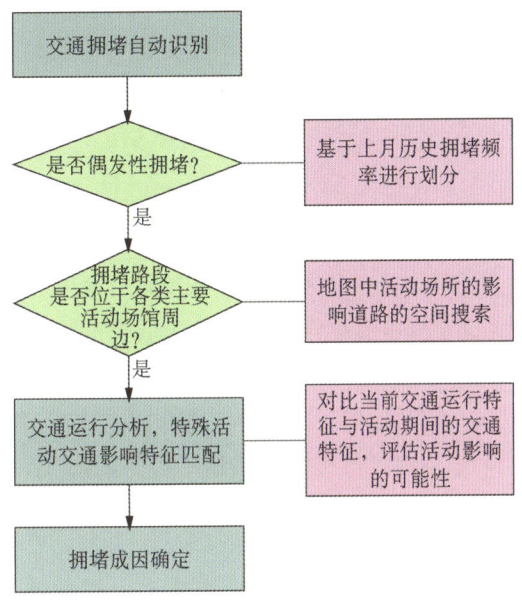

图 4-57　特殊活动交通影响识别流程

4.3.2.3　天气状况交通影响

以城市路段积水智能识别为例,构建基于贝叶斯网络的积水识别模型,如图 4-58 所示。

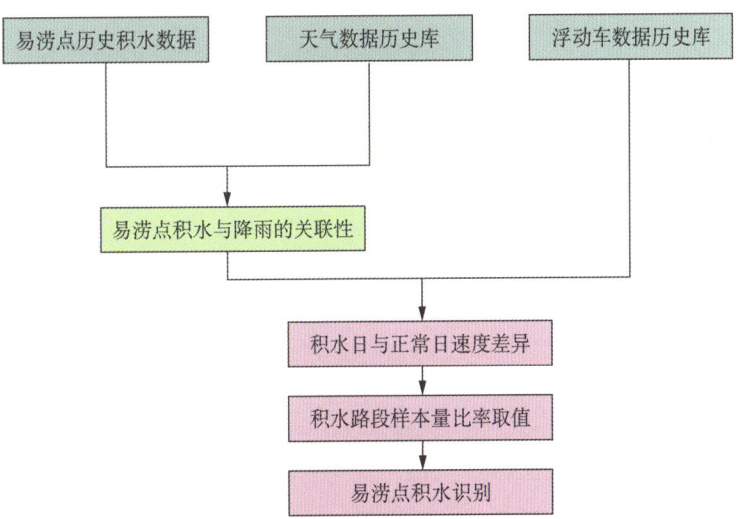

图 4-58　基于贝叶斯网络的城市路段积水智能识别模型

由于路段积水与降雨、路况是相互关联的事件，首先，判断是否满足引起积水的降雨条件；其次，判断路段是否发生偶发拥堵；最后，判断路段浮动车样本流量是否明显下降，判断不同路段在不同等级降雨天气条件和路况条件下积水的可能性，并予以量化，如式(4-59)所示。将历史数据作为先验信息，对模型进行训练，得到不同等级降雨天气和不同路况时路段积水概率，并随着时间推移不断更新历史数据和重新训练模型。

$$P_h(W \mid R_i S_j F_k) = \frac{P_h(W R_i S_j F_k)}{P_h(R_i S_j F_k)} \tag{4-59}$$

式中，W 表示给定路段发生积水事件；R_i 表示给定路段降雨等级，分为暴雨、大雨、中雨、小雨和天晴等五个等级；S_j 表示路段运行速度分布区间，分为低于90%位运行速度、介于90%位和80%位运行速度之间、介于80%位和70%位运行速度之间以及高于70%位运行速度四类；F_k 表示路段浮动车样本流量分布区间，分为低于90%位样本流量、介于90%位和80%位样本流量之间、介于80%位和70%位样本流量之间以及高于70%位样本流量四类。

总体来说，在数据量较充足的情况下，积水智能识别模型对积水点的有效识别准确性大于80%。例如，在台风"苗柏"期间模型得到了很好的应用，有效识别积水点70余个，支撑全市交通运行分析和拥堵道路评估。

4.3.3 基于MFD和图像识别的拥堵成因识别模型

4.3.3.1 模型框架

利用路段速度，基于图像形态学与无监督分类算法，提出交通拥堵成因智能识别模型框架，如图4-59所示。

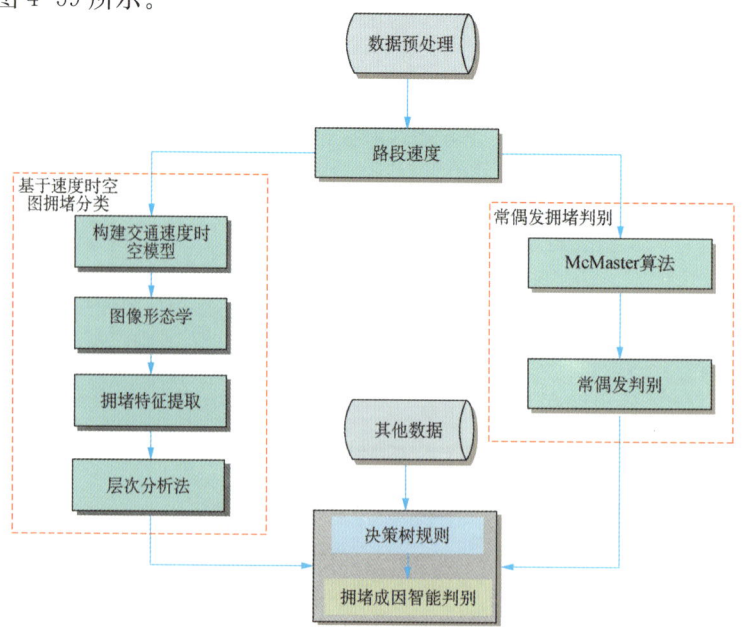

图4-59 拥堵成因智能识别模型框架

(1) 数据预处理：通过车辆 GPS 数据获得路段速度。

(2) 基于速度时空图的拥堵分类：依托速度时空图，利用图像形态学获得交通拥堵子集，并且通过拥堵特征提取方法，实现交通拥堵子集的无监督层次分析结果。

(3) 常偶发拥堵判别：基于速度分布统计实现交通拥堵的常偶发判别。

(4) 基于决策树的拥堵成因智能判别：基于拥堵子集分类与常偶发判别，结合其他数据实现拥堵成因的精细化判别。

1. 基于速度时空图的拥堵分类

1) 构建交通速度时空图

利用路段速度构建速度时空图时，针对其中路段长度不均一、数据异常、数据缺失等问题，构建考虑自由流与拥堵流的传播影响的双核函数基于 ASM（Active Shape Model）算法实现速度时空图的速度平滑与填充，从而实现道路速度时空图构建，如图 4-60 所示。

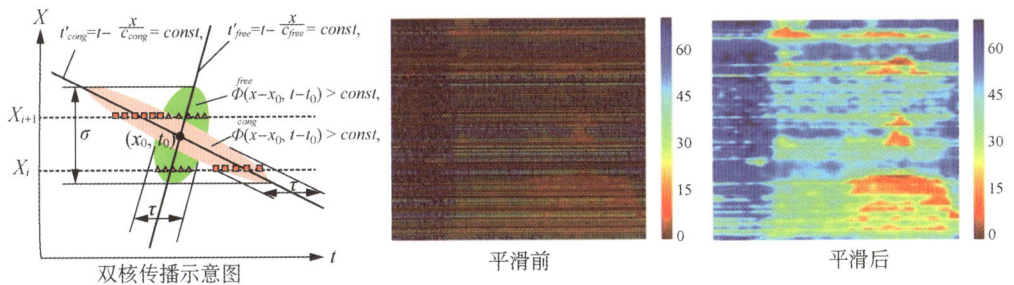

图 4-60　基于 ASM 的速度平滑

2) 基于图像形态学提取拥堵子集

通过一系列图像形态学处理速度时空图，提取其中的可能拥堵子集，依次包括如下内容（图 4-61）。

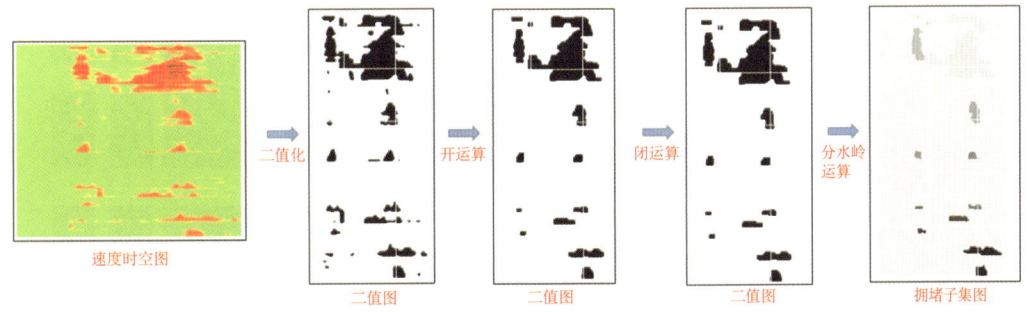

图 4-61　基于图像形态学的拥堵子集提取流程

(1) 二值化：将图像上像素点的灰度值按照一定的规则设为 0 或 255。

(2) 开运算：先腐蚀后膨胀，使边界平滑，消除细小的尖刺。

(3) 闭运算：先膨胀后腐蚀，主要填充子集内部的细小空洞，连接邻近子集。

(4) 分水岭运算：基于图像区域分隔方法，将临近像素间相似的部分详细连接起来构成一个封闭轮廓（拥堵子集）。

3) 构建拥堵特征量化工程

构建特征工程获取拥堵子集的特征向量，主要包括如下内容（图4-62）。

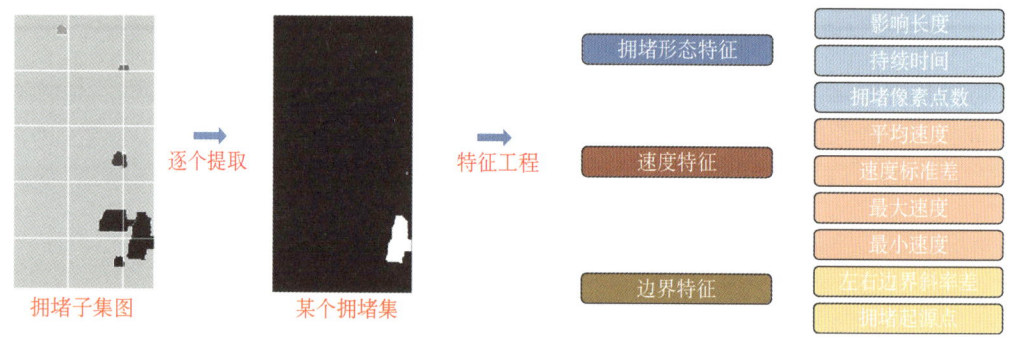

图4-62 拥堵子集特征工程构建

(1) 拥堵形态特征：主要量化拥堵所造成的物理影响程度，包括影响长度、持续时间、拥堵像素点数（拥堵面积）。

(2) 速度特征：主要量化拥堵所造成的道路运行特征，包括平均速度、速度标准差、最大速度、最小速度。

(3) 边界特征：主要量化拥堵形成与消散的特征，包括左右边界斜率差、拥堵起源点。

4) 层次分析法

基于拥堵特征集之间的相似距离差，采用层次分析法实现拥堵集的无监督分类，如图4-63所示。

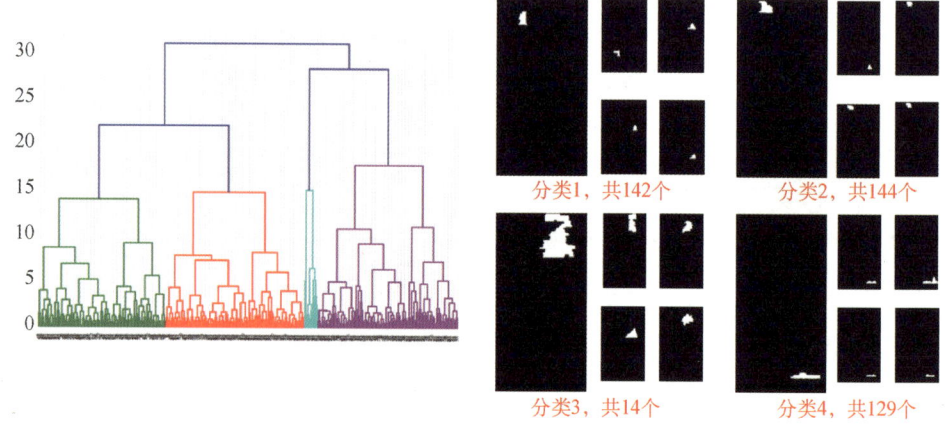

图4-63 层次分析法实现拥堵子集分类

2. 常偶发拥堵判别

1) 常发性拥堵

常发性拥堵指交通节点,走廊或区域在某一统计时段内持续呈现的周期性拥堵,主要是交通流量过大,上下班高峰而造成的。常发性拥堵具有规律性和常态性特点,可根据周期性统计识别。常发性拥堵发生的过程,可以用累计流量-时间关系进行分析,如图 4-64 所示。

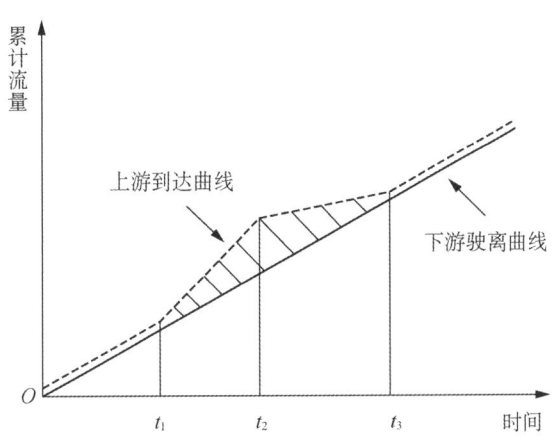

图 4-64 常发性拥堵累计流量-时间关系

t_1 之前,上游累计到达车辆数与下游累计驶离车辆数相同,此时道路处于畅通状态。$t_1 \sim t_2$ 时,上游到达车流量逐渐增加,导致车流量超过其道路设计通行流量,因此,图中上游累计车流量逐渐大于下游累计车流量,形成常发性拥堵。$t_2 \sim t_3$ 时,上游累计到达车辆与下游累计驶离车辆的差值逐渐减小,代表拥堵的消散过程。t_3 之后,上游累计到达车辆数与下游累计驶离车辆数再次相同,表明道路重新回到畅通状态。此即为常发性拥堵的发生到消散的全过程。

2) 偶发性拥堵

偶发性拥堵是指路网因某种交通事件,使路段通行能力下降,如交通事故导致的拥堵具有偶然性,通常把网络中一个特定地区的交通需求的随机波动(例如节假日出行、商场大型活动等)或不规范的驾驶行为导致的车辆排队也归纳到偶发性拥堵中。由于偶发性拥堵是随机出现的,事前不可预知其出现的时间和地点,疏散难度大,对路网运行效果的不良影响更为严重,如局部路段偶发性拥堵,若拥堵疏散控制不及时或控制策略不佳,容易引起拥堵漂移,拥堵会向车流的上游传播,在上游交叉口形成死锁现象,严重的会引起拥堵闭环,很难疏散。偶发性拥堵发生的过程也可以用累计流量-时间关系图进行分析,如图 4-65 所示。

根据图 4-65 可得,$t_1 \sim t_2$ 时,由于某些突发事件,道路通行能力急剧下降,从而使下游驶离车辆较少,若此时上游缺乏相应的管控,则上游到达车辆持续累积,将造成偶发性拥堵。$t_2 \sim t_3$ 时,突发事件得到解决,拥堵在突发事故点的车辆逐渐驶离,代表拥

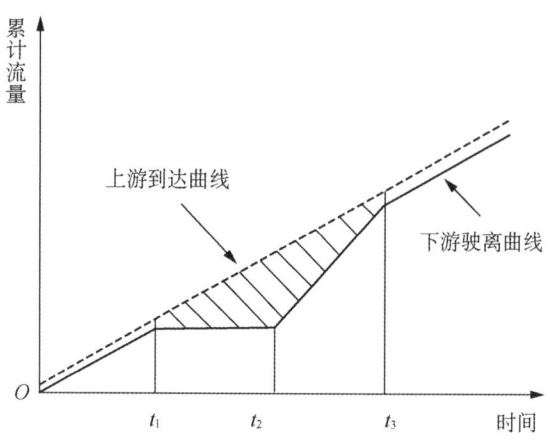

图 4-65 偶发性拥堵累计流量-时间关系图

堵的消散过程。t_3 之后,与图 4-64 中的交通流量相似。此即为偶发性拥堵的发生到消散的全过程。

这里采用 McMaster 算法进行常发及偶发性拥堵的判别。在众多交通拥堵检测算法中,McMaster 算法作为经典算法已被应用于实际。McMaster 算法不仅能检测出是否拥堵,还能区分出该拥堵是常发性拥堵还是偶发性拥堵。

McMaster 算法是基于交通流突变理论,即"函数中的一个变量发生突变而其他变量发生渐变"的基础上开发的。该算法不仅能识别拥堵,还能判断拥堵的类型。McMaster 算法利用流量-占有率二维数据关系图进行交通拥堵判定。该算法基于以下前提:当交通从非拥堵向拥堵状态转变时,流量和占有率变化平缓,而速度则会发生突变。通过大量历史数据的分析,可以得到流量-占有率二维数据关系图的关键参数:最小非拥堵数据分界线(LUD)、临界占有率(Ocrit)、临界流量(Vcrit)。利用关键参数 LUD、Ocrit、Vcrit,可以将流量-占有率二维数据关系图分为四个区域,每一个区域代表一种交通流状态。

(1) 区域 1:畅通交通流状态。

(2) 区域 2:下游常发性拥堵交通状态。

(3) 区域 3:下游缓慢交通状态。

(4) 区域 4:下游偶发性拥堵交通状态。

该算法原理是:首先利用实际数据落在 LUD 线上方还是下方,若是落在 LUD 线上方则是非拥堵,若是落在 LUD 线下方则是拥堵。当实际数据落在 LUD 线下方时,还需要将实际数据与 Ocrit 和 Vcrit 比较,从而判断拥堵的类型是常发性拥堵还是偶发性拥堵。McMaster 算法原理如图 4-66 所示。

从图中可以看出,LUD 线用于区分拥堵数据与非拥堵数据,在 LUD 线上选取点,分别作与 x 轴和 y 轴的平行线。平行于 x 轴线定义为 Vcrit,用于区分下游常发性拥堵

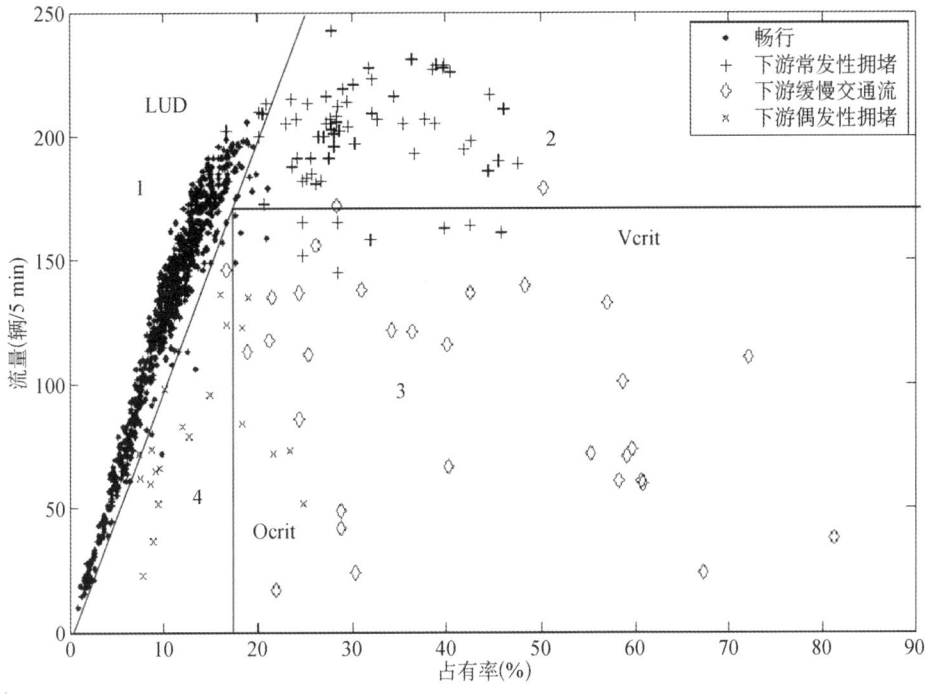

图 4-66 McMaster 算法原理

状态和下游缓慢流交通；平行于 y 轴线定义为 Ocrit，用于区分下游偶发性拥堵与下游缓慢交通流状态。

由于 McMaster 算法本质上是一个模式分类方法，McMaster 算法模型的拥堵数据分类准确率越大，说明此模型分类效果越好，因此拥堵数据分类准确率是需要最大化的目标。而拥堵数据分类准确率是其正确分类数据数量除以全部数据数量所得，所以本质上正确分类数据数量是需要最大化的目标。优化 LUD 目标函数为

$$\operatorname{argmax} N_1 = \sum_{\text{data}=1}^{n} \left\lfloor \frac{n_i k_{\text{data}}}{q_{\text{data}}} \right\rfloor \cap c_{\text{data}}, i = 1, 2, 3, \cdots, 5 \quad (4\text{-}60)$$

式中，n_i 为粒子群算法中粒子 p_i（粒子群算法一共取 5 个初始粒子点，故 i 的取值从 1 到 5）与 McMaster 算法原理图中原点连线（即 LUD 线）的斜率。由于 McMaster 算法是基于二维突变理论的算法，故这里仅仅使用流量 q_{data} 和占有率 k_{data} 两个交通流数据。因为 LUD 的目的是判断是否拥堵，故 c_{data} 表示的真实交通状态只有两个值，分别是拥堵和非拥堵。式中 $\left\lfloor \dfrac{n_i k_{\text{data}}}{q_{\text{data}}} \right\rfloor$ 用于判断此数据位于该 LUD 线的上方或者下方。若此数据位于 LUD 上方，则表示此时的状态为非拥堵，若此数据位于 LUD 下方，则表示此时的状态为拥堵。将预测的结果与数据表示的真实结果取交集，相同则加 1，不同则不变。对每个粒子 p_i 遍历所有数据，当找到最大正确分类数 N_1 时，可得最优 LUD 线斜率。

式(4-60)仅为寻找最优 LUD 的目标函数,但 LUD 仅能判别是否拥堵,不能判断拥堵的类型。而 Vcrit 线用于区分下游常发性拥堵和下游缓慢交通流,Ocrit 线用于区分下游偶发性拥堵与下游缓慢交通流状态,因此还需要另一个目标函数寻找最优 Vcrit 与 Ocrit。优化 Vcrit 与 Ocrit 目标函数为

$$\arg\max N_2 = \sum_{\text{data}=1}^{n} \left\lfloor \frac{Vcrit_i}{q_{\text{data}}} \right\rfloor \cap r_{\text{data}} + \sum_{\text{data}=1}^{n} \left\lfloor \frac{Ocrit_i}{k_{\text{data}}} \right\rfloor \cap r_{\text{data}}, \ i=1, 2, \cdots, 5$$

(4-61)

式中,$Vcrit_i$ 是过粒子点 p_i 的与 x 轴平行的线,$Ocrit_i$ 是过点 p_i 与 y 轴平行的线。r_{data} 代表真实交通状态,与 c_{data} 不同,r_{data} 不仅代表拥堵状态,还能够表示不同拥堵类型,即常发性拥堵状态、偶发性拥堵状态和缓慢交通流状态。$\left\lfloor \frac{Vcrit_i}{q_{\text{data}}} \right\rfloor$ 用于判断交通数据在 $Vcrit_i$ 线上方或下方,$\left\lfloor \frac{Ocrit_i}{k_{\text{data}}} \right\rfloor$ 用于判断交通数据在 $Ocrit_i$ 左方或右方。对预测结果和真实结果取交集,若相同则加 1,否则不变。由于 ip 点必须在 LUD 线上,因此,还需满足

$$Vcrit_i = n_{\text{最优LUD}} * Ocrit_i \tag{4-62}$$

当找到最大正确分类数 N_2 时,可得最优 $Vcrit$ 和 $Ocrit$。

采用粒子群算法作为上述优化目标函数的寻优算法。标准粒子群算法(Particle Swarm Optimization,PSO)是一种模拟鸟群社会行为的仿生学算法。"群"代表鸟群整体,而"粒子"代表鸟群中的单只小鸟。通过计算目标函数,每个粒子都可能是目标函数的最优解。在每一次的迭代过程中,每个粒子当前周期的位置由该粒子所经历的历史最优值和所有粒子经历过的全局最优值共同决定。现作出如下假设:搜索空间维度为 D,种群由 N 个粒子组成为 $S=(X_1, X_2, \cdots, X_N)$。在 D 维空间中,第 i 个粒子在第 t 个迭代周期的位置可以表示 $\mathbf{X}_i(t)=(X_{i1}, X_{i1}, \cdots, X_{iD})$,$i=1, 2, \cdots, N$。截至第 t 个迭代周期第 i 个粒子的历史最优值写作 P_{i_best},而 P_{g_best} 表示截至第 t 个迭代周期所有粒子的全局最优值。$\mathbf{V}_i(t)=(V_{i1}, V_{i2}, \cdots, V_{iD})$,$i=1, 2, \cdots, N$ 表示第 i 个粒子在第 t 个迭代周期的移动速度向量。通常情况下,每个粒子的速度 $\mathbf{V}_i$ 需要限制在[$\mathbf{V}_{\min}$,$\mathbf{V}_{\max}$]的特定范围内,从而确保粒子始终在搜索空间内移动。标准粒子群算法的粒子速度和位置更新方程如式(4-63)和式(4-64)所示。

$$\mathbf{V}_i(t+1) = \mathbf{V}_i(t) + c_1 * r * (P_{i\_\text{best}}(t) - \mathbf{X}_i(t)) + c_2 * r * (P_{g\_\text{best}}(t) - \mathbf{X}_i(t))$$

(4-63)

$$\mathbf{X}_i(t+1) = \mathbf{X}_i(t) + \mathbf{V}_i(t+1) \tag{4-64}$$

式中,t 代表第 t 次迭代次数;c_1 和 c_2 是取正值的加速常数,r 为 0~1 的随机数。

假设目标函数为 $f(x)$。粒子位置和速度更新后,如果有粒子的目标函数值大于当前

周期全局最优值,即 $f(\boldsymbol{X}_i(t)) > f(P_{g\_best})$,将会用该粒子来取代全局最优粒子。最终,所有的粒子由于其学习自身最优值与全局最优值的能力,将收敛于全局最优粒子附近。

尽管标准粒子群算法拥有结构简单,易于实现等优点,但它却存在收敛速度无法动态调整,收敛速度相对较慢的问题。为了解决提升粒子群算法的性能,自适应粒子群算法被提出。在自适应粒子群算法中,当粒子远离全局最优值时,其粒子移动速度较快,而当粒子接近全局最优时,其粒子移动速度较慢,从而实现收敛速度的调整。为了实现收敛速度的调整,惯性权重 $\omega(t)$ 被引入为

$$\boldsymbol{V}_i(t+1) = \omega(t) * \boldsymbol{V}_i(t) + c_1 * r * (P_{i_{best}}(t) - \boldsymbol{X}_i(t)) + c_2 * r * (P_{g\_best}(t) - \boldsymbol{X}_i(t))$$
(4-65)

其惯性权重为

$$\omega(t) = \omega_{max} - t * (\omega_{max} - \omega_{min}) / N_{iter} \tag{4-66}$$

式中,ω_{min},ω_{max} 和 N_{iter} 分别表示初始惯性权重、结尾惯性权重和最大迭代次数。

由于惯性权重 $\omega(t)$ 的引入,粒子的搜索空间受到了一定的限制。惯性权重计算公式中初始惯性权重设置为1,结尾惯性权重设置为0。惯性权重 $\omega(t)$ 随着迭代的进行逐渐从1减小到0。当惯性权重接近1时,粒子群算法将在大范围内进行粗略搜索;当惯性权重接近0时,粒子群算法将在小范围内进行精确搜索。

McMaster算法主要用来区分常发性拥堵和偶发性拥堵。采用上述计算可以得到路段占有率以及流量数据构建占有率-流量模型,选取部分偶发性拥堵时段占有率以及流量参数放入模型,采用粒子群寻优算法得到McMaster算法的关键参数LUD、Ocrit、Vcrit,再根据占有率-流量数据点与参数LUD、Ocrit、Vcrit的位置关系判断拥堵类型。

3. 基于决策树的拥堵成因智能判别

基于拥堵类别与拥堵常偶发判断,结合拥堵点与其他事件的距离,实现拥堵成因的智能判别,如表 4-14 所示。

表 4-14 基于决策树规则的拥堵成因判别

常偶发类型	拥堵集类型	结合其他数据特征	成因
常发拥堵	小扰动	—	车辆经常急刹车、行人频繁过马路
	长条形	拥堵起源点距离信号交叉口约50 m以内	信号交叉口配时不合理
		拥堵起源点距离医院,停车场等入口约50 m以内	供需不平衡
	大面积	拥堵起源点距离交叉口与汇集点等瓶颈点50 m以内的大面积拥堵	道路瓶颈点

(续表)

常偶发类型	拥堵集类型	结合其他数据特征	成因
偶发拥堵	小扰动	—	各类因素
	长条形	拥堵起源点距离积水预警点 300 m 以内	道路积水
		拥堵起源点距离交叉口与汇集点等瓶颈点约 50 m 以内	突发交通量
	大面积	拥堵起源点距离积水预警点 300 m 以内	道路积水
		拥堵起源点距离交叉口与汇集点等瓶颈 50 m 以内的大面积拥堵	交通事故
		恶劣天气,如台风等	天气因素
		路段属于节假日拥堵路段	节假日因素
		拥堵起源点距离活动地点约 1 000 m 以内	大型活动

4.3.3.2 结果分析

选取 2018 年 9 月 16 日—21 日数据,以深南大道为应用场景,对算法进行验证校核。

以深南大道西向东方向路段为识别对象,路段长度在 25 km 左右,识别时间取每日 6:00—23:00,以 5 min 为识别周期,输入数据至算法对道路拥堵事件拥堵成因进行智能识别,算法总计识别到 46 起拥堵事件,识别结果中各事件拥堵成因分布占比如图 4-67 所示,可以看到,车辆经常急刹车、行人频繁过马路、交通事故及道路瓶颈点是诱发拥堵次数最高的三类成因,总计占比达 70%;突发交通量导致拥堵的次数仅有 2 次,占比最低,为 4%。

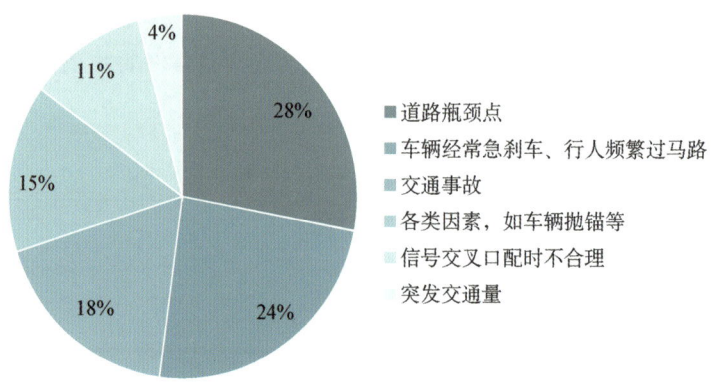

图 4-67 拥堵成因分布占比

车辆经常急刹车、行人频繁过马路诱发的拥堵影响范围小,持续时间短,因此不作分析。算法识别到的交通事故总计 8 起,结合交警事故上报数据进行分析,有 6 起事件能被算法正确识别,存在1起事故漏识别,2起事故误识别,识别正确率为75%。识别结果中,道路瓶颈点成因多发生在相同路段的早晚高峰时段,且拥堵起源点位于路段交汇处或车道数缩减等瓶颈位置,可以认为该结果为正确识别结果;信号交叉口配时不合理成因也多发生于相同路段的早晚高峰时段,且拥堵起源点位于信号交叉口,因此,也可认定该识别结果是正确的。

4.3.4 路段级速度趋势预测模型

4.3.4.1 在线预测框架

基于LightGBM模型和预测的实时要求,交通指数系统搭建的在线预测框架如图4-68所示。首先,读取实时的速度、天气、静态路段信息等数据,进行相应的聚合、过滤、补全处理,按照离散变量和连续变量的处理方式构建特征工程;之后,读取训练好的LightGBM模型的树结构文件;然后,将特征变量输入至LightGBM模型中,并行逐步滚动预测,直到完成2 h的短时预测;最后,将预测的结果写入数据库,并将时间窗向前滚动一步,直到完成所有时段的预测。

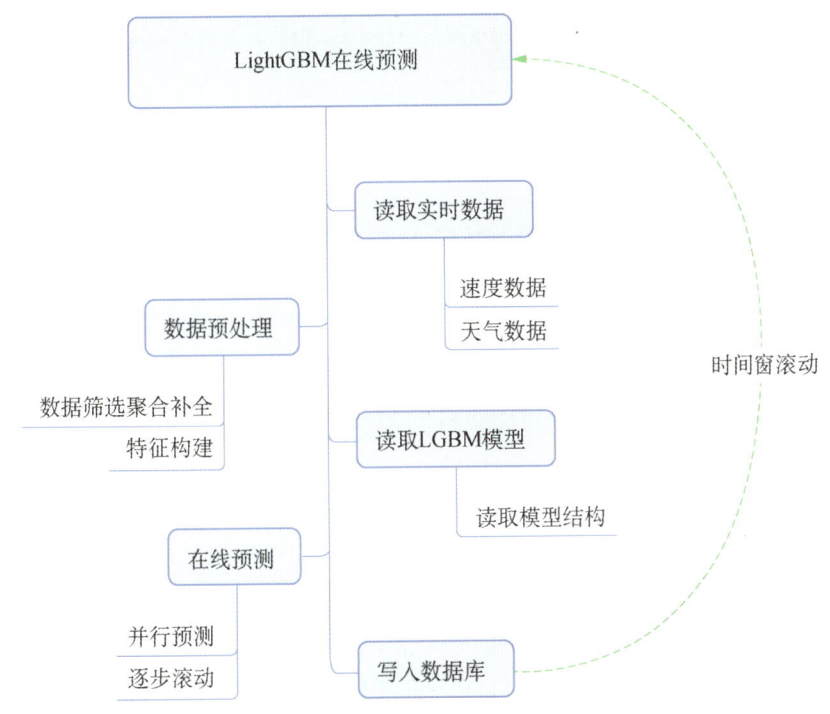

图 4-68 LightGBM 在线预测框架

4.3.4.2 在线滚动预测

为了实现交通状态的实时持续预测,文中采用了滚动式预测模型。它能根据传回的实时数据,对路段情况进行持续的实时预测。

具体流程如图 4-69 所示,在待预测的所有时间范围内,首先获取当前时间范围内的实时数据(绿色虚线框内的数据);之后,按照 LightGBM 的预测框架,预测下一个时间点的预测值(红色框体);最后,将整体时间段向前移动一个滚动步长,继续下一段实时数据的预测,直到完成整个预测时间段。也就是说,滚动预测模型可划分为两层嵌套,第一层的嵌套是当前时间点,向前预测一定步长的滚动预测,称为逐步预测;第二层嵌套是向前一个时间点的滚动预测,称为时间窗滚动预测。

图中,逐步预测以 t 为 7:00、数据采样率为 15 min 为例。首先,获得当前绿色虚线框体的实时数据,完成所有特征的对应处理;之后,将特征向量输入至 LightGBM 模型,完成待预测时间范围的预测,即 15 min;完成循环 1 后,整体时间段向前推移 1 个滚动步长,将预测的值作为"实时数据"重新构建特征向量,并输入到 LightGBM 模型中继续向前预测 15 min,直到完成整个预测时长,即 h 为 2 h。

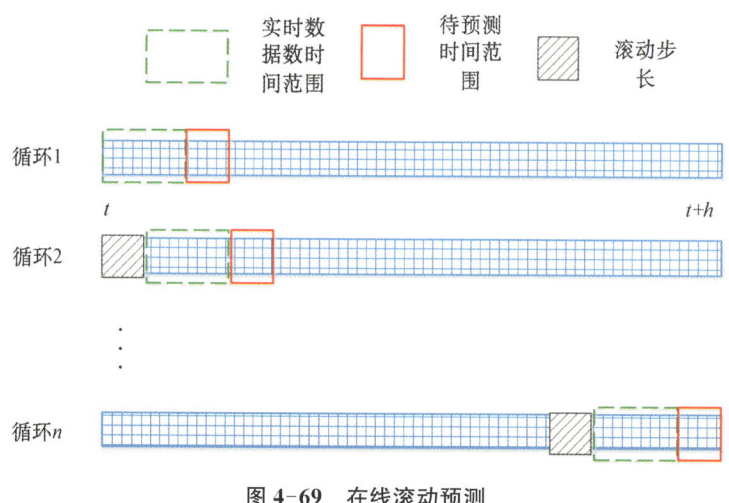

图 4-69　在线滚动预测

4.3.5　路径行程时间预测模型

路径行程时间预测模型可以大致划分为基于路段出行时间建模与数据驱动算法。其中,基于路段出行时间建模方法存在下述缺陷。

虽然目前可用数据的数量和种类多样性显著增加,但是可用于整个城市路径预测的数据时空覆盖度仍然非常稀疏,要监测整个城市路网的实时交通出行模型还远远不够。交通系统的复杂性与动态性直接影响着路段出行时间的预测,导致针对路段与交叉口的物理建模方法的预测精度较难保证。将路径行程时间划分为路段行程时间与交叉口延误时间,直接导致预测误差的不断叠加,从而使得模型的预测精度下降。针对不同的司机,同一路段的出行时间可能存在较大差异。但是模型中并没有考虑司机个性化的特点,只针对普遍的情况进行平均值的预测。另外,随着数据收集与积累的成本下降,借助数据驱动算法,数据能够表征的内容也越来越丰富,精确度也越来越高。因此,交通指数系统采用数据驱动算法中的神经网络模型解决路径行程时间预测问题。

4.3.5.1 特征选取

主要数据来源为出租车 GPS 数据与地图导航数据,实时导航软件的广泛应用产生了大量的车载数据,结合出租车 GPS 数据为数据驱动算法实现路径行程时间的精确预测提供了必要的数据量。传统数据驱动算法无法实现精确预测的原因之一就是仅使用了有限且片面的模型特征。因此,交通指数系统构建样本使用了丰富的特征集合,并且建立更高维度的特征映射。具体来说,特征可系统地划分为空间特征、时间特征、交通特征和个性化特征四类。

1) 空间特征

总体来说,路径行程时间与车辆起点、经过的路段还有终点等地理区域具有高度相关关系。因此,合理且准确的特征选择将直接影响模型的预测性能。首先,每个行程路径都将车辆可能的行驶轨迹映射到城市的基础路网中,得到完成整个路径经过的路段和交叉口的顺序序列;接着,基于匹配的轨迹提取描绘本次出行的地理特征信息,如路径长度、经过路段的个数、车道数、经过交叉口的数量与顺序等地理信息。同时,也可以提取本路径经过的兴趣点(Point Of Interst,POI)信息作为地理信息的补充。

2) 时间特征

时间特征是影响路径行程时间的关键因素之一。通常来说,即使是相同的路径,出行的时间不同,完成路径所需的行程时间也存在较大的差异,例如,高峰时段通过中心城区所需要的行程时间通常比非高峰时段所需要的时间长。因此,对路径的行程时间构建一个系统的特征描述维度,主要包括月份、星期、是否工作日、是否高峰时段、是否节假日等。

3) 交通特征

交通特征是城市交通网络中对于交通状态的最直观的量化指标,包括路段的实时速度、平均速度、自由流速度等。这些指标都可以通过地图导航数据与出租车 GPS 数据的融合而得到。此外,交通事故、交通管制、天气情况等信息也是交通特征所要考虑的数据范畴。

4) 个性化特征

司机的驾驶习惯也在一定程度上影响通过某个路径的行程时间,例如,激进的驾驶员将通过不断换道完成某次出行的行程时间,通常情况下其比稳重的驾驶员所需要的时间要短。因此,历史的总出行次数、平均行程时间、最高时速等指标将构成司机的个性化特征系统。

4.3.5.2 卷积循环模型

空间特征、时间特征与个性化特征属于密集特征，交通特征属于序列特征。通过构建卷积循环模型（图 4-70），利用 CNN 学习密集特征的空间属性和 LSTM 学习序列特征的时间属性，二者的回归融合可以提高路径行程时间预测的准确度。

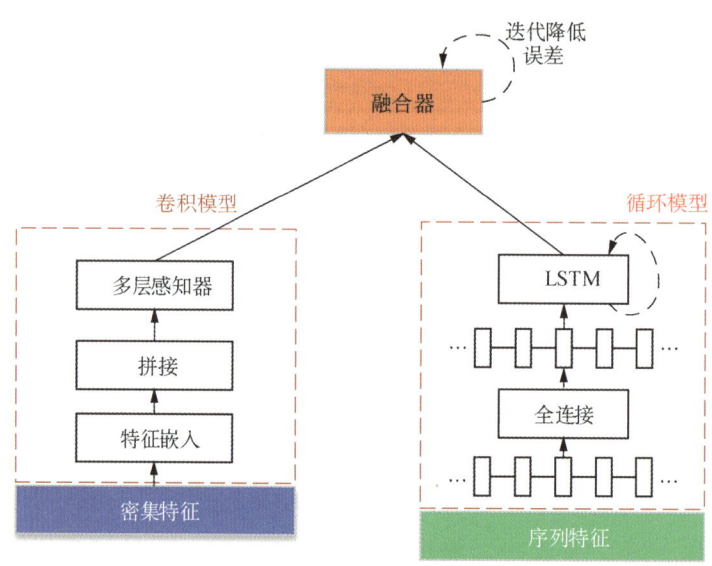

图 4-70　卷积循环模型

4.3.5.3 精度分析

算法选取 2019 年 3 月 1 日—4 月 14 日的 GPS 数据作为训练数据，4 月 15—21 日的数据作为测试数据。将出行时间少于 60 s 与出行平均速度大于 120 km/h 的异常出行路径剔除后，得到大约 200 万条出行路径作为训练数据，30 万条路径作为测试数据。

测试结果表明，卷积循环模型的预测 MAPE 为 19.21%，小于基于路段的行程时间预测模型的 25.77%，验证了卷积循环模型的有效性。可能的原因是卷积循环网络充分考虑了路径周边可能影响行程时间的各类因素，通过一致归一的模型框架，更有效地将空间特征与时间特征进行高维度的融合，从而提高了路径预测的精确度。

工作日与非工作日的预测 MAPE 分别是 19.94% 与 19.17%，预测精度 MAPE 如图 4-71 所示。从图中看出，工作日高峰时段的预测精度比平峰时段的低，主要原因是早晚高峰路况变化更为频繁导致的难预测性，与交通早晚高峰的观测一致。非工作日的预测精度整体波动更为明显，没有呈现明显的早晚高峰现象，可能原因是非工作日的出行具备更强的随机性，出行目的、出行时间、出行距离等因素都对预测模型造成干扰，弱化了模型的预测稳定性。

4.3.5.4 算法应用

图 4-72 总结了路径行程时间预测的整体技术流程，主要分为模型训练与在线服务

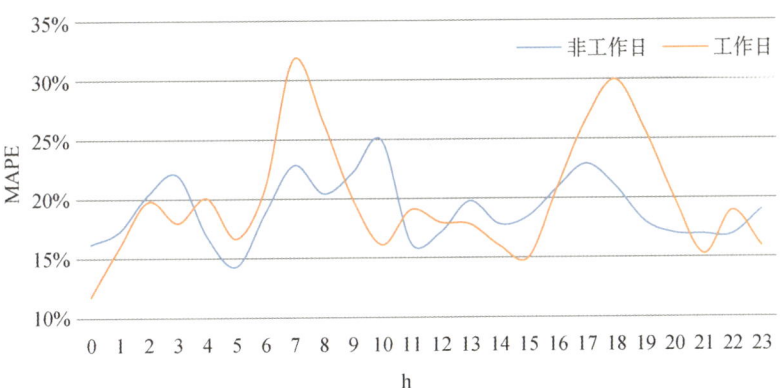

图 4-71　预测精度 MAPE

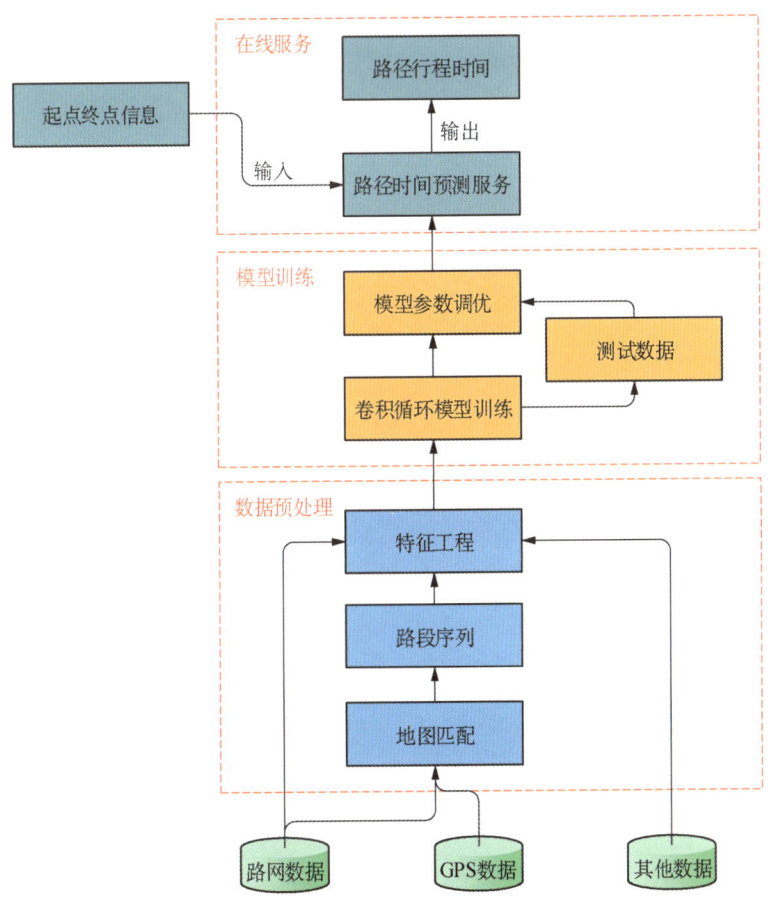

图 4-72　路径行程时间预测的整体技术流程

两个部分。数据预处理将路网数据、GPS数据和其他数据等信息统一整合，得到模型训练所需的特征工程数据。特征提取后，将离线进行大规模的历史数据训练，并通过不断迭代更新的测试数据持续调整模型的参数，确保模型的准确度与适用性。参数调优完成后的模型将作为在线服务的主要核心模块，用户输入的起点和终点信息作为模型输入，最终得到输入路径的行程时间。

5 系统功能汇编

5.1 系统架构
5.2 专业版交通指数系统
5.3 公众版交通指数网站
5.4 移动端"掌上交通指数"
5.5 监测预警大屏系统

5.1 系统架构

深圳交通指数系统以交通指数为核心,建立了面向道路、车辆的综合运行指标体系,提供涵盖城市整体、片区、路段、路口等的多层级的交通运行感知、拥堵预警、溯源诊断、预测推演等功能,支持运行指挥调度、交通拥堵治理、交通政策评估及出行信息服务等应用场景,系统架构如图5-1所示。

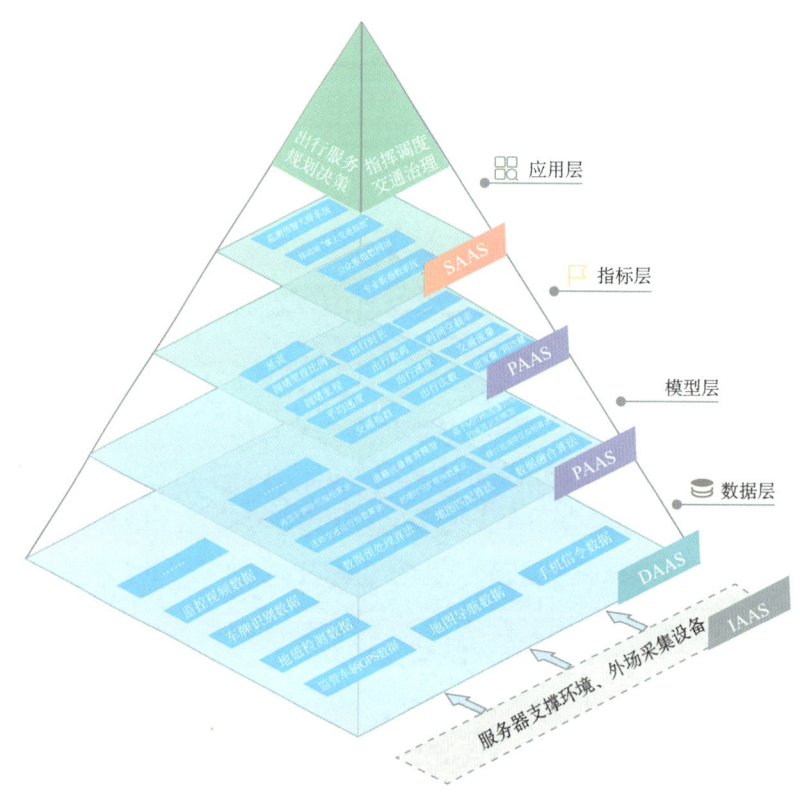

图 5-1 系统架构

交通指数系统历时多年的研究与沉淀,已形成了一套面向监测预警、指挥调度、接待演示等不同场景"大、中、小"的多端系统集,包含专业版交通指数系统、公众版交通指数网站、移动端"掌上交通指数"和监测预警大屏系统等,可支持根据不同区域权限面向各辖区开放系统权限,实现系统跨部门协同共享,最大程度发挥系统价值。

5.2 专业版交通指数系统

专业版交通指数系统历时多期功能迭代与版本更新,在页面可视化方面,提供多种页面配色风格一键切换,支持用户即时切换风格,满足不同用户的个性化需求和用户友好体验,如图 5-2 所示。系统功能经过多年的研发和迭代,初步形成交通感知、态势演变、运行诊断、拥堵评估、数据服务和系统管理的功能体系。

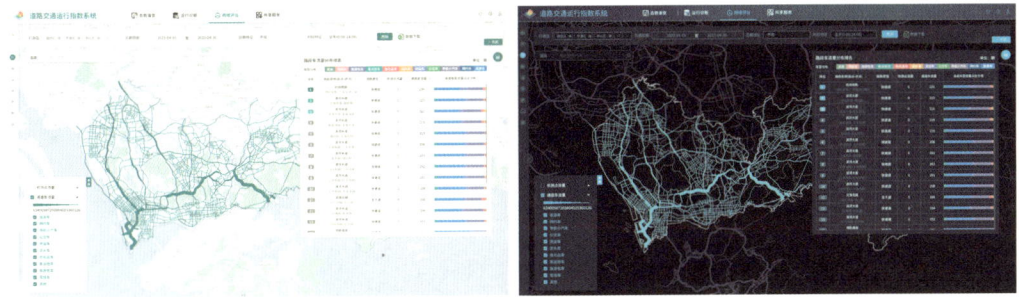

图 5-2 专业版交通指数系统两种风格页面

5.2.1 多层次实时交通监测

5.2.1.1 一图感知

一图感知以图表、地图、数字等多种可视化手段结合,支持"区域—面—线—点"多层次、全维度的城市路网实时综合运行监测、拥堵预警及趋势预判,直观展示城市多层次的交通运行概况,提供城市交通运行路况、整体交通运行指数变化趋势、整体运行速度变化趋势、实时拥堵里程分布、拥堵里程比例变化趋势等信息,如图 5-3 所示。

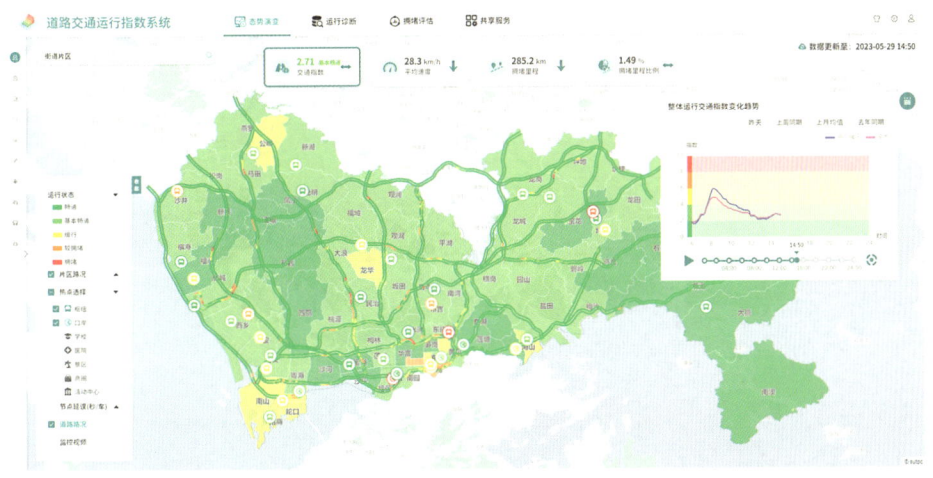

图 5-3 一图感知页面

5.2.1.2 整体运行

整体运行聚焦全市运行的时序变化情况,实时监测交通运行指数和运行速度等路况信息,提供对全市、中心城区、原特区外及各行政区交通运行指数或运行速度变化数据查看,如图 5-4 所示。

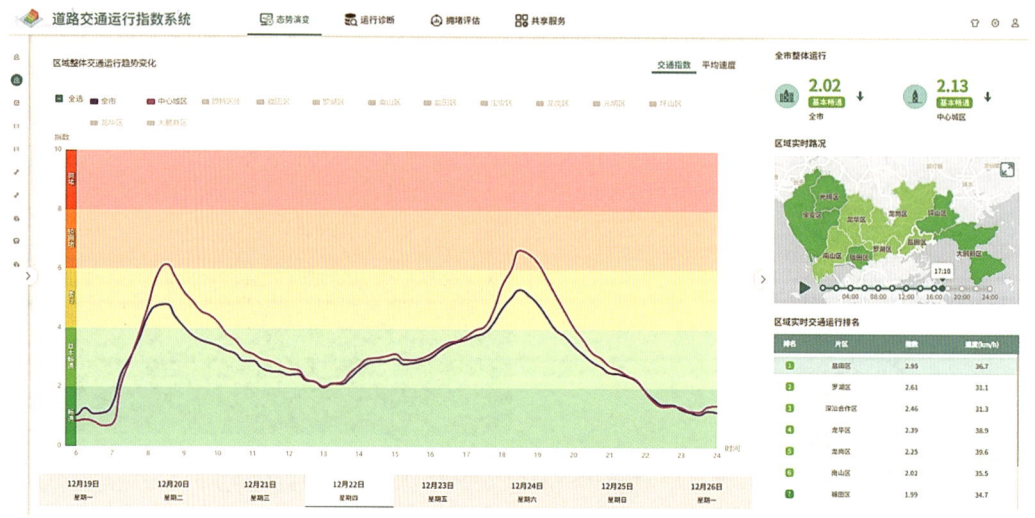

图 5-4　整体运行页面

5.2.1.3　片区路况

片区路况根据划定区域的不同,可以细分为街道片区尺度、交通小区尺度或热点区域尺度,页面聚焦不同层级片区划分,实时监控片区路网运行状况。系统支持对街道片区、交通小区和热点区域的交通路况进行实时浏览,可直观查看运行概况和拥堵预警排名等信息;支持区域模糊检索、路况详情查看、当天路况回溯等操作,如图 5-5 所示。

图 5-5　片区路况页面

5.2.1.4　道路路况

道路路况聚焦道路运行的拥堵状况,实时监测道路的状态变化。页面支持分路段的交通运行状态可视化,支持检测器流量详情信息以及流量变化曲线图的查看,支持路况信息回溯和预测,如图5-6所示。

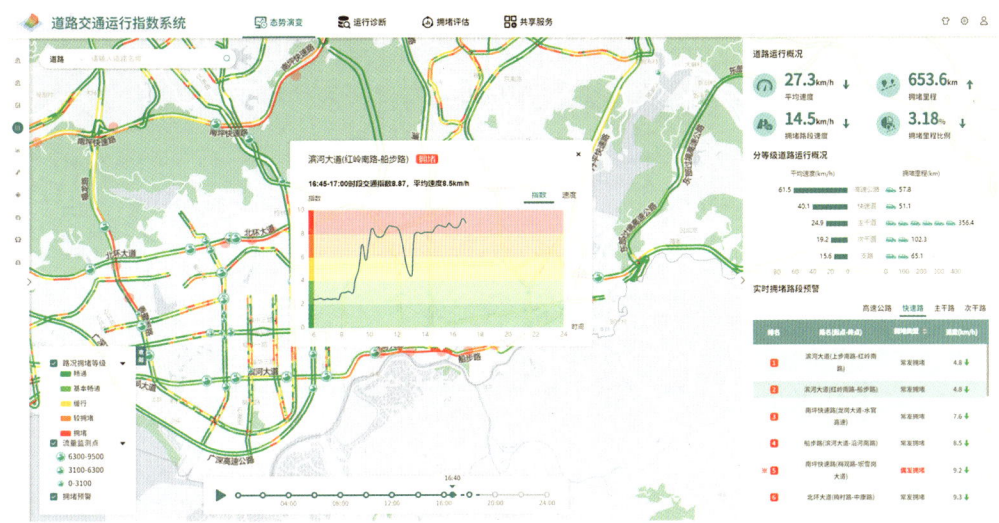

图5-6　道路路况页面

5.2.1.5　节点监测

节点监测聚焦交叉口的实时运行状态,掌握交叉口的车均延误和服务水平等相关指标,实现各路段的交通运行状态和各节点延误的可视化,根据路段状态等级和交叉口延误等级划分进行色系填充。信号交叉口的总延误时间及不同转向的延误如图5-7所示。

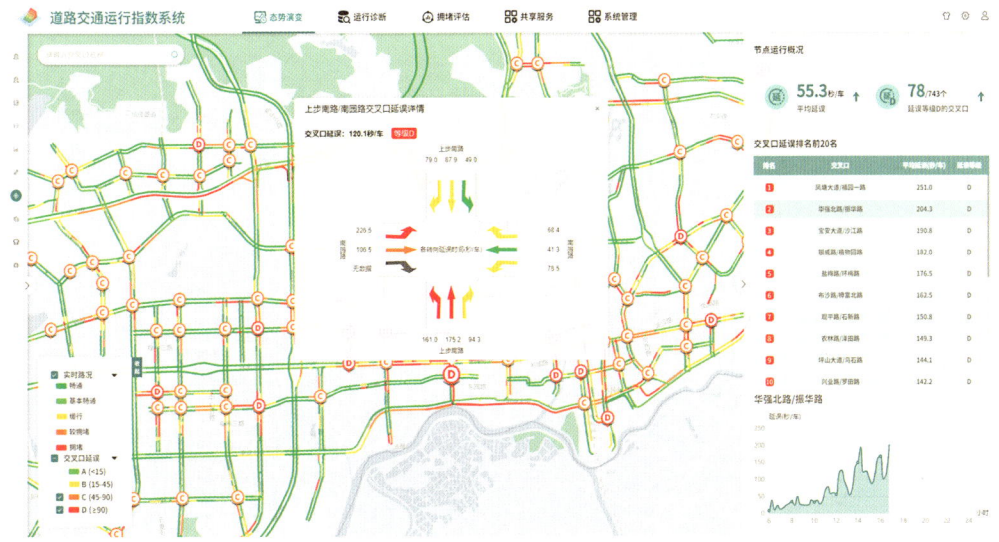

图5-7　信号交叉口的总延误时间及不同转向的延误

5.2.2 交通态势演变感知

5.2.2.1 交通年历

交通年历(图5-8)提供当年日历信息以及各行政区不同时段的每日交通信息,包括平均速度与交通指数信息的检索查询。同时,支持在线编辑录入特定日期发生的特殊交通影响事件,包括事件名称、事件描述、图标选择等。

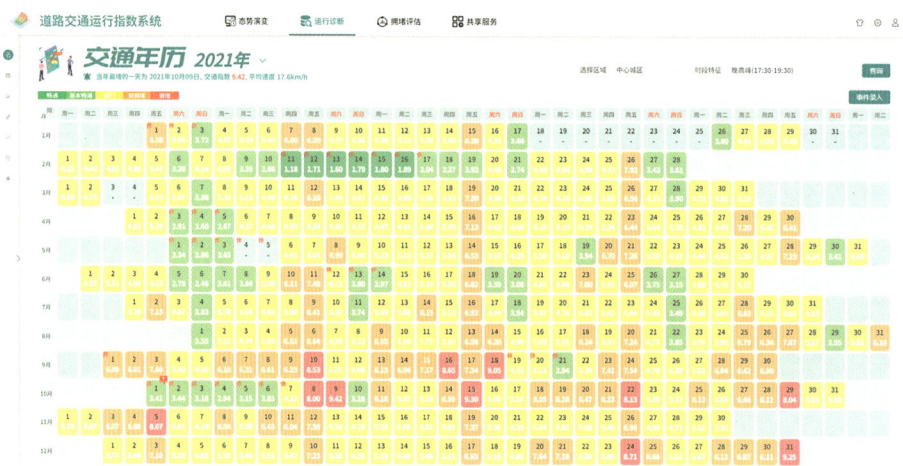

图5-8　交通年历页面

5.2.2.2 交通日历

交通日历提供当月日历信息以及每日中心城区早晚高峰时段的交通信息,包括平均速度与交通指数信息的检索查询;同时,支持对查询结果进行下载,下载形式包括早晚高峰日历表和行政区该月早晚高峰交通运行数据,如图5-9所示。

图5-9　交通日历页面

5.2.2.3 月度简报

月度简报展示全市月度交通运行概况,包括全市和各区早晚高峰运行情况、街道运行情况及常发拥堵路段分布等,支持城市道路交通运行情况和拥堵分布特征的快速总结,如图 5-10 所示。

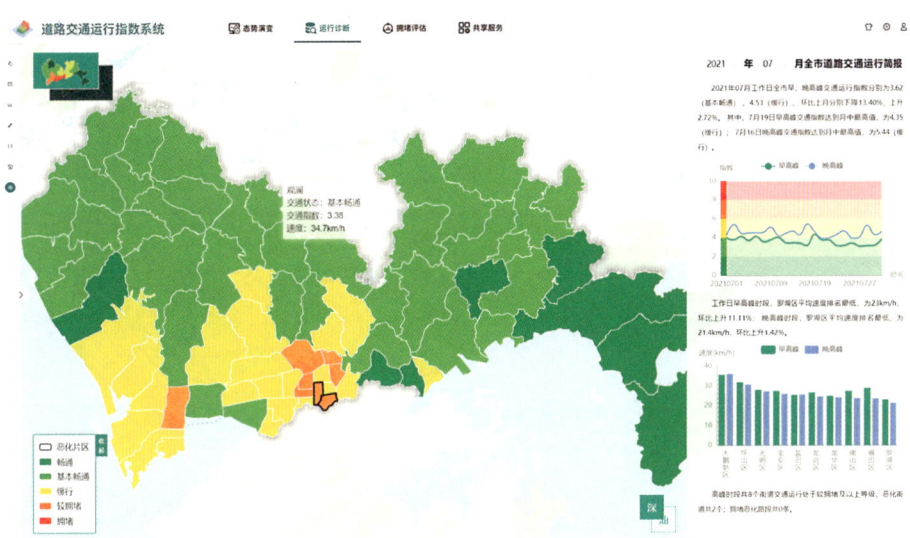

图 5-10 月度简报页面

5.2.3 运行评估和拥堵溯源

5.2.3.1 交通榜单

交通榜单结合图表和地图联动、在线编辑等多种方式,直观展示城市不同时间条件、不同空间维度下的交通拥堵排名。用户可根据需求点选任一时间段的不同指标查看相关数据;同时,支持拥堵成因录入和数据下载,如图 5-11 所示。

5.2.3.2 拥堵特征

拥堵特征支持用户根据需求查询路段拥堵时空分布、运行变化趋势以及路段剖面运行情况,提供拥堵时空图、运行时变图和时空剖面图三个子页面,支持数据下载导出。

1. 拥堵时空图

拥堵时空图用以查询某条道路在特定时间交通运行指数的时空变化情况,表征某个通道不同路段在时间上的交通状态变化趋势,辅助动态导航及出行选择决策。可根据需求选择不同的道路、方向、日期范围以及日期特征进行查询,日期范围支持添加对照组,对比不同日期范围内同一路段的拥堵变化情况,支持相关历史数据下载,如图 5-12 所示。

2. 运行时变图

运行时变图展示某选定道路路段在一定时间内的运行变化情况,表征路段一周内每天 24 h 的交通状态变化趋势,分析拥堵时空特征及拥堵形成机理。用户可根据需求

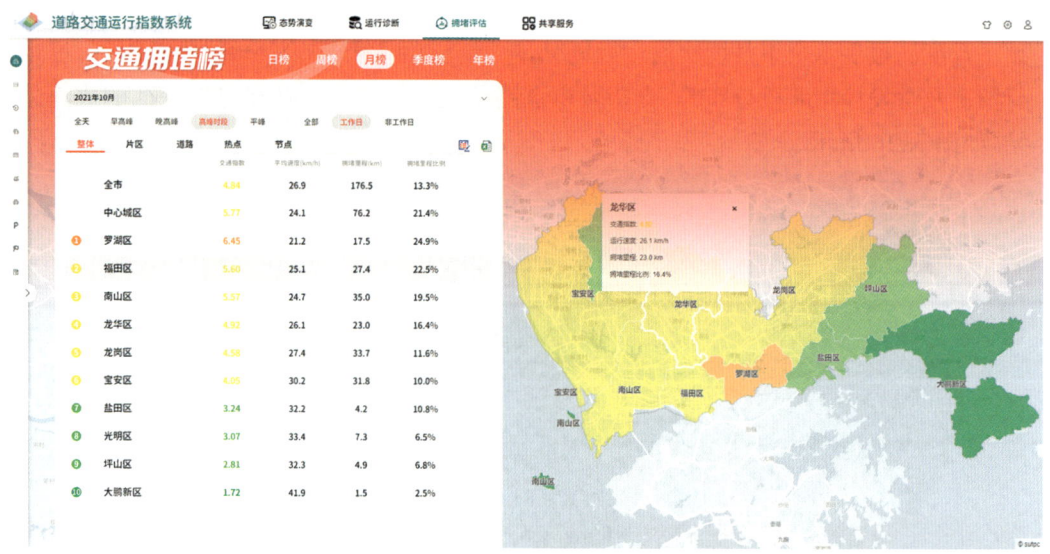

图 5-11 交通榜单页面

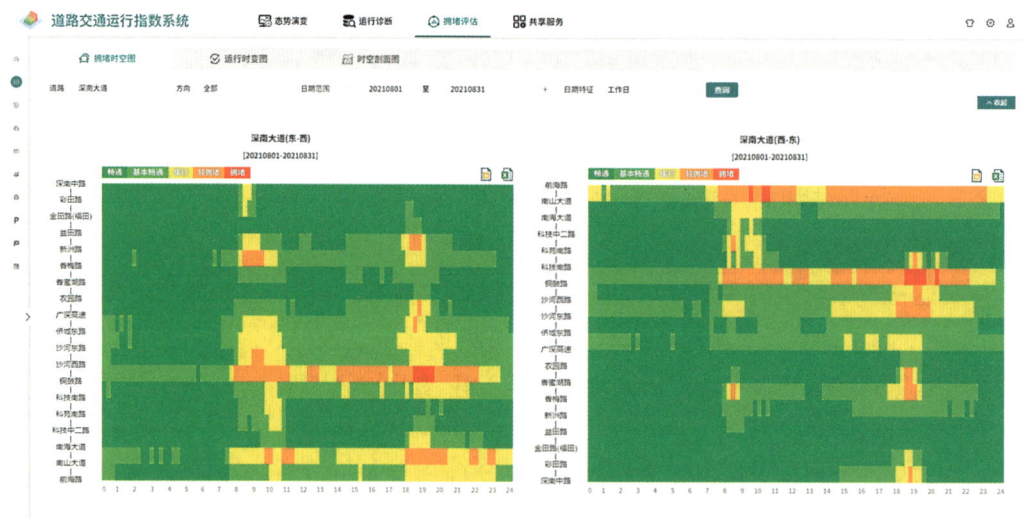

图 5-12 拥堵时空图页面

选择不同的路段、日期范围、日期特征以及时间颗粒度进行查询,支持相关历史数据下载,如图 5-13 所示。

3. 时空剖面图

时空剖面图表示指定时间范围内目标道路各路段的平均车速分布图,以对比通道同一时间切片下不同路段的速度。用户可根据需求选择不同的路段、方向、日期范围、日期特征以及时段范围进行查询,支持相关历史数据下载,如图 5-14 所示。

5 ■ 系统功能汇编

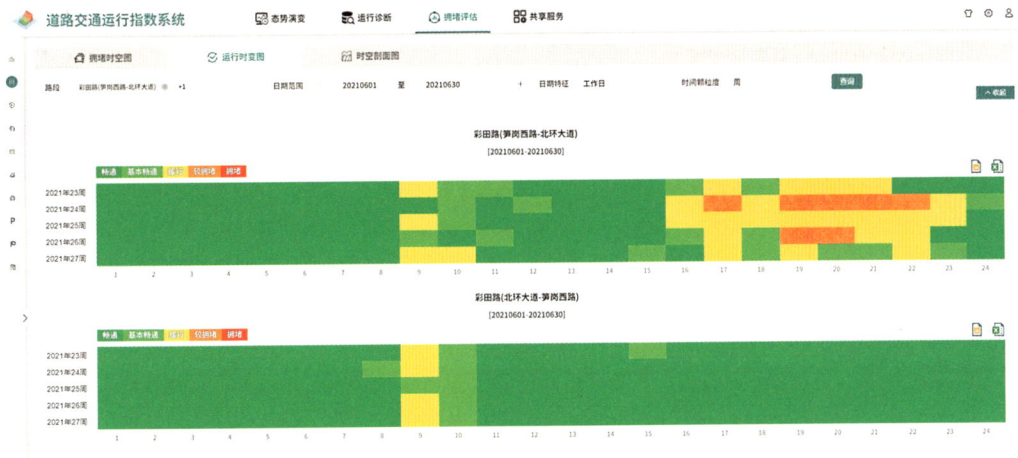

图 5-13 运行时变图页面

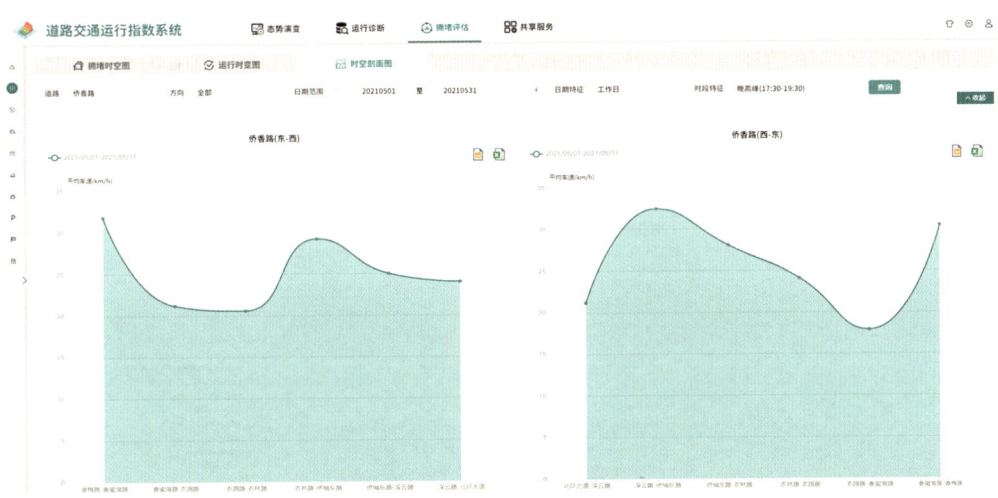

图 5-14 时空剖面图页面

5.2.3.3 常发拥堵

常发拥堵通过可视化界面显示自定义时段拥堵路段、年度常发拥堵路段等，支持数据下载导出。

1. 自定义时段拥堵路段

自定义时段拥堵路段显示全市拥堵频发路段的可视化拥堵情况。页面提供可视化地图和常发拥堵路段等信息。用户可根据需求选择不同的拥堵时间比、行政区、日期特征、道路等级、日期范围以及时段特征进行检索查询，如图 5-15 所示。

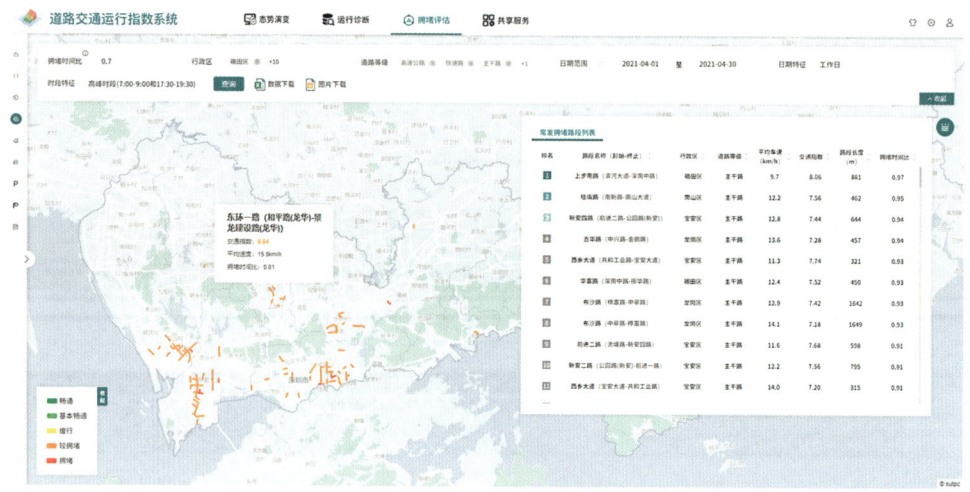

图 5-15　拥堵排名页面

2. 年度常发拥堵路段

年度常发拥堵路段主要供用户查询历年拥堵频发区域的交通拥堵情况。页面提供可视化地图、全市交通拥堵分布概况、各区交通拥堵分布概况以及拥堵路段排名等信息，如图 5-16 所示。用户可根据需求选择不同的统计时间以及区域范围进行检索查询。

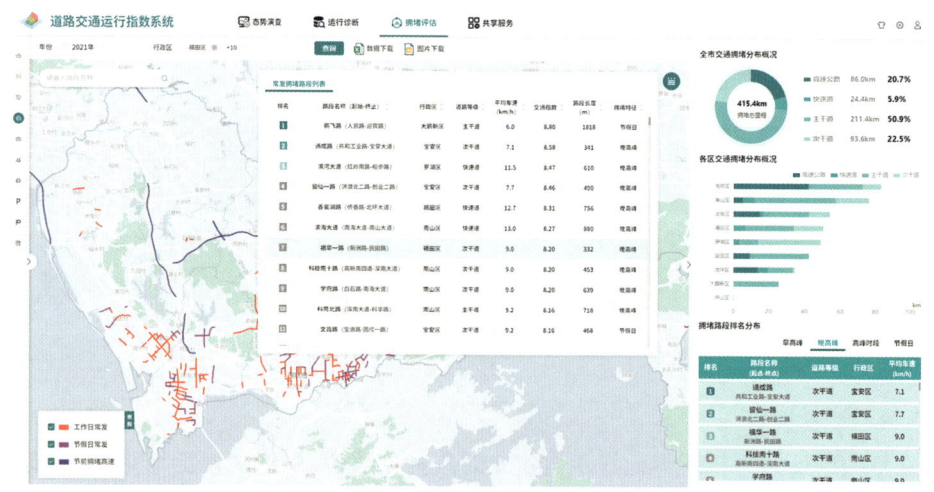

图 5-16　年度拥堵页面

5.2.3.4　拥堵溯源

1. 路段路径溯源

路段路径溯源基于车辆 GPS 数据，可分析不同日期范围、不同日期特征、不同时段特征下各种车辆类型的来源比例溯源。用户可单击选择一条路段或自定义圈选多条路段，查询途经目标路段的车辆溯源路径流量分布，如图 5-17 所示。

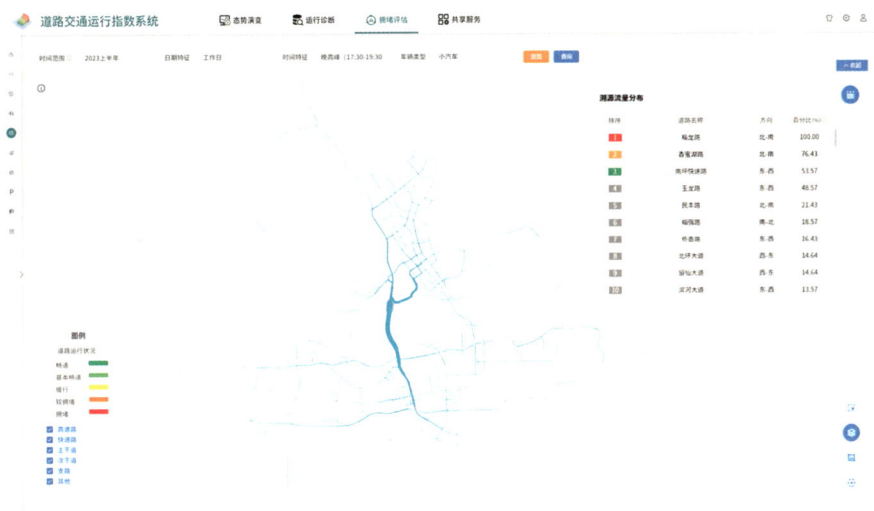

图 5-17　路段路径溯源页面

2. 通道路径溯源

通道路径溯源基于车辆 GPS 数据，可分析不同日期范围、不同日期特征、不同时段特征下各种车辆类型，依次经过两个自定义圈选区域的车辆溯源路径流量分布。列表可统计从区域 A 到区域 B、从区域 B 到区域 A 或所有经过区域 A 和 B（不分方向）车辆的溯源路径流量分布，即各通道的溯源流量及占比，按照各通道溯源流量由大到小的顺序进行排序，如图 5-18 所示。

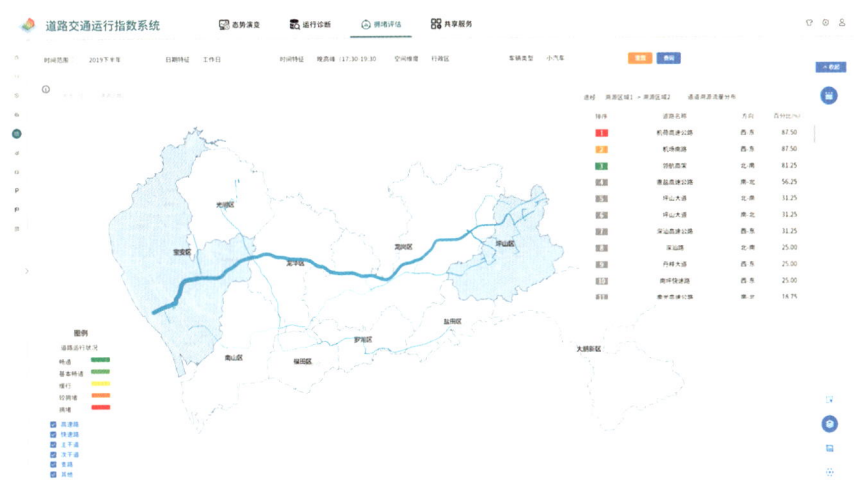

图 5-18　通道路径溯源页面

3. 区域路径溯源

区域路径溯源基于车辆 GPS 数据，可分析不同日期范围、不同日期特征、不同时段特征下的各种车辆类型,一条或多条路段,在行政区、街道、交通小区或自定义区域等层级查询途经目标路段的车辆在任意两个区域之间的溯源流量分布及占比。单击选择或自定义框选路段,地图显示所选路段车辆溯源的路网流量分配,右侧图表显示所选区域与其他区域之间的溯源流量及占比。如图 5-19 所示。

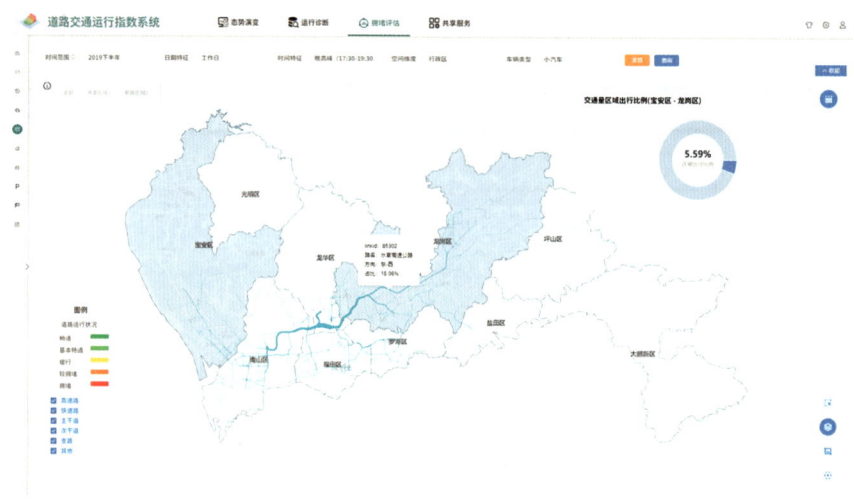

图 5-19　区域路径溯源页面

4. 流量 OD 溯源

流量 OD 溯源基于车辆 GPS 数据,可分析不同日期范围、不同日期特征、不同时段特征下的各种车辆类型,一条或多条路段,根据途经目标路段车辆的起讫点所在区域(行政区、街道或交通小区),分析路段流量的 OD 溯源分布。采用列表展示选中路段或区域与其他区域的溯源流量分布,按照流量大小排名,如图 5-20 所示。

图 5-20　流量 OD 溯源页面

5. 道路出行距离

道路出行距离基于车辆 GPS 数据，可分析不同日期范围、不同日期特征、不同时段特征下不同车辆类型，在目标道路上的平均行驶距离，以及整个出行行程中分等级道路的出行距离分布。图 5-21 右侧图表根据途经选中路段各个 link 的车辆行驶轨迹，按照 link_id 统计对应途经车辆在整个行程中经过各等级道路的平均出行距离，采用堆积柱状图的形式展示。

图 5-21　道路出行距离页面

5.2.3.5　评估工具

评估工具支持自定义编辑或选择评估区域，对选定范围进行拥堵评估分析，页面还可查看区域概况和区域评价等信息。通过选取地图右下角的小工具可进行新建、删除、保存自定义选区的操作。

1）区域概况

通过设置研究区域、日期范围、日期特征等条件，即可自动生成该区域的基础信息和运行概况。展示内容包括区域名称、区域面积、总里程、路网等级分布、路网等级配比等信息，如图 5-22 所示。

2）区域评估

通过设置研究区域、日期范围、日期特征等条件，对选定区域进行区域评估。界面展示研究日期范围内区域的道路路况及运行状态，并在地图下方展示区域运行回溯演变曲线图，支持选择运行回溯演变速率、时间范围、指标等条件。区域评估模块在页面右侧展示，通过选择对比评估日期、研究时段等条件，简单对所选区域进行初步拥堵评估分析，展示内容包括区域评估结论、不同时段下的区域运行概况、不同指标时变图，如图 5-23 所示。

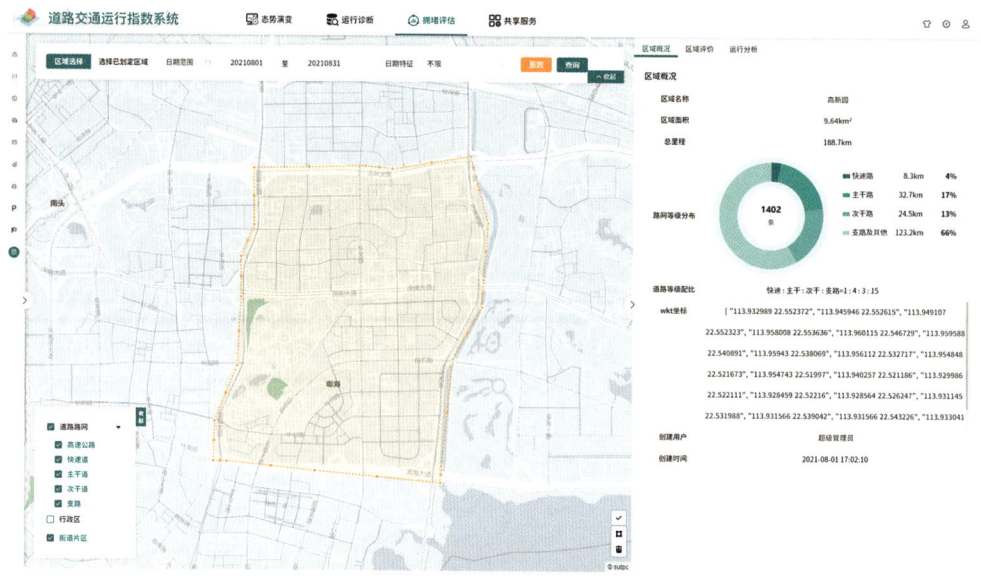

图 5-22　评估工具-区域概况页面

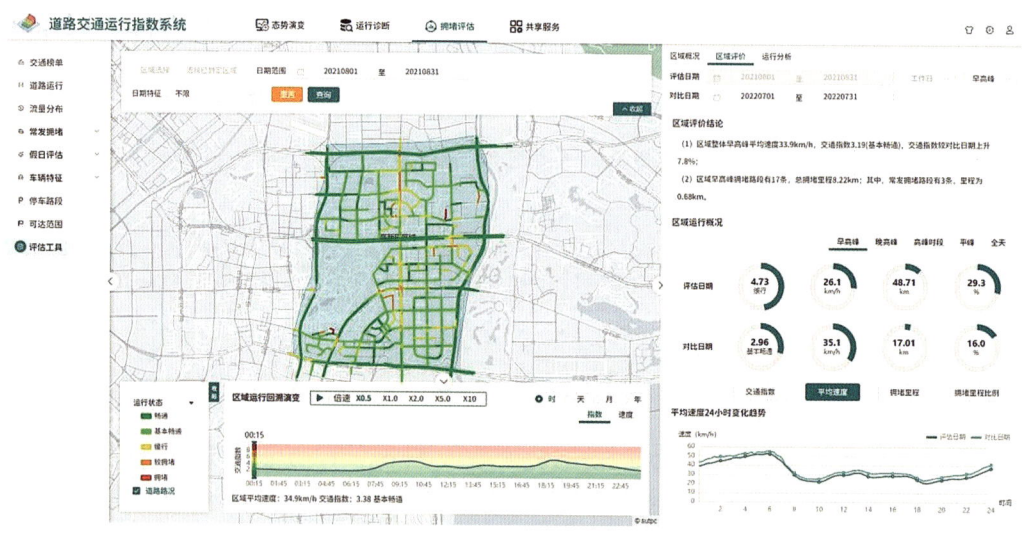

图 5-23　评估工具-区域评价页面

5.2.4　车辆出行特征评估

5.2.4.1　公交速度

公交速度聚焦于公交速度的时序变化情况，实时监测公交车运行速度。页面以曲线图形式展示过去一周内运行速度在时间、区域维度上的实时变化情况。支持显示公交与小汽车在运行速度上竞争力水平的对比情况，如图 5-24 所示。

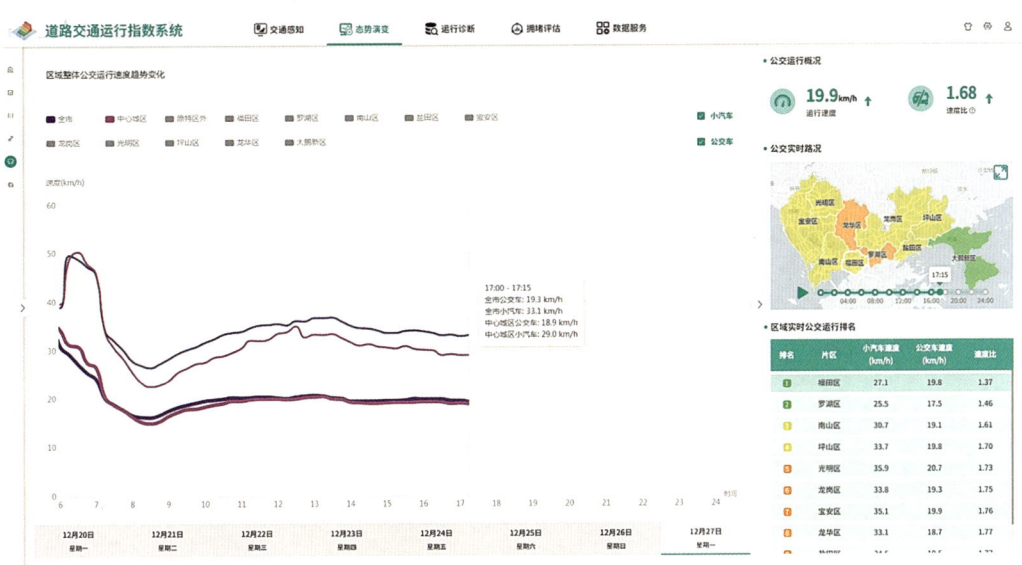

图 5-24　公交速度页面

5.2.4.2　出租车监测

出租车监测主要展示接入监测的所有巡游车和网约车的实时 GPS 数据信息,呈现当天的车辆点位分布详细信息,可支持以热力图形式查看其具体的分布,并提供车辆的在线变化趋势分析图,以及热点区域周边的车辆分布热力展示,如图 5-25 所示。

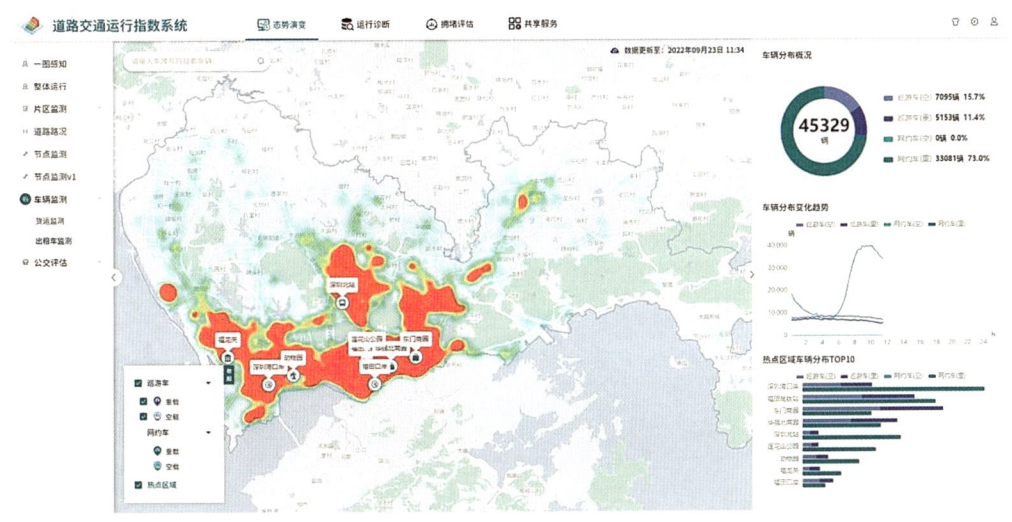

图 5-25　出租车监测页面

5.2.4.3　货运监测

货运监测主要聚焦物流园区周边货运车辆和货运通道流量的变化,实时监测货运车辆和通道运行状况,以热力图形式展现实时货运物流园区周边车辆聚集强度,以线条粗细展示货运通道流量的大小。同时,页面提供货运场站货车分布、货运通道流量排名等信息的查看,如图5-26所示。

图 5-26　货运监测页面

5.2.4.4　公交轨迹

公交轨迹以 GPS 数据为基础,展示各线路所有公交运营车辆的到站信息、公交线路出行时间分布,可提供对不同线路公交车辆到站间隔时间的分析,为公交线路问题识别以及优化调整等提供数据支持,如图5-27所示。

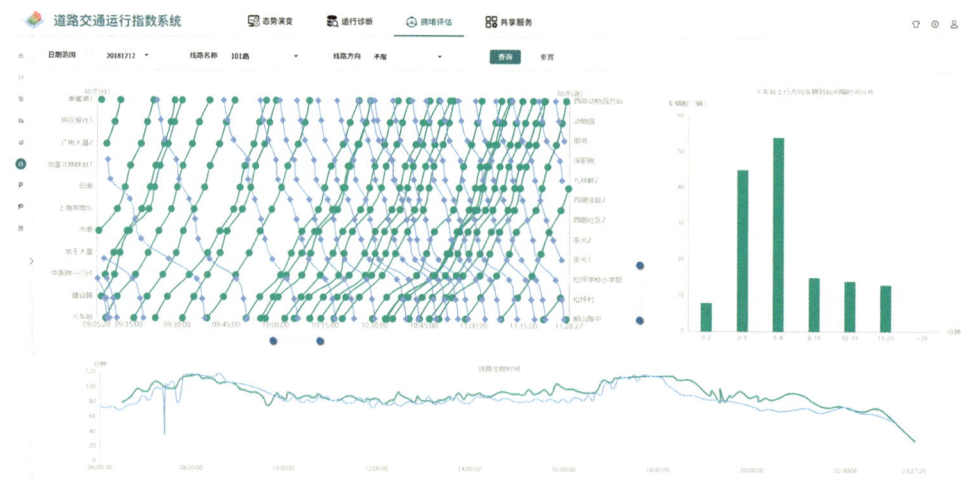

图 5-27　公交轨迹页面

5.2.4.5　车辆特征

车辆特征深度挖掘分析不同类型车辆运行特征,反映车辆日常运营情况,片区及兴趣点间的出行需求和街道出行热度差异,为出租车投放量控制和运营车辆调度管理提供依据,如图 5-28 所示。

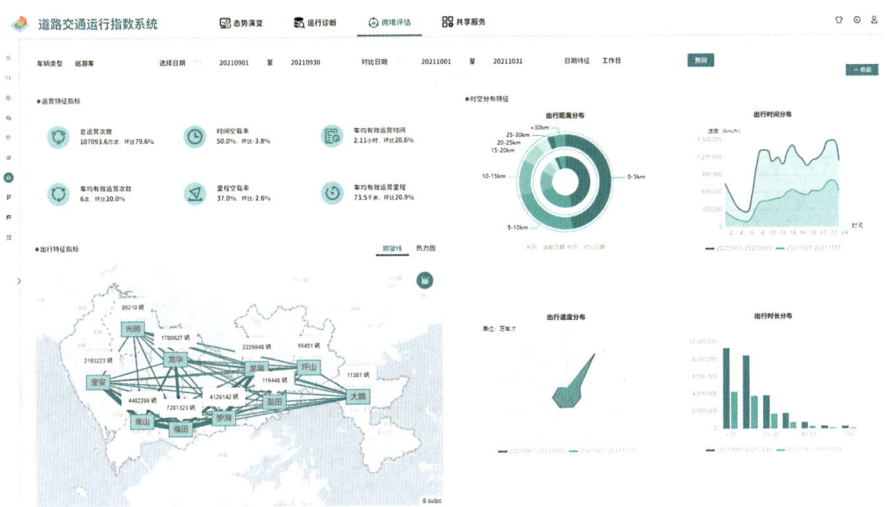

图 5-28　车辆特征页面

5.2.4.6　出行分布

出行分布支持用户根据需求查询车辆的出行量、出发量和到达量等运行分布状况。行政区维度是以五种粗细不同的线条表示行政区不同的出行、出发和到达量级,如图 5-29 所示。街道片区维度是以五种深浅不同的颜色表示街道片区不同的出行、出发和到达量级,如图 5-30 所示。热点区域维度以五种深浅不同的颜色表示热点区域到达不同区域的不同出行、出发和到达量级,如图 5-31 所示。

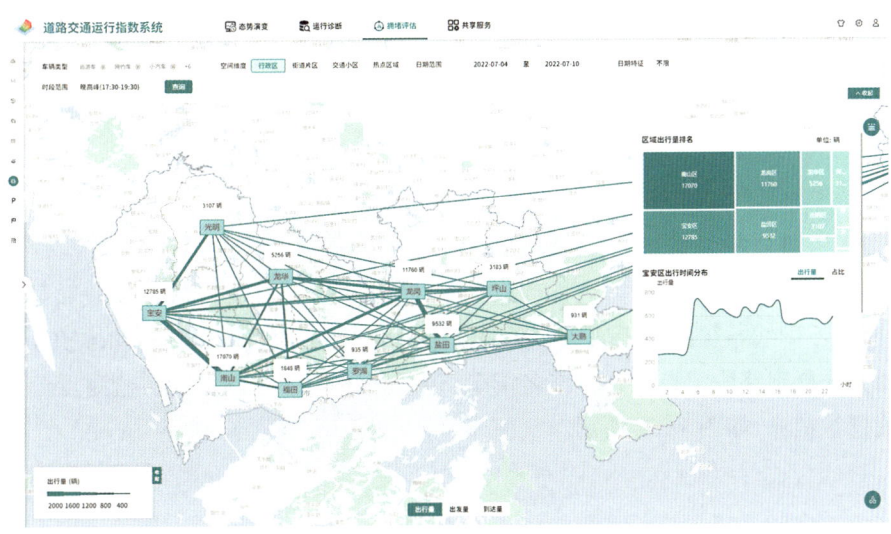

图 5-29　出行分布页面(行政区维度)

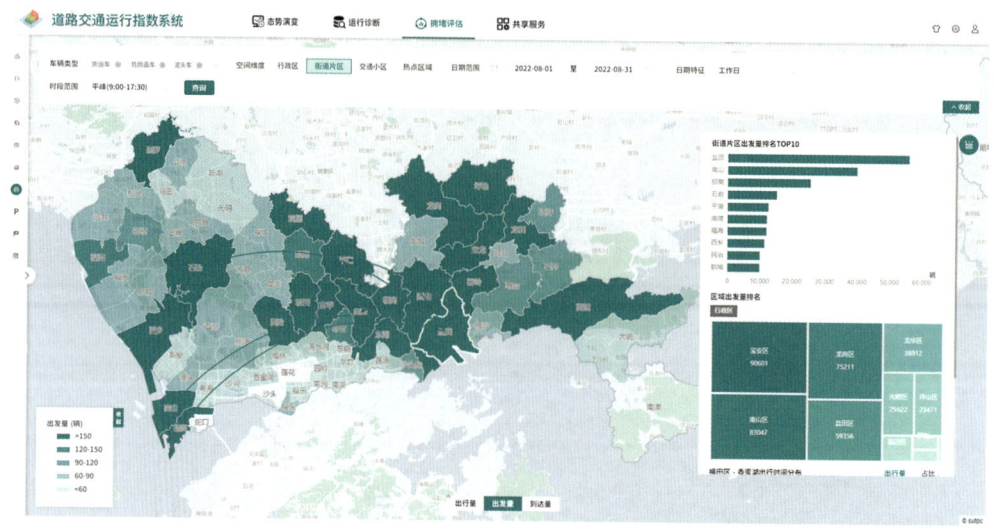

图 5-30　出行分布页面(街道片区维度)

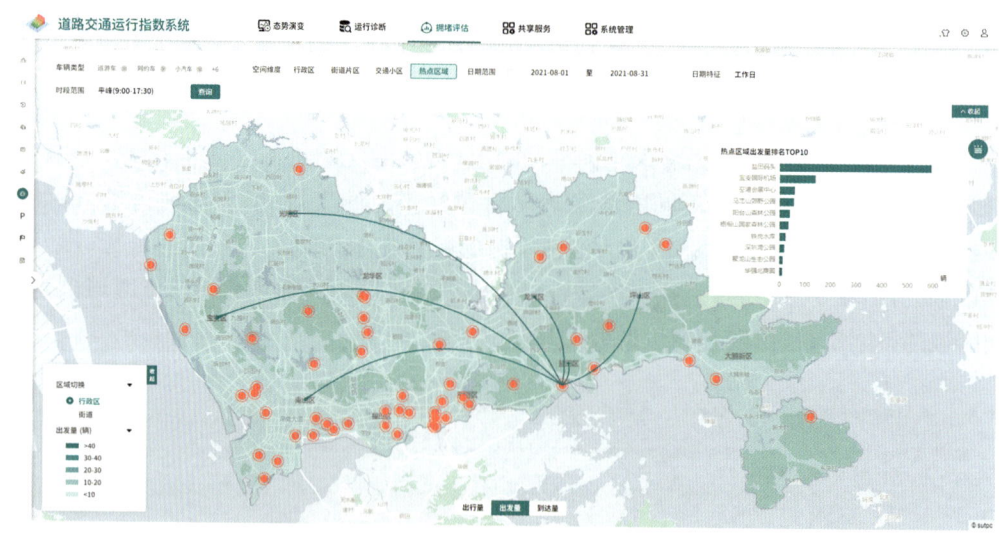

图 5-31　出行分布页面(热点区域维度)

5.2.4.7　流量分布

流量分布支持用户根据需求查询路段车流量分布情况,支持数据下载和导出。同时,页面以不同线条粗细表示通道不同的车流量大小,页面右侧以列表和堆积条形图相结合的方式展现路段车流量分布排名情况,包括路段名称、道路类型、监测点流量和通道车流量等信息,如图 5-32 所示。

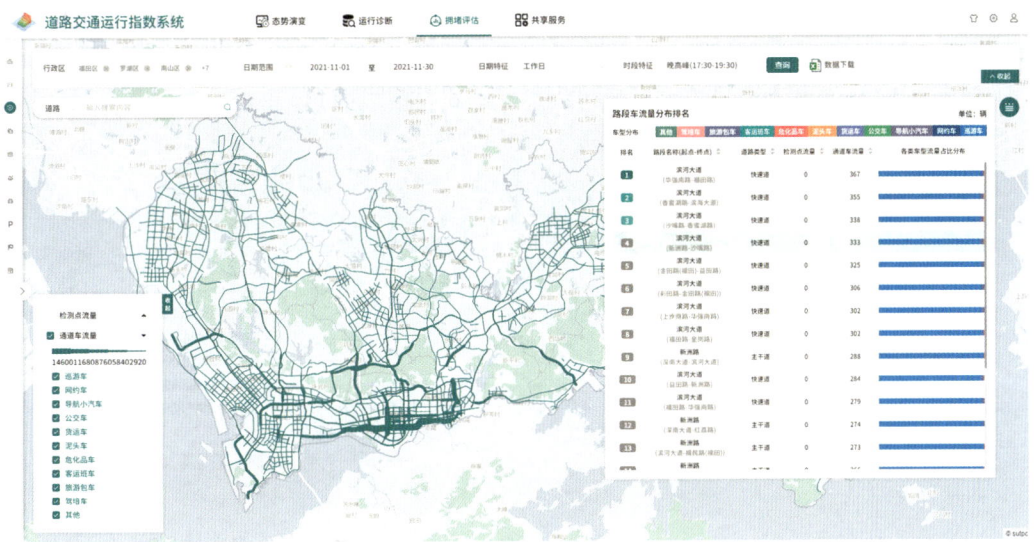

图 5-32 流量分布页面

5.2.5 专题应用场景研判

5.2.5.1 假日分析

假日分析主要供用户查询重大节日前后热点区域的交通拥堵情况。页面提供拥堵路段分布和排名信息，用户可根据需求选择不同年份、节假日、时间范围、道路类型以及热点类型进行查询，如图 5-33 所示。

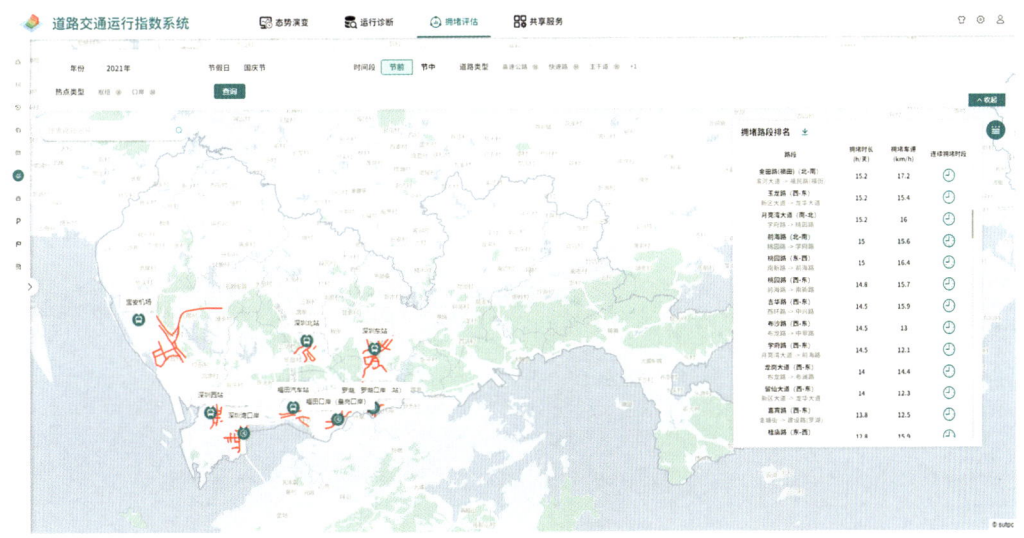

图 5-33 假日分析页面

5.2.5.2 停车路段

停车路段支持用户根据需求查询不同时间范围内区域停车收费路段的运行速度情况;通过不同颜色表示不同的交通运行状态。同时,提供区域停车收费路段平均速度和排名等信息,如图 5-34 所示。

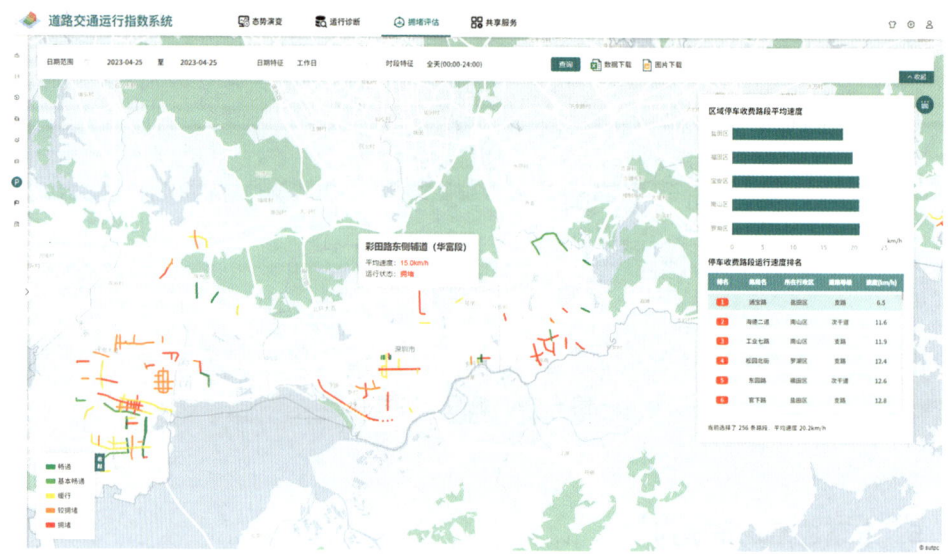

图 5-34 停车路段页面

5.2.5.3 重点区域

重点区域展示热点区域周边的实时交通运行情况,包括热点拥堵指数时变情况、关联路段运行情况及排名、停车场饱和度、人流量、营运车辆分布情况等,为重点区域的管理调度提供数据支撑,如图 5-35 所示。

图 5-35 重点区域页面

5.2.5.4 全景大交通

基于全景大交通栏目①需求搭建面向公众出行的全景大交通页面，支持栏目中实时交通运行情况播报，实现对全市实时拥堵预警情况推送，如图 5-36 所示。

图 5-36 全景大交通页面

5.2.5.5 辖区监测

辖区监测为全市不同行政区交通局的专题监测页面，支持各区的实时道路运行监测，提供区内道路交通运行预警详情，并提供重点区域周边的道路运行情况和运力分布等，如图 5-37 所示。

图 5-37 辖区监测页面

---

① 全景大交通栏目是深圳市广播电影电视集团推出的在移动电视频道为市民提供全方位直播交通资讯的电视直播节目。

5.2.6 历史数据查询与回溯

该功能通过地图可视化及统计图表对比,让用户更直观了解查询对象数据的时空分布特征,实现面向统计指标、空间条件、时间条件和统计方式的四类交叉查询体系的构建,支持按时间粒度展示历史路况回溯,满足用户多维查询要求。

(1) 统计指标

- 道路指标:交通指数、速度、速度比、流量、拥堵里程比例、拥堵里程、拥堵时空值、延误。
- 车辆指标:出行 OD 分布、出行量分布、出行速度分布、出行距离分布、出行时长分布、总出行次数、车均运营次数、车均运营里程、车均载客时间、时间空载率、空间空载率。

(2) 空间条件

- 市域层面:全市、中心城区、原特区外。
- 片区层面:11 个行政区、78 个街道、140 余个交通小区、230 余个热点区域。
- 道路层面:具体道路/路段、公交专用道、停车收费路段。
- 节点层面:具体断面、二线关口、交叉口节点。

(3) 时间条件

- 日期范围:年/月/日~年/月/日,支持快速选择昨天、上周、上个月、去年。
- 时段范围:全天、早高峰、晚高峰、高峰时段、自定义时段。
- 日期特征:所有、工作日、非工作日。
- 时间颗粒:5 min、15 min、30 min、1 h、日、月、年。
- 其 他:提供对比组功能。

(4) 统计方式

独立统计和聚合统计。

5.2.6.1 数据查询

数据查询满足用户不同层面的交通数据查询。同时,页面实现数据的时序演变规律可视化,支持相关历史数据的下载。页面主要包括市级查询、片区查询、道路查询、节点查询和公交查询等子页面。

1. 市级查询

市级查询提供全市层面不同日期、时段内不同指标的数据查询及下载导出。用户可根据需求选择不同的指标、道路等级、查询范围、日期范围、时段特征、日期特征以及时间颗粒度等,如图 5-38 所示。

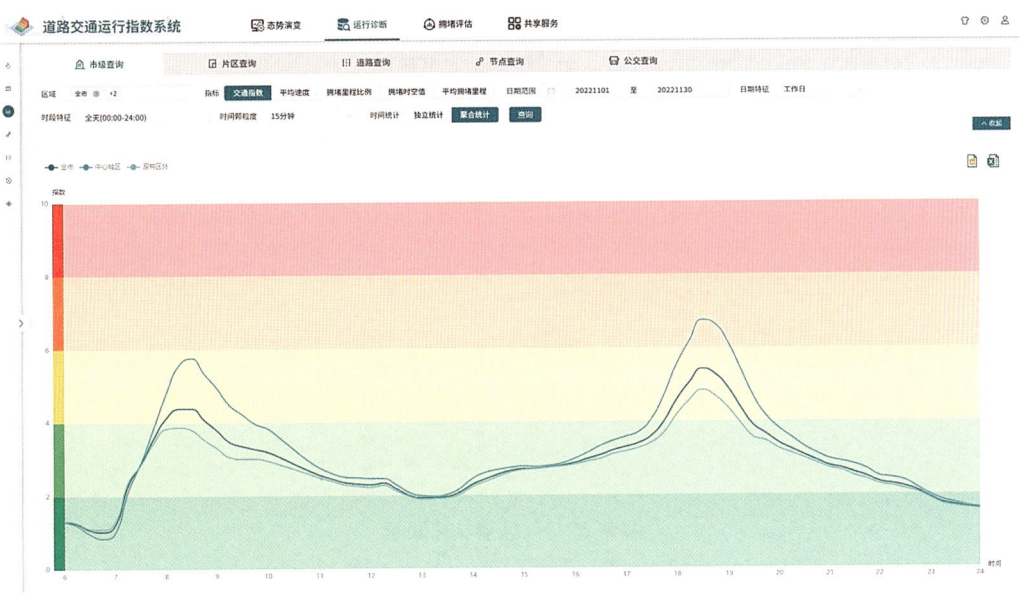

图 5-38　市级查询子页面

（1）指标包括"交通指数""平均速度""拥堵里程比例""拥堵时空值"和"平均拥堵里程"。若用户选择除"交通指数"以外的其他四个指标，系统将新增"道路等级"的查询条件，供用户对不同等级的道路进行筛选查询。

（2）道路等级包括"高速公路""快速路""主干路""次干路"和"支路"。

（3）查询范围包括"全市""中心城区"和"原特区外"。

（4）日期范围包括"今天""昨天""上一周""上个月""去年"和"自定义日期"。

（5）时段特征包括"早高峰""晚高峰""平峰""高峰时段""全天"和"自定义时段"。

（6）日期特征包括"工作日""非工作日"和"不限"，系统支持根据所选日期范围自动识别其日期特征。

（7）时间颗粒度包括"5 min""15 min""30 min""时""日""月"和"年"。若用户选择的时间颗粒度为"日"以下，系统将新增"时间统计"的查询条件，供用户选择"独立统计"和"聚合统计"两种方式。

2. 片区查询

片区查询提供面向不同区域维度的交通信息查询、下载导出以及可视化界面浏览等功能。用户可根据需求选择不同的区域维度、具体区域、指标、道路等级、日期范围、时段特征、日期特征以及时间颗粒度，如图 5-39 所示。

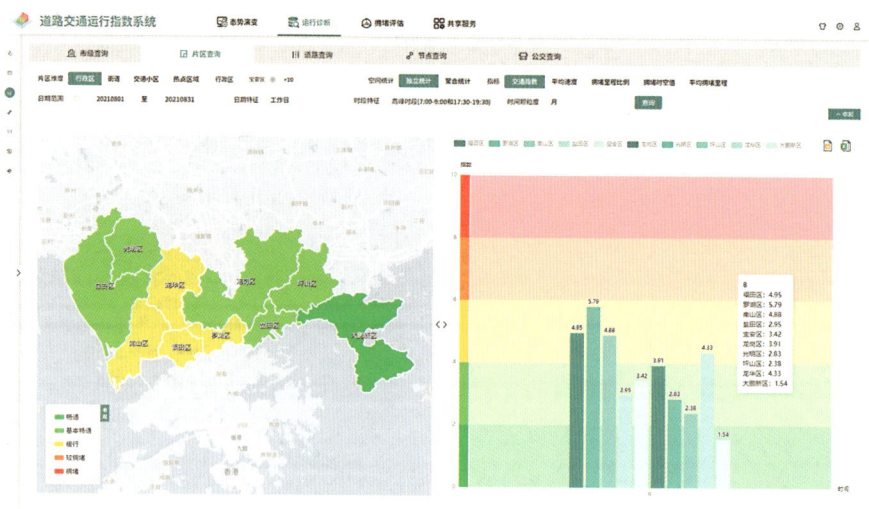

图 5-39　片区查询子页面

（1）区域维度包括"行政区""街道""交通小区"和"热点区域"。

（2）指标包括"交通指数""平均速度""拥堵里程比例""拥堵时空值"和"平均拥堵里程"。若用户选择热点区域的区域维度，查询指标包括"交通指数"和"平均速度"两项；若用户同时选择"行政区"区域维度和除"交通指数"以外的其他四个指标，系统将新增"道路等级"的查询条件，供用户对不同等级的道路进行筛选查询。

3. 道路查询

道路查询提供面向道路、路段不同道路维度的交通信息查询、下载导出以及可视化界面浏览等功能。用户可根据需求选择不同的道路维度、道路等级、目标道路、查询指标、日期范围、时段特征、日期特征以及时间颗粒度，如图 5-40 所示。

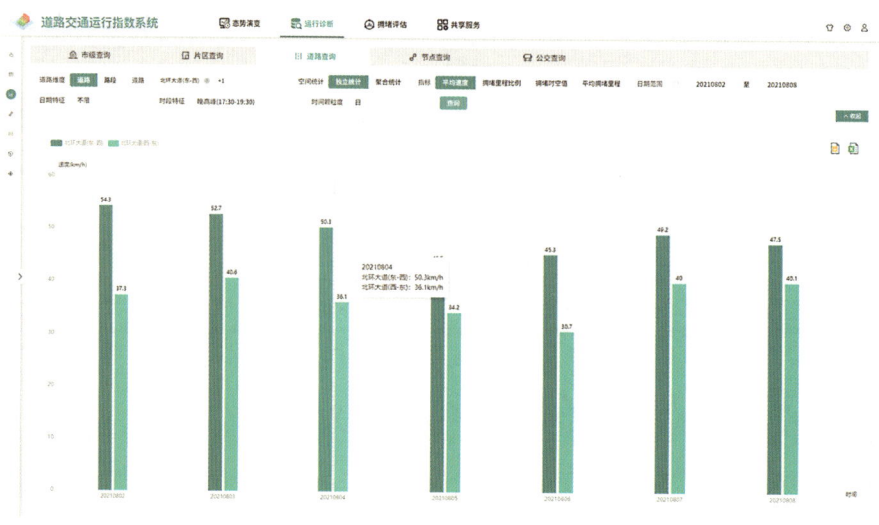

图 5-40　道路查询子页面

(1) 道路维度包括"道路"和"路段"。若用户选择"路段",查询指标条件将减少至"平均速度"一项。

(2) 查询指标包括"平均速度""拥堵里程比例""拥堵时空值"和"平均拥堵里程"。

(3) 道路等级包括"高速公路""快速路""主干路""次干路"和"支路"。

4. 节点查询

节点查询提供节点层面不同日期、时段内延误指标的交通信息查询及下载导出等功能。用户可根据需求选择不同的节点维度、日期范围、时段特征、日期特征以及时间颗粒度,如图 5-41 所示。其中,节点维度包括"道路断面"和"交叉口"。

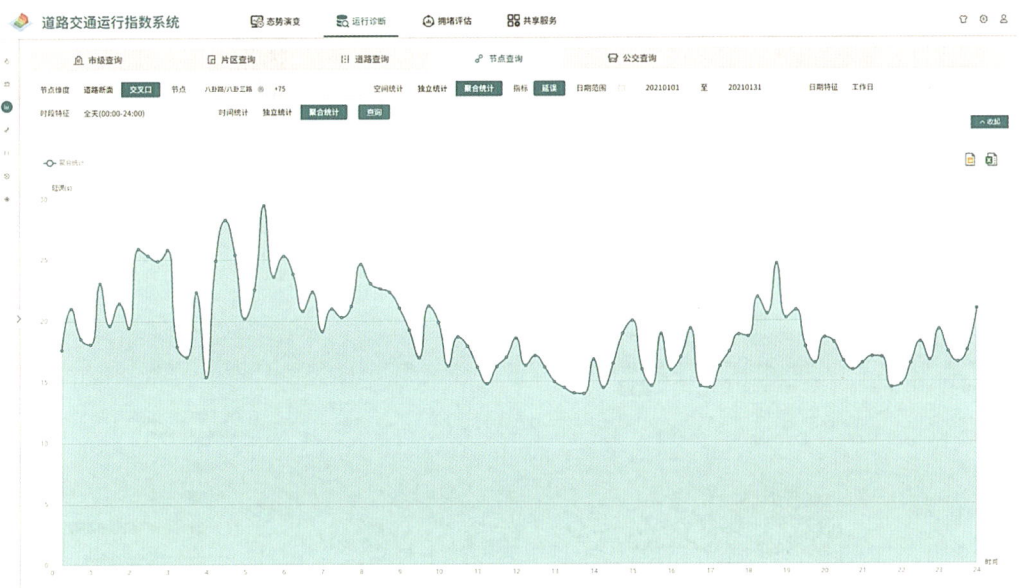

图 5-41 节点查询子页面

5. 公交查询

公交查询提供面向市级、行政区、街道、交通小区和公交专用道等不同区域维度的交通信息查询及下载导出功能。用户可根据需求选择不同区域维度、统计范围、查询指标、查询范围、日期范围、时段特征、日期特征以及时间颗粒度。其中,区域维度包括市级、行政区、街道、交通小区和专用道。若用户选择"专用道",系统将减少"统计范围"的查询条件,如图 5-42 所示。此外,用户可以仅查询公交专用道或所有道路的公交运行指标结果

5.2.6.2 回溯演变

回溯演变可回溯查看不同区域范围的交通运行状态;支持对道路运行状态的演变回溯,如图 5-43 所示。

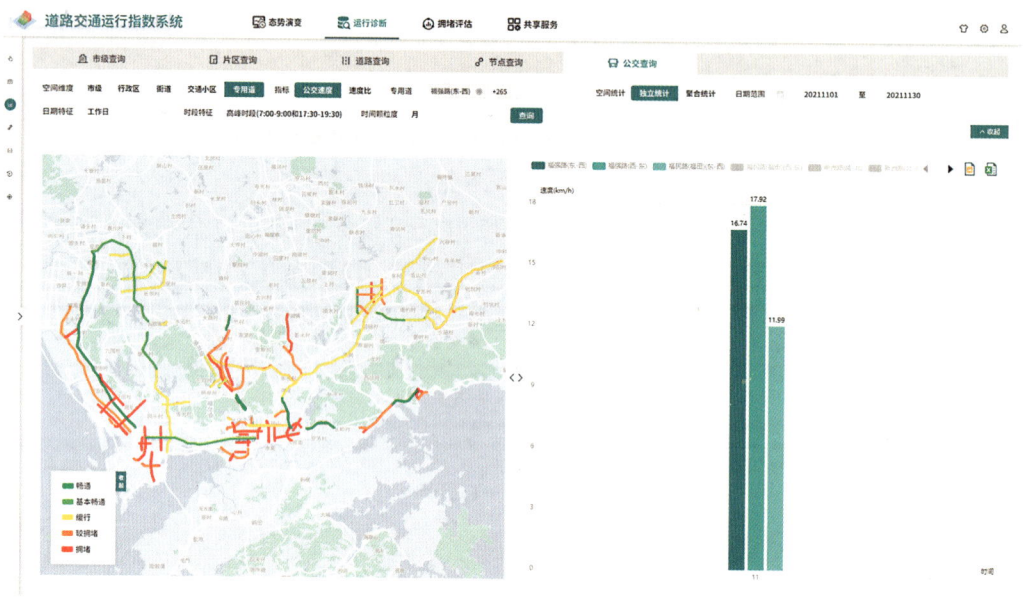

图 5-42 公交查询子页面

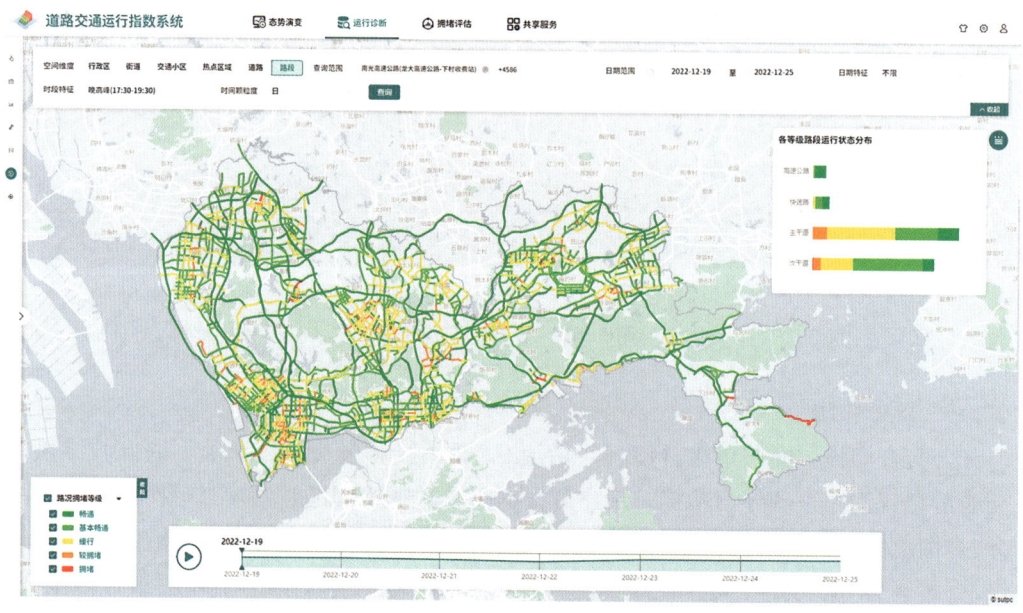

图 5-43 回溯演变页面

5.2.7 自动化、专业评估报告

5.2.7.1 全市报告

全市报告提供全市范围的交通运行监测报告,用户可根据需求选择不同的模板和

日期范围以生成报告。模板包括"监测月报"和"监测周报"。同时,该页面支持 Word 格式的报告下载,支持二次编辑,如图 5-44 所示。

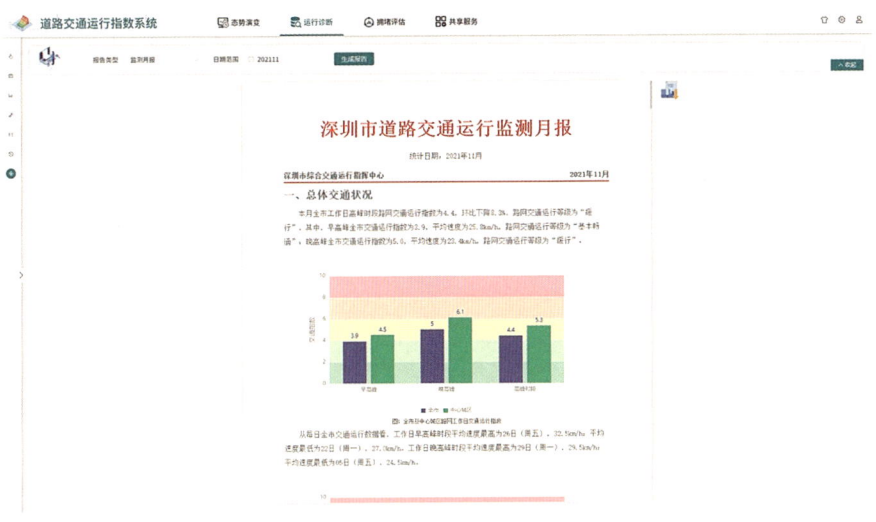

图 5-44　全市报告页面

5.2.7.2　区域报告

区域报告面向各行政区提供各区交通运行监测报告,用户可根据需求选择不同的模板、行政区域、日期范围并生成报告。同时,该页面支持 Word 格式的报告下载,支持二次编辑,如图 5-45 所示。

图 5-45　区域报告页面

5.2.7.3　组合报告

组合报告提供多种分析模板,用户通过拖动对应报告模块,快速组合生成报告,支持自定义区域和时段的设置和报告预览,实现多种专题报告快速输出,支持输出报告的二次编辑,如图 5-46 所示。

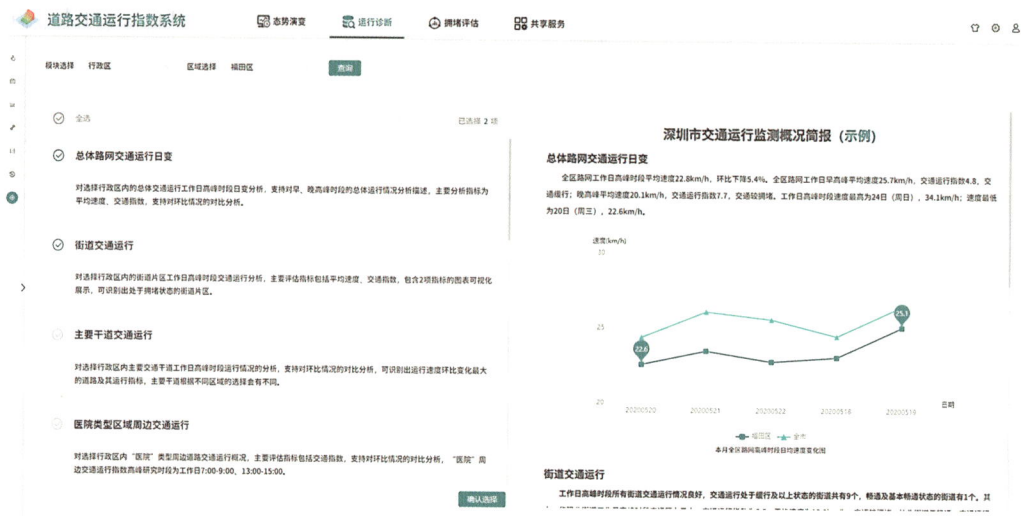

图 5-46　组合报告页面

5.2.7.4　专题报告

专题报告主要用于专题分析报告的上传和管理。具备报告上传权限的用户可以导入编制好的专题报告,并录入报告的名称、来源和类型等,便于查询和管理。用户可对报告进行在线浏览、查询及下载,如图 5-47 所示。

图 5-47　专题报告页面

5.3 公众版交通指数网站

公众版交通指数网站旨在为公众提供便捷的道路交通路况查询入口,公众通过访问交通指数网站,能够方便地查询和了解到整个城市、局部片区及道路等不同范围的道路运行指数,利用实时的"五色"交通指数,学会"察'颜'观色",在出行前能够科学选择出行时间、出行方式和出行路径,提高出行效率。

公众版交通指数网站为市民开放四个版块,分别是全市概况、街道片区、道路路况和指数解读(图 5-48~图 5-51)。从全市层面、片区层面到道路层面逐层展示各层级的实时交通运行状况。

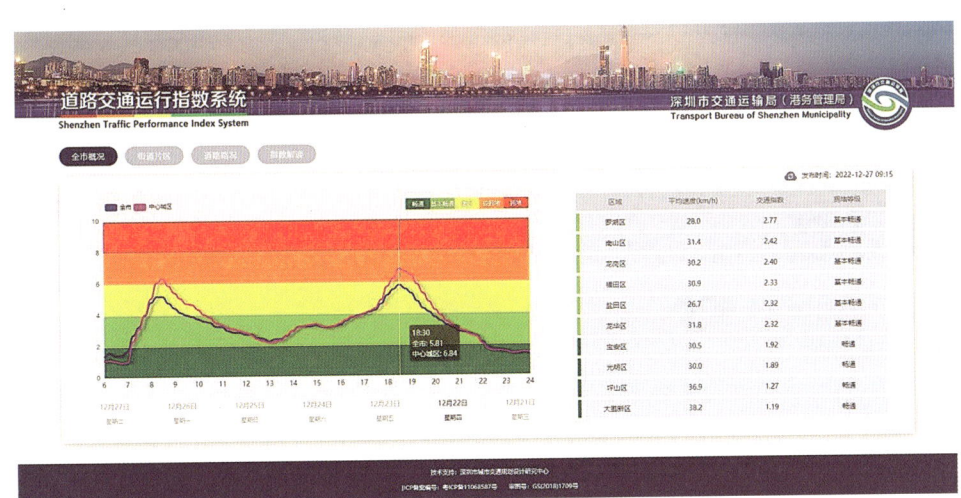

图 5-48　全市概况页面

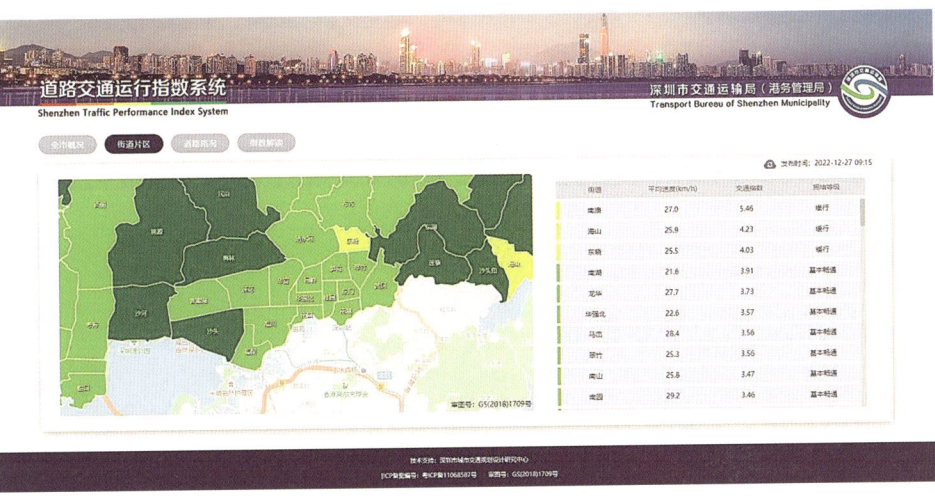

图 5-49　街道片区页面

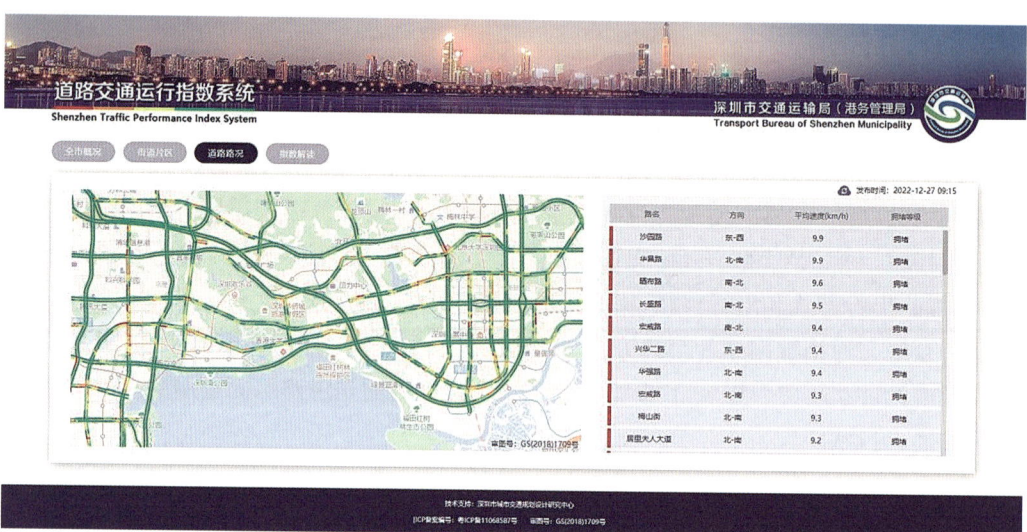

图 5-50　道路路况页面

图 5-51　指数解读页面

5.4　移动端"掌上交通指数"

5.4.1　运行感知

通过对全市不同层面运行状况的分层展示,支持用户对"总体—区域—路段"交通运行情况的总体感知。

运行感知以指标形式展示全市总体运行情况概览,以指数曲线形式展示全市、中心城区的交通指数变化,以统计图展示全市各行政区的实时运行概况,以及对全市各街道的运行情况实时监测等,如图 5-52 所示。

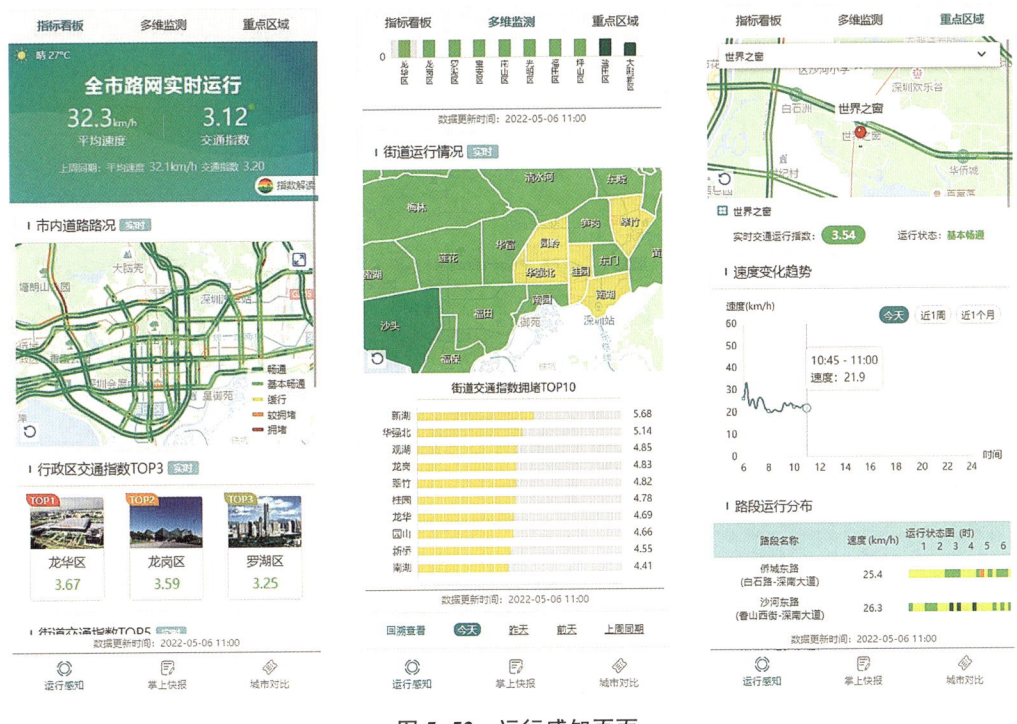

图 5-52 运行感知页面

5.4.2 掌上快报

掌上快报通过简易移动报表的形式,展示昨日、上周或其他用户自定义日期的全市、片区、道路等不同维度的交通运行情况简报,支持上传及查看定制报告,支持运行快报的微信分享,如图 5-53 所示。

5.4.3 个性体验

个性体验提供停车查询、路况校核等功能,为用户提供专业的出行信息查询和系统路况校核工具,如图 5-54 所示。

停车查询功能为用户提供周边 500 m 范围内的停车场分布,展示实时饱和度情况,针对选择的目标停车场,展示停车场实时剩余车位数、总车位数信息。

路况校核功能用以辅助系统随时随地校核路况,用户在实地使用过程中,可以基于当前的路况核查系统路况。该页面提供系统路况图、地图图商路况截图,用户可拍照上传实际路况,并对比地图图商路况及系统的路况信息(畅通、缓行、拥堵)情况,评估路况准确性。该页面采集结果用于系统持续的路况精度校核并进行算法迭代优化。

城市道路交通运行指数系统创新实践

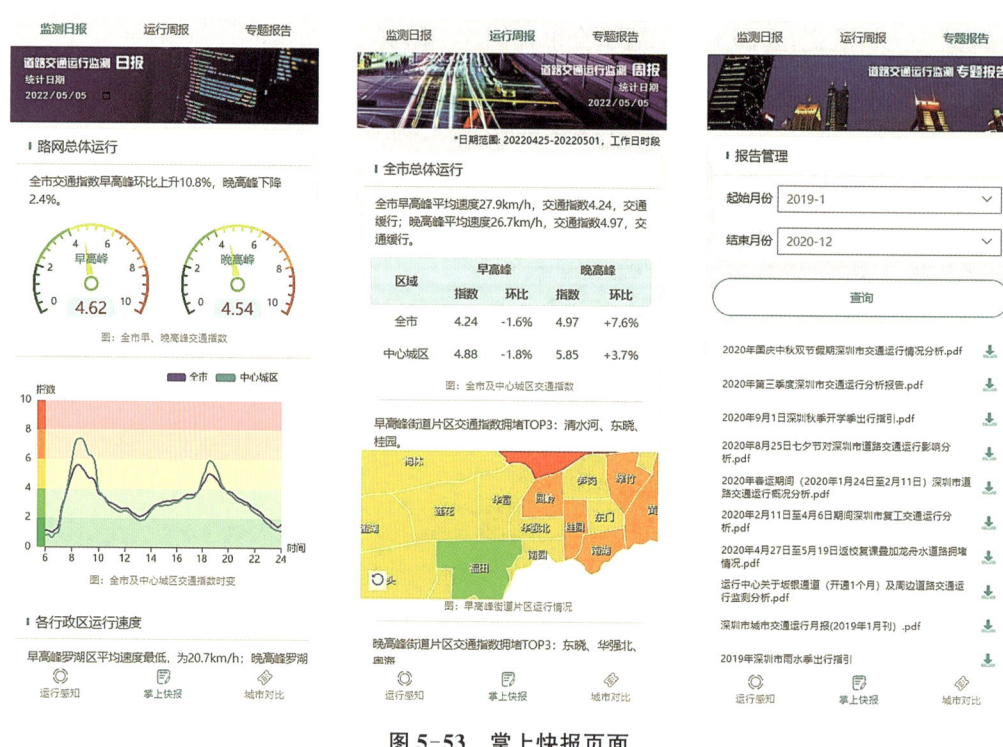

图 5-53　掌上快报页面

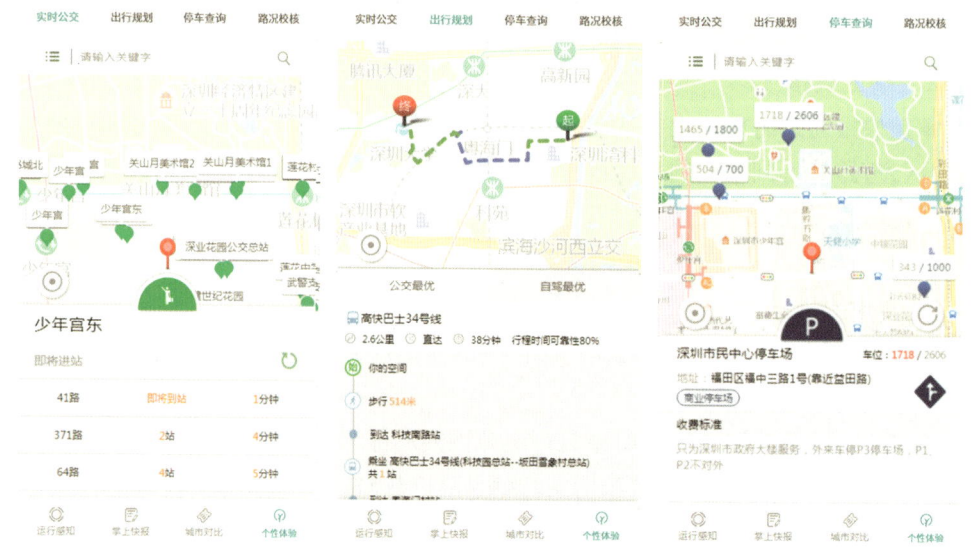

图 5-54　个性体验页面

5.5 监测预警大屏系统

监测预警大屏系统从日常监测、应急指挥调度、接待演示等场景出发,构建的大屏展示页面主要包括四个部分内容,即全市和中心城区指数、全市交通小区路况、行政区指数速度和交通小区指数速度。全市-面层的交通运行状况可视化展示方便用户第一时间掌握全市交通运行整体情况,聚焦不同行政区道路交通运行状况,如图 5-55 所示。

主页面以动态 3D 效果展示全市各行政区的主要通道实时交通路况信息,定时跳转展示各行政区的路况,实现动态切换的效果,鼠标点击左下角的行政图图标即可展示对应行政区的路况,右下角页面展示对应行政区的实时交通指数曲线变化图。除了展示实时交通路况信息,页面还以列表形式展示全市重点路段速度信息,包括路名及方向、平均速度、拥堵等级等。演示页面展示全市不同实时数据的采集量,包括出租车、地图导航、公交车、货车、停车监控及地磁流量等信息。

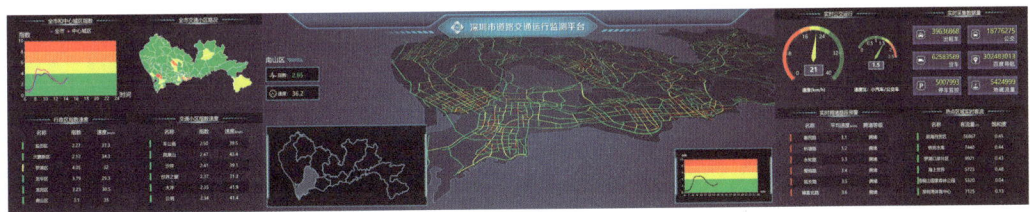

图 5-55　监测预警大屏系统页面展示

6 典型应用场景及案例

6.1 把握道路运行演变态势
6.2 支撑交通规划管理决策
6.3 支撑交通综合治理应用
6.4 支撑道路交通影响评估
6.5 支撑公众交通出行服务
6.6 支撑跨部门应用与共享

深圳市依托交通大数据的融合与挖掘,建立了覆盖全市域的交通指数系统,并在多年的城市交通综合治理中提供了诸多卓有成效的应用,为改进交通规划提供技术支持、决策支撑,有效增强交通决策管理方法、提升交通信息化服务水平,为近年深圳市城市交通发展发挥了重要作用。

6.1 把握道路运行演变态势

深圳交通指数系统通过构建面向城市交通全方位、多层次运行感知的监测体系,直观展示城市、中心城区、片区、道路和节点等不同空间维度,以及过去、现在及未来等不同时间维度的道路交通运行态势监测与研究,实现城市交通运行状况的常态化监测和分析评估。通过定期报告、专门网站资讯等形式,支持城市道路交通运行评估和发布工作,为政府决策、技术分析提供数据支撑,如图 6-1 所示。

图 6-1 系统提供综合交通年度、月度报告等数据支撑

通过长期持续的动态监测(图 6-2),实现交通运行拥堵的强度、持续时长等特征剖析,推动交通管理部门及时采取交通设施改善、交通管理改善等措施,提高交通管理现代化水平。

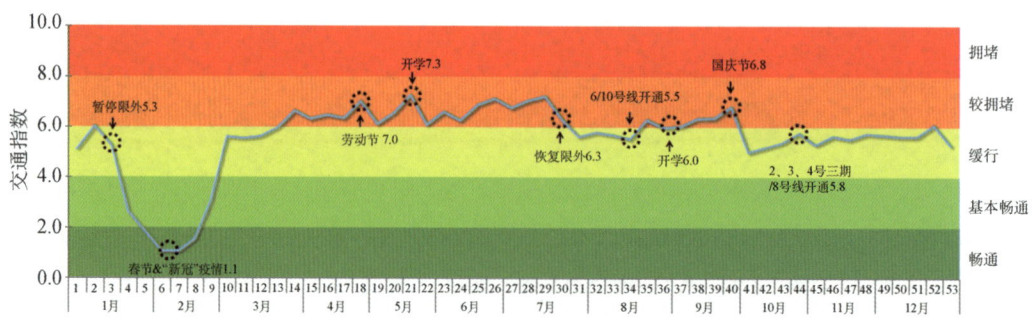

图 6-2 2020 年深圳市中心城区高峰时段交通指数周变图

以 2021 年深圳市道路交通运行评估为例。2021 年[①],深圳市工作日高峰时段道路交通指数为 4.3,同比 2020 年同期上升 2.4%,交通运行处于"缓行"等级,平均运行速度为 25.1 km/h,同比下降 2.0%。2021 年 10 月为 2021 年交通运行"最堵"月份,10 月早高峰交通指数 4.3,环比 9 月上升 4.1%;晚高峰交通指数 5.6,环比 9 月上升 0.9%,如图 6-3 所示。

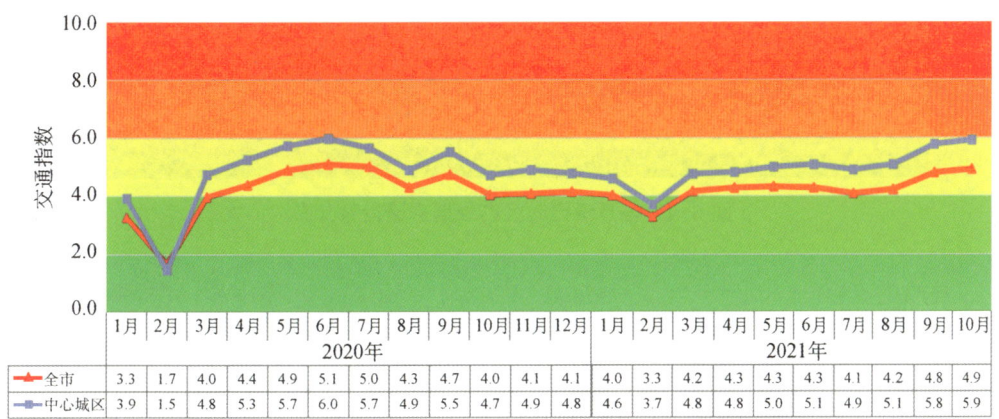

图 6-3 2020—2021 年全市、中心城区工作日高峰时段交通指数月度变化

受新冠疫情影响,2020 年延迟到 7 月才恢复"限外"措施,而 2021 年 3 月起"限外"措施恢复(2021 年"春运"期间,深圳市暂时取消限外),3 月—6 月高峰时段交通指数较 2020 年同期有所下降。2020 年 8 月,开通 6 号线、10 号线,10 月开通多条地铁延长线[②],一定程度缓解了路面的交通拥堵,交通指数呈下降趋势。2021 年下半年,受道路施工工期加急,新能源汽车数量快速增长(截至 2021 年 10 月,新能源汽车保有量已突破 50 万辆,2021 年新增注册量超过 12 万,远超往年)等多种因素影响,2021 年 7 月以来,全市高峰时段交通指数逐月上升。

从图 6-4 所示的各月份行政区高峰期交通指数分布可看出,2021 年下半年,交通指数呈逐月上升趋势,罗湖、南山、福田三区交通拥堵排名位居前三。2021 年 10 月,罗湖区、南山区和福田区的交通指数分别为 6.6、5.7 和 5.7,拥堵等级分别处于"较拥堵""缓行"和"缓行",如图 6-5 所示。

---

① 统计时间为 2021 年 1 月 1 日—2021 年 10 月 31 日工作日高峰时段(包含早、晚高峰,其中,早高峰为 7:00—9:00,晚高峰为 17:30—19:30)。

② 2020 年 8 月 18 日地铁 6 号线和 10 号线开通,2020 年 10 月 28 日地铁 2 号线(三期)、3 号线(三期)、8 号线和 4 号线(三期)四线开通。

	1月	2月	3月	4月	5月	6月	7月	8月	9月	10月
罗湖区	5.0	4.1	5.5	5.6	5.7	5.8	5.6	5.8	6.7	6.6
南山区	4.6	3.5	4.6	4.7	4.9	5.1	4.7	4.9	5.6	5.7
福田区	4.4	3.7	4.6	4.6	4.7	4.8	4.8	5.0	5.5	5.7
龙华区	4.0	3.3	4.2	4.4	4.4	4.3	4.2	4.3	4.9	5.0
龙岗区	3.8	3.0	3.8	3.8	3.9	4.0	3.7	3.9	4.6	4.6
宝安区	3.5	2.8	3.6	3.8	3.6	3.5	3.2	3.4	4.0	4.1
盐田区	3.1	2.0	2.1	2.1	2.3	2.7	2.8	3.0	3.1	3.3
光明区	3.0	2.5	2.8	2.9	2.9	2.9	2.8	2.8	3.1	3.1
坪山区	2.3	2.1	2.4	2.5	2.6	2.7	2.6	2.4	2.7	2.8
大鹏新区	1.6	1.4	1.5	1.5	1.5	1.6	1.4	1.5	1.7	1.7

图 6-4 各月份行政区高峰期交通指数分布

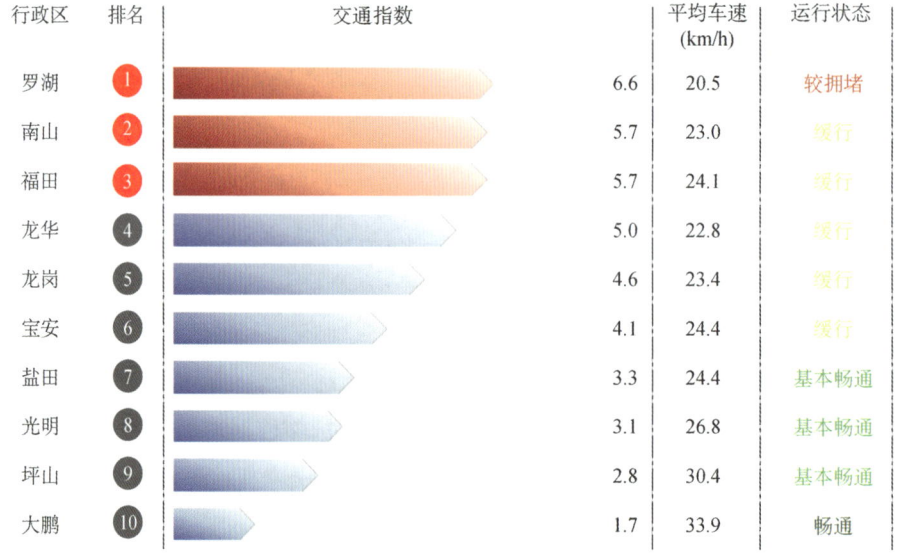

图 6-5 各行政区高峰期运行状况排名

2021年10月,全市高峰时段各街道片区运行状态分布如图6-6所示,拥堵片区仍以中心城区(福田区、罗湖区、南山区)为主,外围区域有龙岗区布吉街道和龙华区龙华街道。全市高峰时段各街道片区运行情况排名前三位的是东晓街道(罗湖区)、桂园街道(罗湖区)、华强北街道(福田区),交通指数分别为8.1、8.0和7.5,如图6-7所示。

基于全市主干路以上(包括高速公路、快速路、主干道)等级的路段,分析工作日高峰时段的拥堵路段特征,如图6-8、图6-9所示。

6 ■ 典型应用场景及案例

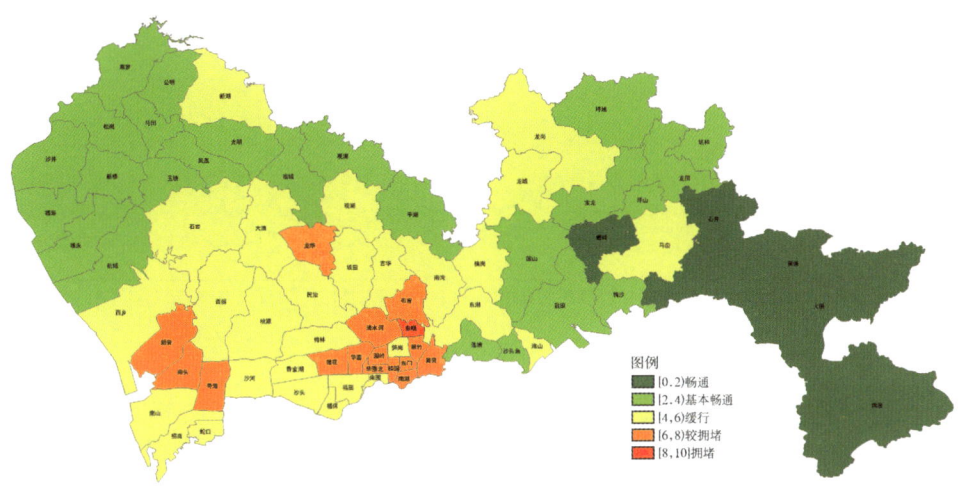

图 6-6　全市各街道片区高峰期运行状态分布示意

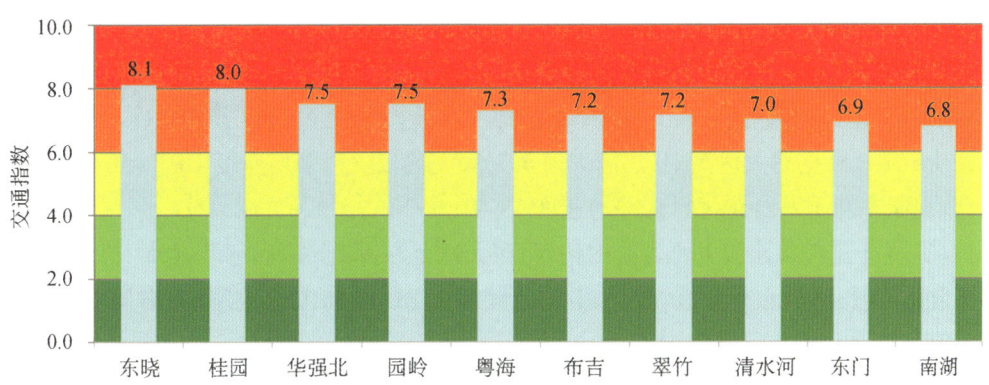

图 6-7　全市各街道片区高峰期拥堵运行状况 TOP10

图 6-8　工作日高峰期全市拥堵路段分布情况

167

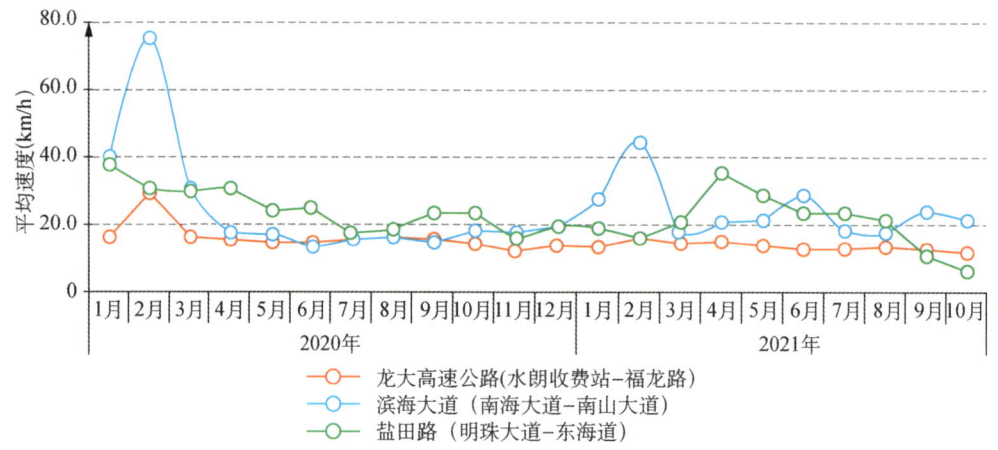

图 6-9　各等级道路最拥堵路段平均速度月度曲线变化

（1）高速公路拥堵路段主要集中在龙大高速公路(水朗收费站至福龙路,南行,平均速度 21.5 km/h)、机荷高速公路(福民收费站至清湖立交,东行,平均速度 24.7 km/h)、龙大高速公路(石龙仔收费站至水朗收费站,南行,平均速度 24.8 km/h)等路段。

（2）快速路拥堵主要集中在滨海大道(南海大道至南山大道,西行,平均速度 11.8 km/h)、月亮湾大道高架(妈湾大道至兴海大道,北行,平均速度 18.2 km/h)、泥岗西路(泥岗东路至八卦路,西行,平均速度 19.7 km/h)；

（3）主干道拥堵路段主要为盐田路(明珠大道至东海道,东行,平均速度 6.9 km/h)、科苑北路(朗山路至北环大道,南行,平均速度 8.1 km/h)和工业一路(望海路至南海大道,西行,平均速度 8.7 km/h)。

6.2　支撑交通规划管理决策

依托交通指数系统,通过融合多源数据分析,以交通拥堵为切入点,聚焦场景,为停车收费政策评估、公交专用道效果评估、道路限速管控措施、重要通道开通评估、轨道开通影响评估以及预约通行政策评估等城市重要交通规划及管理决策提供支撑。

6.2.1　停车收费政策评估

2015 年 4 月 30 日 0 时起,深圳市路边停车收费实施新的优化政策[①],系统通过建立收费方案与交通指数的相关关系,提供停车收费路段分析的功能设计,实现对不同空间维度、不同时间维度下的交通运行监测,支持对停车收费政策的影响评估与收费方案的

---

① 2015 年 4 月 30 日 0 时深圳市路边停车收费政策,主要调整内容为:免费停车收费时长由 5 min 延长为 10 min,夜间停车免费时段由 21:00—次日 7:30 调整为 20:00—次日 7:30。

动态调整(图 6-10)。

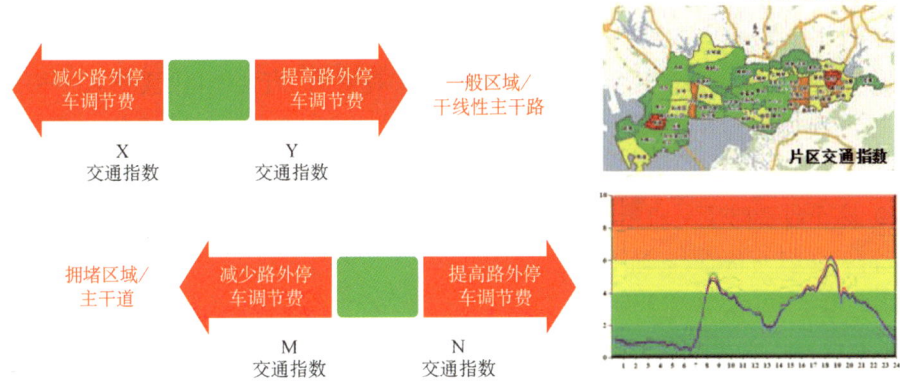

图 6-10 路边停车收费动态调节机制

基于对道路运行的长期实时跟踪,从系统中选取 2015 年第 42 周(2015 年 10 月 9 日—10 月 15 日)作为实施停车收费政策调整后的对照,发现第 42 周关内停车收费路段收费时段平均速度 19.8 km/h,环比下降 2.5%,与实施前(平均速度 19.1 km/h)相比上升 3.7%。

2015 年 1—6 月停车收费路段平均速度与实施前相比的周变化情况如图 6-11 所示。

图 6-11 2015 年 1—6 月停车收费路段平均速度与实施前相比的周变化情况

(1) 路边停车收费政策对各行政区交通运行影响情况。与实施政策前对比,深圳市各个辖区运行速度均呈上升趋势,其中,盐田区、南山区、福田区三区收费时段平均速度位居前三,平均运行速度分别为 22.9 km/h、21.5 km/h 和 19.4 km/h,较实施前分别上升 23.6%、12.9% 和 9.4%,罗湖区运行速度最低,为 19.3 km/h,与实施前相比上升 14.9%。

(2) 路边停车收费片区交通运行情况。与实施政策前对比,67 个片区中有 51 个片区的路网平均运行速度有所上升,占比 76.1%;16 个片区路网平均速度有所下降,占比 23.9%。其中,罗湖区笋岗片区(梨园路)、福田区香蜜南、梅林坳(中康路)、上梅林(广厦路)三个片区,南山区后海片区(龙城路),平均运行速度上升比例排名前五,分别为 32.8%、18.9%、14.6%、13.2%和 12.4%。

(3) 停车收费路段交通运行情况。与实施政策前对比,270 条路段中有 146 条路段交通运行处于畅通状态,畅通道路数量增加 19.7%(实施前有 122 条),速度环比上升的路段有 90 条。其中,罗湖区洪湖东路、福田区竹子林二路、同心路、福华四路、福荣路辅道平均运行速度上升比例排名前五,分别为 142.7%、138.7%、138.2%、125.8%和 120.4%。

6.2.2 公交专用道效果评估

系统支持公交运行评估功能,通过跟踪小汽车与公交车运行服务水平,提供横向、纵向的对比,支持多维度的交叉分析。以新彩通道公交专用道为例,阐述公交专用道效果评估的应用。

深圳市新彩通道位置如图 6-12 所示。道路外侧设置了公交专用道,两个方向的实施时段均为全天 24 h。

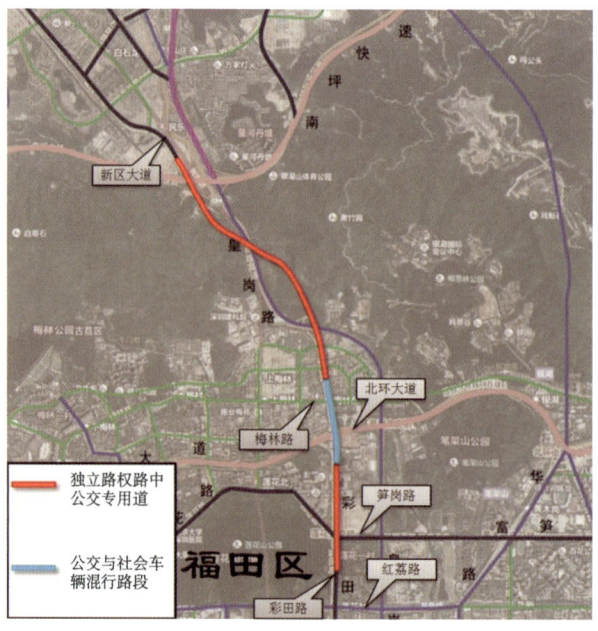

图 6-12 新彩通道位置

工作日新彩通道双向全天候小汽车和公交车速度的对比曲线(图6-13、图6-14)显示,进城(南行)方向的早高峰公交车,速度远比小汽车高;出城方向(北行)全天公交车速度均低于小汽车,但晚高峰时速度差有所减小。结合道路运行特征数据分析得知,通道拥堵瓶颈点位于新彩隧道南面的彩田路,设置公交专用道对公交服务水平提升具有明显作用,而其他时段作用并不明显。对公交专用道的优化有效缓解了梅林路区域的高峰时段运行压力。

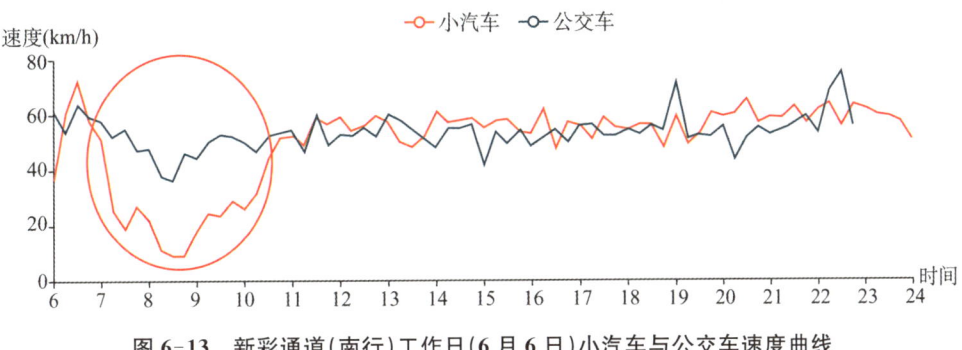

图6-13 新彩通道(南行)工作日(6月6日)小汽车与公交车速度曲线

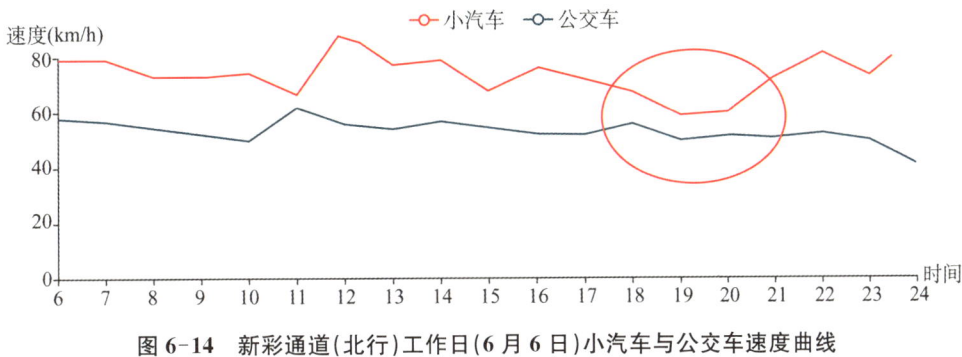

图6-14 新彩通道(北行)工作日(6月6日)小汽车与公交车速度曲线

6.2.3 道路限速管控措施

2017年9月1日起,深盐二通道(罗沙路—盐坝高速收费站,图6-15)间的夹门山1～3号隧道、正坑隧道、田东隧道和林场隧道的道路限速值由60 km/h调整至80 km/h。基于深盐二通道交通运行情况变化曲线(图6-16)分析可知,调整后,9—10月的道路整体和局部各区段的运行速度均有所上升,其中,全路段全天平均运行速度环比限速调整上升11.87%,同比2016年上升1.6%;局部隧道段速度同比上升2.37%,环比上升11%。

深盐二通道未调整限速前隧道段和其上下游路段限速不一致,对整体交通运行造成一定影响,因此,将深盐二通道进行分段分析,深盐二通道限速提升前后工作日不同区段平均速度情况如表6-1所示。从表中可见,三个路段的平均运行速度9—10月同

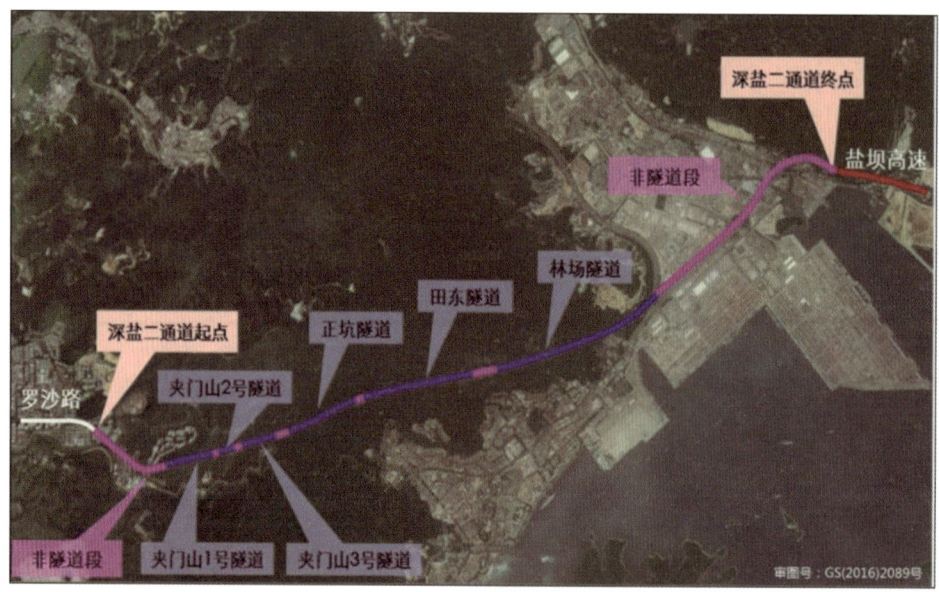

图 6-15 深盐二通道提速研究范围

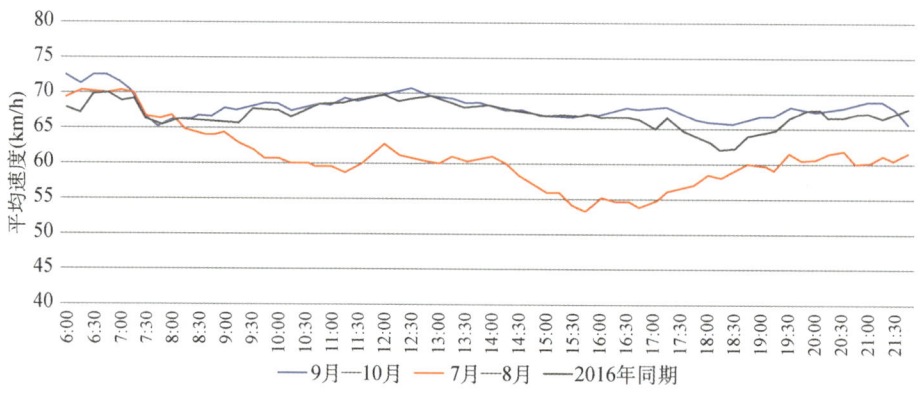

图 6-16 深盐二通道交通运行情况变化曲线(整段)

比 2016 年、环比 7—8 月工作日均有所上升,且环比上升幅度较大。隧道段和东侧非隧道段的速度较 7—8 月提升幅度超过 10%,东侧的非隧道段涨幅最大,速度较 7—8 月提升了 8 km/h,涨幅为 13.84%。

表 6-1 深盐二通道限速提升前后工作日不同区段平均速度(km/h)情况

路段名称	9—10 月	7—8 月	环 比	2016 年 9—10 月	同 比
起点段(西侧非隧道段)	59.5	55.6	7.06%	56.5	5.35%
中间段(隧道段)	69.9	63.0	11.03%	68.3	2.37%
终点段(东侧非隧道段)	68.8	60.4	13.84%	68.9	-0.20%

6.2.4 重要通道开通评估

图6-17所示为深圳市坂银通道走向,南起黄木岗立交北侧,北接坂雪岗大道,终至环城路口,主线长约7.6 km,沿线涉及福田、罗湖、龙岗三个行政区,2020年4月28日坂银通道正式通车,通道内设24 h公交专用道,为深圳中部提供了一条便捷的快速公交走廊。

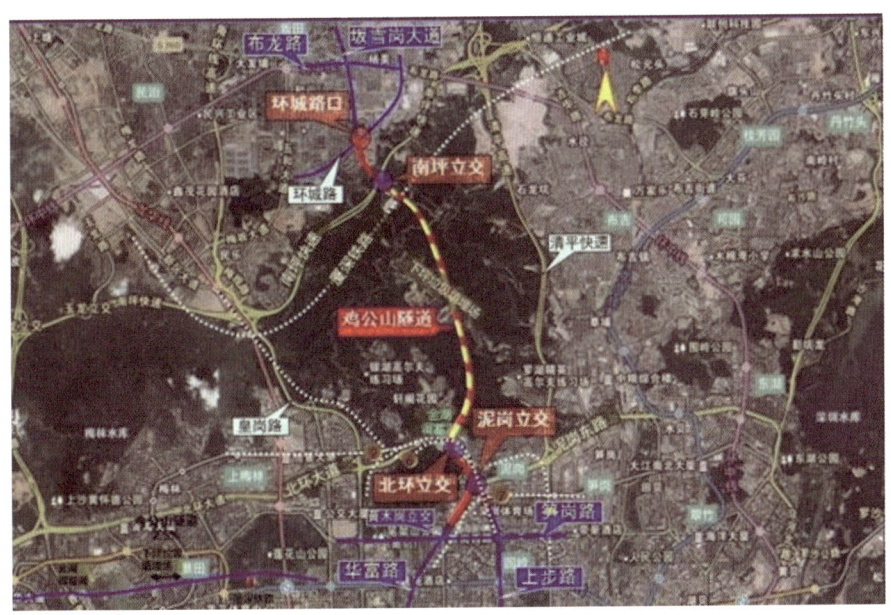

图6-17 坂银通道走向示意

为有效评估坂银通道开通后对周边道路的影响,系统聚焦片区交通对通道开通前后周边片区及相关道路的运行情况进行实时跟踪,基于交通指数、平均速度、通道流量等指标数据进行全维度的综合评估,分析出坂银通道在道路运行服务上所承载的分流作用,坂银通道开通一定程度上缓解了平行通道的压力。

1. 坂银通道运行分析

对比坂银通道南、北行方向各时段流量车型占比(图6-18、图6-19),小汽车流量在各时段占比均较高,超过85%;货车流量在平峰时段占比较高,超过10%;公交车流量在各时段占比约为1%~3%。此外,受早、晚高峰通勤出行集中影响,南、北行方向小汽车流量占比呈现一定的差异性,南行(入关)方向早高峰小汽车流量占比高于晚高峰,北行(出关)方向则相反。

根据坂银通道各时段双向流量情况(图6-20)可知,工作日早高峰[①]南行(入关)、晚

---

① 早高峰(7:00—9:00)、晚高峰(17:30—19:30)、平峰(14:00—16:00)。高峰时段包含早高峰、晚高峰。

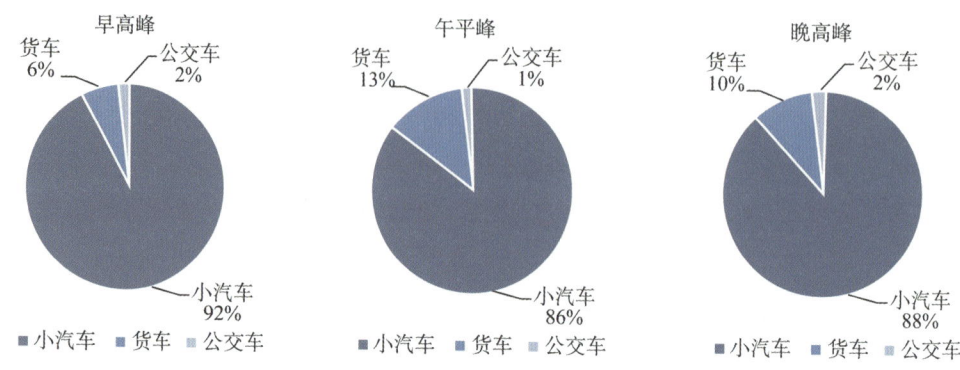

图 6-18 通道开通后各时段车型占比(南行方向)

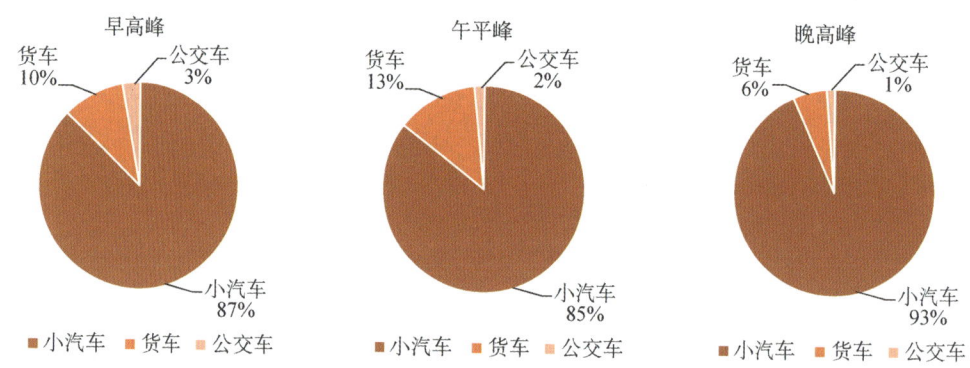

图 6-19 通道开通后各时段车型占比(北行方向)

高峰北行(出关)道路运行车流量较大。早高峰南行平均车流量整体大于其他时段,超过 3 200 pcu/h[①],晚高峰北行(出关)流量超过 2 300 pcu/h。

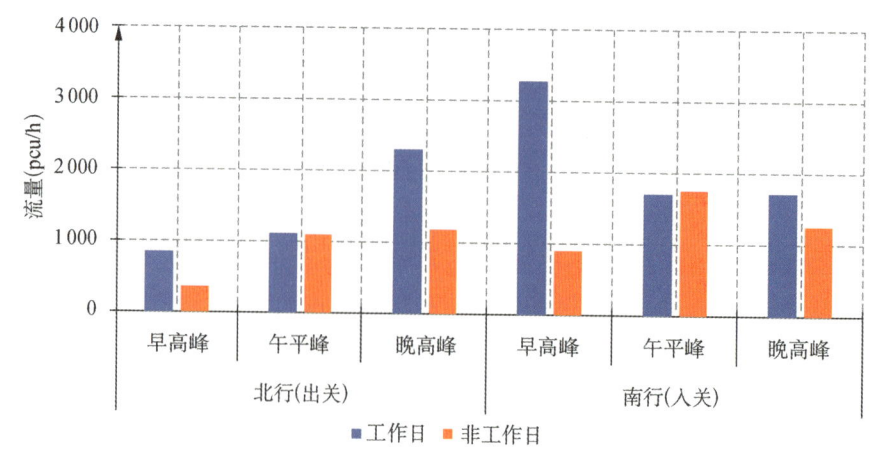

图 6-20 坂银通道各时段双向流量情况

---

① pcu(passenger car unit,标准车当量数),是将实际的各种机动车和非机动车交通量按一定的折算系数换算成某种标准车型的当量交通量。报告中以小汽车为标准车型,只统计小汽车、货车及公交车交通量。

对坂银通道开通后一个月的早高峰、午平峰和晚高峰流量日变情况(图6-21~图6-23)分析可知,2020年5月6日起,工作日早高峰时段南行(入关)流量整体稳定保持在较高水平,约高于北行方向2倍;午平峰时段,工作日与非工作期间车流量变化幅度相对平缓,且南行方向车流量高于北行方向;晚高峰时段,北行(出关)方向车流量高于南行(入关)。

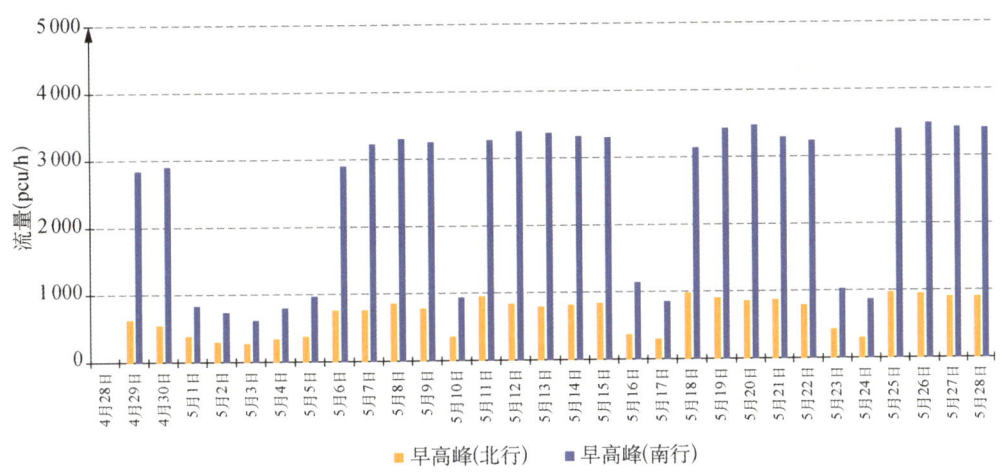

图6-21 坂银通道开通后一个月流量日变情况

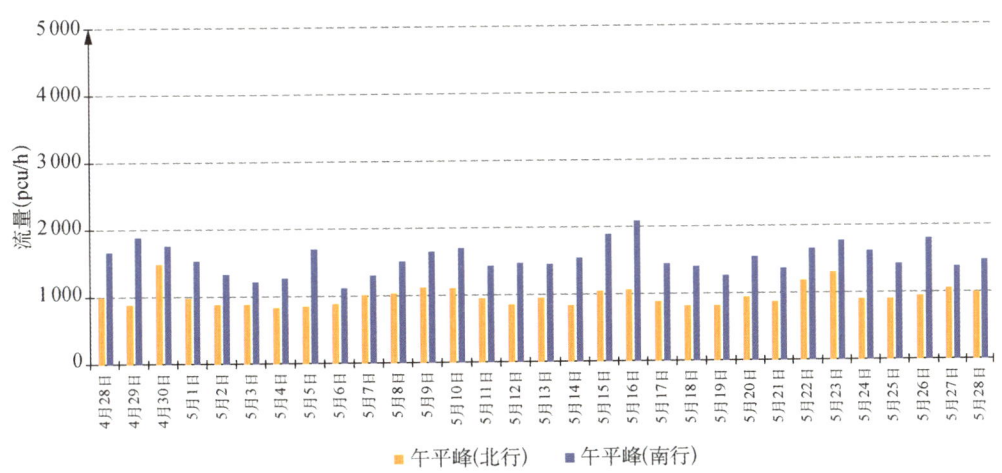

图6-22 坂银通道开通后一个月流量日变情况

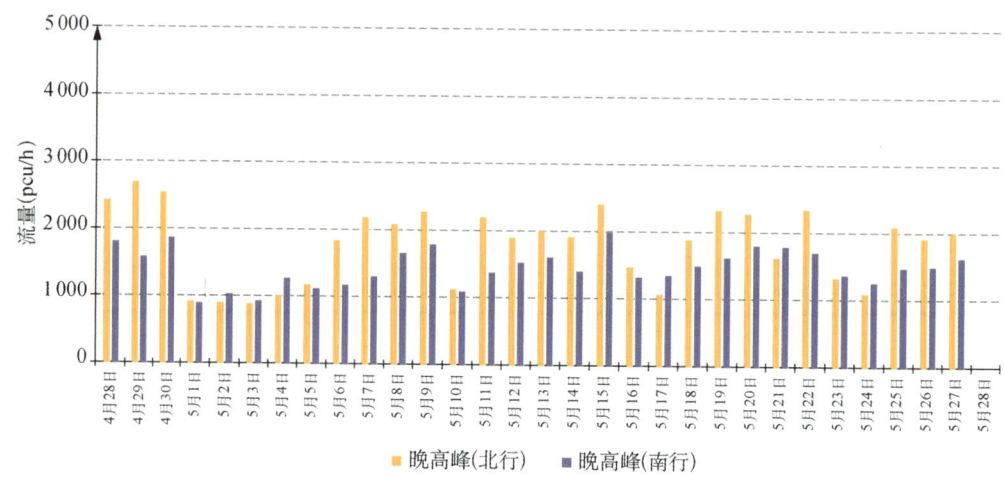

图 6-23 坂银通道开通后一个月流量日变情况

坂银通道开通一个月以来,工作日各周的交通运行状态平稳,高峰时段北行方向平均速度 53.3 km/h,南行方向平均速度 51.0 km/h,道路运行均处于畅通状态,如图 6-24 所示。

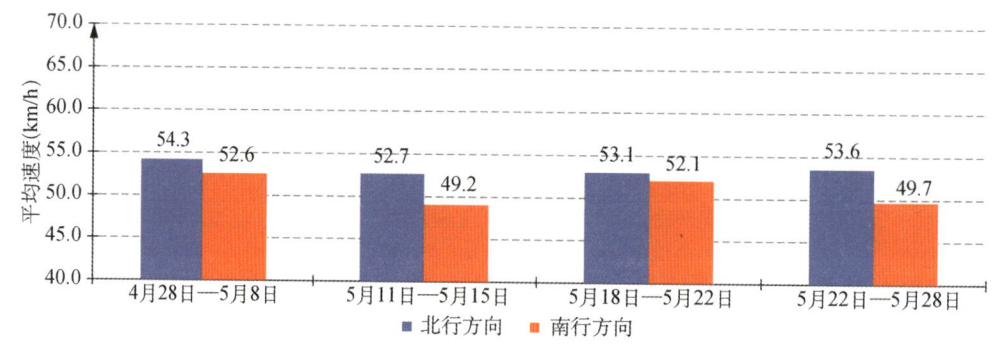

图 6-24 坂银通道开通后工作日高峰时段平均速度

图 6-25 所示为坂银通道开通后工作日道路运行时变曲线,从 24 h 变化曲线来看,工作日早高峰时段南行方向受车流量较大影响,道路运行呈现较明显的低峰,最低平均速度 41.1 km/h;晚高峰时段北行方向运行速度稍低于南行方向,最低平均速度 48.8 km/h。尽管高峰时段较大的车流量对坂银通道造成一定的压力,但通道双向总体运行情况良好。

图 6-26 所示为坂银通道开通后非工作日道路运行时变曲线,非工作日 10:00—22:00 北行方向平均速度 58.3 km/h,南行方向平均速度为 62.9 km/h。15:00—19:00 北行方向车辆较为集中,运行速度有所下降,其余时刻平均速度维持在 58.0 km/h 左右,道路运行畅通。

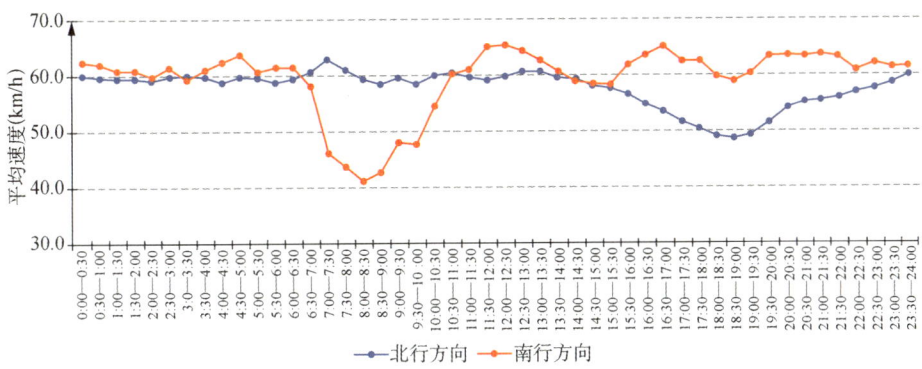

图 6-25 坂银通道开通后工作日道路运行速度时变曲线

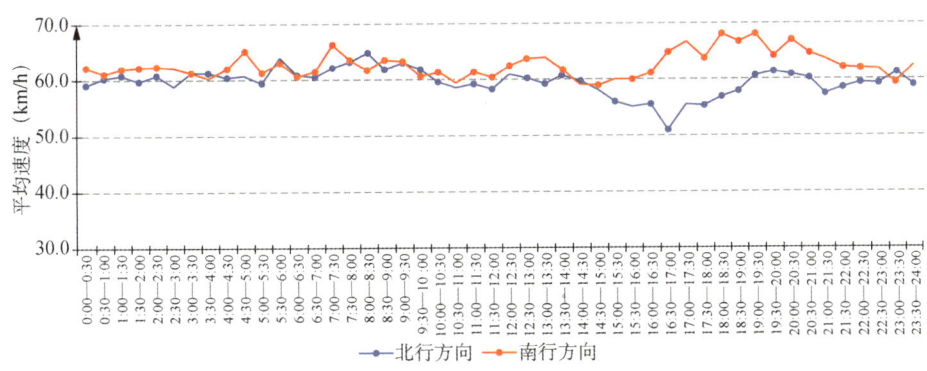

图 6-26 坂银通道开通后非工作日道路运行速度时变曲线

2. 周边道路运行分析

图 6-27 所示为坂银通道周边道路分布,坂银通道开通后,对清平高速、梅观路、福龙路三条平行通道整体起到一定分流作用。平行通道工作日晚高峰时段运行速度明显提升,道路运行有所改善。非工作日运行均处于畅通、基本畅通状态。

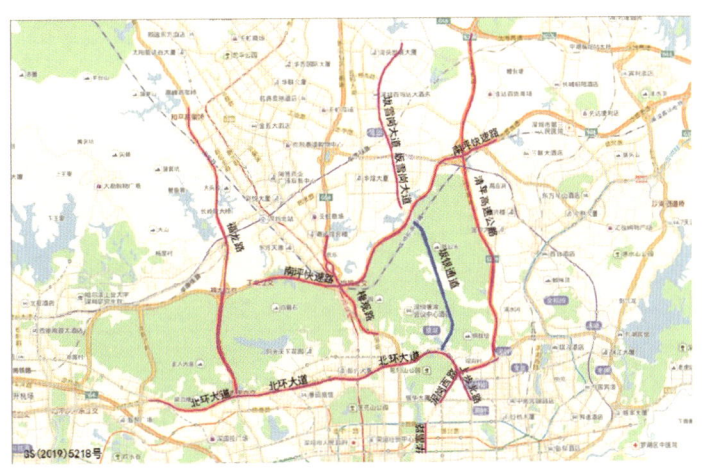

图 6-27 坂银通道周边道路分布

表 6-2 所示为主要平行通道工作日早、晚高峰平均速度,工作日早、晚高峰时段整体平均速度分别上升 0.3%、10.7%。早高峰时段,清平高速公路南行方向平均速度上升较明显,较开通前环比上升 47.3%。晚高峰时段,除福龙路(北行)路段速度有略微下降外,其余道路平均速度呈现不同程度上升,其中,梅观路(北行)平均速度上升较明显,较开通前环比上升 40.9%。

表 6-2 主要平行通道工作日早、晚高峰平均速度(km/h)

序号	道路名称	方向	早高峰时段			晚高峰时段		
			开通后	开通前	速度环比	开通后	开通前	速度环比
1	梅观路	北行	31.8	32.2	−1.2%	47.5	33.7	40.9%
2	梅观路	南行	14.5	14.6	−0.7%	46.4	38.1	21.8%
3	清平高速	北行	68.1	71.4	−4.6%	56.1	48.6	15.4%
4	福龙路	南行	15.7	18.9	−16.9%	51.8	51.1	1.4%
5	清平高速	南行	35.2	23.9	47.3%	57.3	56.9	0.7%
6	福龙路	北行	44.2	47.8	−7.5%	41.9	43.6	−3.9%

此外,坂银通道开通后,对上步北路、泥岗西路、南坪快速路等主要衔接道路交通运行产生不同程度的影响。工作日早高峰时段,除南坪快速路(西行)方向由于坂银通道分流平均速度有所上升外,通道南部的北环大道(西行)、泥岗西路(西行)、上步北路(南行)等道路受通道新增引入车流影响,路段速度均有所下降。晚高峰时段,坂雪岗大道(北行)等道路由于通道车辆汇集,平均速度较开通前有所下降;上步北路(北行)、南坪快速路(西行)、泥岗西路(东行)等道路交通拥堵有所缓解,如表 6-3 所示。

表 6-3 主要衔接通道早、晚高峰时段平均速度(km/h)

序号	道路名称	方向	早高峰时段			晚高峰时段		
			开通后	开通前	速度环比	开通后	开通前	速度环比
1	坂雪岗大道	北行	19.4	22.2	−12.6%	18.4	23.5	−21.7%
2	上步北路	南行	12.2	22.7	−46.3%	12.3	15.7	−21.7%
3	坂雪岗大道	南行	18.0	20.8	−13.5%	18.4	21.9	−16.0%
4	南坪快速路	东行	57.7	65.4	−11.8%	37.4	42.9	−12.8%
5	华富路	南行	16.6	17.5	−5.1%	14.6	16.6	−12.0%
6	泥岗西路	西行	16.8	24.0	−30.0%	28.0	27.6	1.4%
7	北环大道	西行	36.5	48.4	−24.6%	40.8	37.2	9.7%
8	北环大道	东行	44.3	49.2	−10.0%	27.6	22.1	24.9%

(续表)

序号	道路名称	方向	早高峰时段			晚高峰时段		
			开通后	开通前	速度环比	开通后	开通前	速度环比
9	泥岗西路	东行	51.8	53.1	−2.4%	25.1	18.5	35.7%
10	南坪快速路	西行	22.7	19.2	18.2%	44.1	31.8	38.7%
11	上步北路	北行	29.3	31.3	−6.4%	20.3	12.1	67.8%

3. 周边重要节点交通运行

坂银通道的开通有效实现了分流，一定程度上缓解了平行通道的压力。通道开通后，周边相邻重要关口节点早高峰（入关）、晚高峰（出关）方向车流量有所下降，其中早高峰（入关）车流量较开通前下降较明显，如图 6-28 所示。

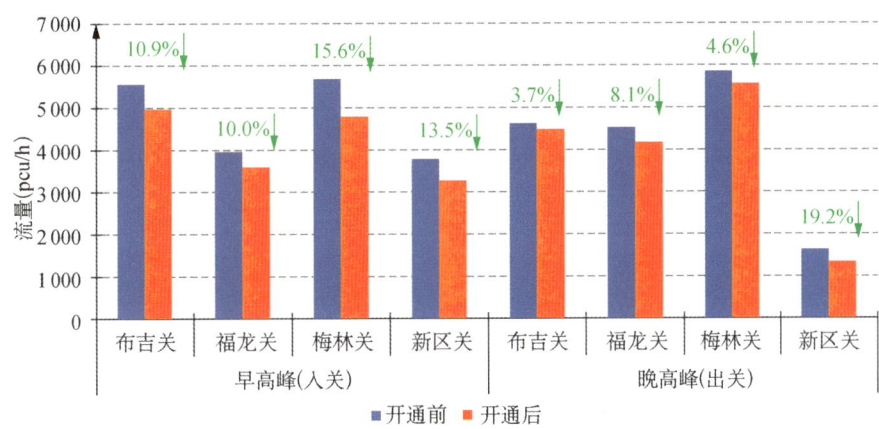

图 6-28 坂银通道周边二线关流量变化情况

图 6-29 所示为重点节点（二线关①）工作日早高峰入关平均速度运行情况。坂银通道开通后，关联的二线关工作日早高峰（入关）平均速度 23.3 km/h，环比上升 7.3%。受 5 月份学生返学及降雨等因素影响，早高峰入关方向福龙关、梅林关、新区关平均速度较开通前略下降，南坪关、新清平关、布吉关等重点节点入关方向平均速度呈现上升趋势，新清平关平均速度上升幅度最大，环比上升 60.0%。晚高峰出关方向平均速度 48.6 km/h，平均速度较开通前上升 5.7%。除布吉关、新区关外，其他四个关口出关方向平均速度上升，如图 6-30 所示。

坂银通道开通带来的流量转移对主要道路交汇节点产生一定影响（图 6-31），工作日早高峰时段南坪-坂银交汇处、坂银-北环交汇处、泥岗-北环交汇处，以及晚高峰时段坂银-北环交汇处、泥岗-北环交汇处的交通运行速度均有所下降。

---

① 指原国家设立的边境管理区域线。

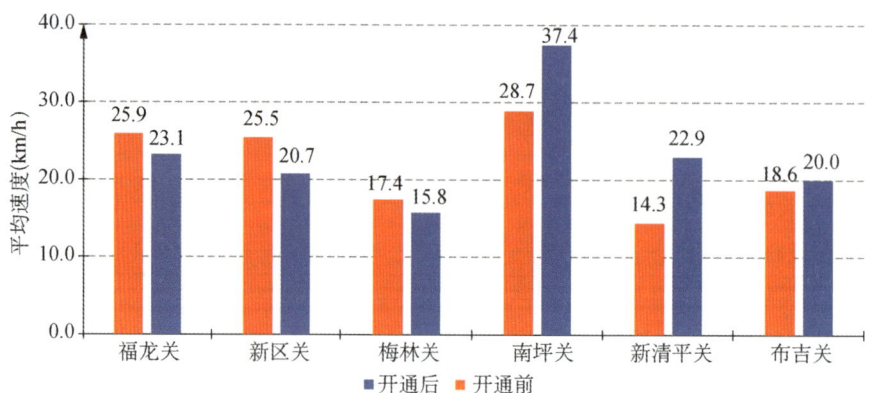

图 6-29 重点节点(二线关)工作日早高峰入关平均速度运行情况

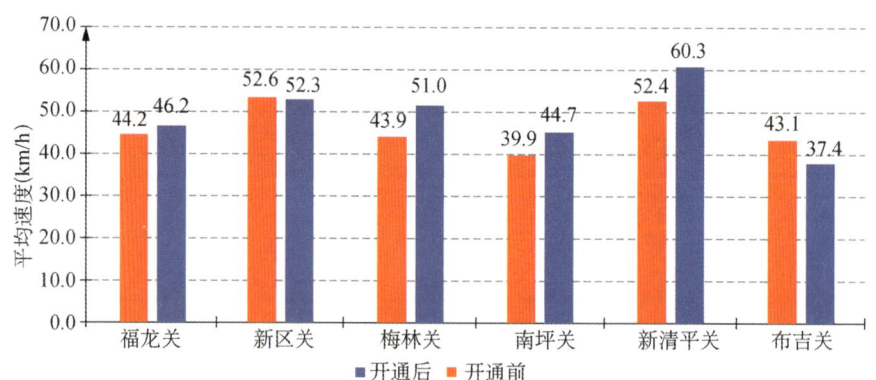

图 6-30 重点节点(二线关)工作日晚高峰出关平均速度运行情况

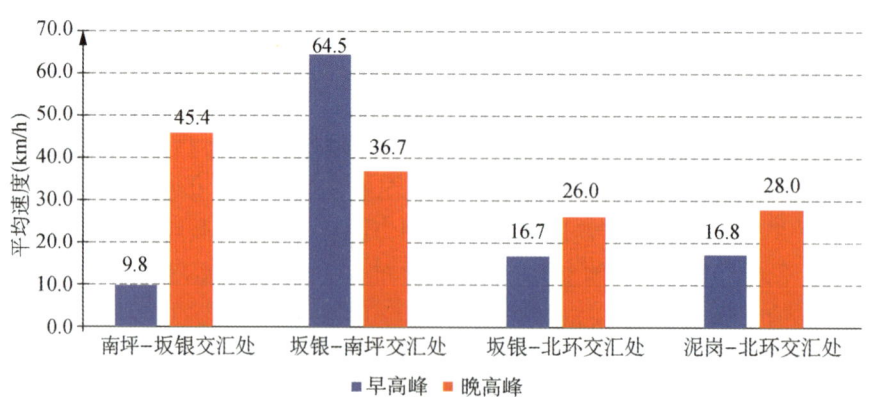

图 6-31 主要道路交汇节点工作日早晚高峰平均速度运行情况

4. 公交专用道运行分析

坂银通道公交专用道北行方向公交运行速度 48.8 km/h,南行方向速度

48.1 km/h,速度比①均维持在1.3左右,公交运行处于畅通状态。工作日南行方向早高峰公交车运行速度略高于小汽车,北行方向晚高峰小汽车速度呈现下降趋势,而公交车全天运行速度保持在较平稳状态,交通运行良好(图6-32、图6-33)。总体上看公交专用道在工作日高峰时段具有优先作用,平峰时段的优先作用尚不能凸显。

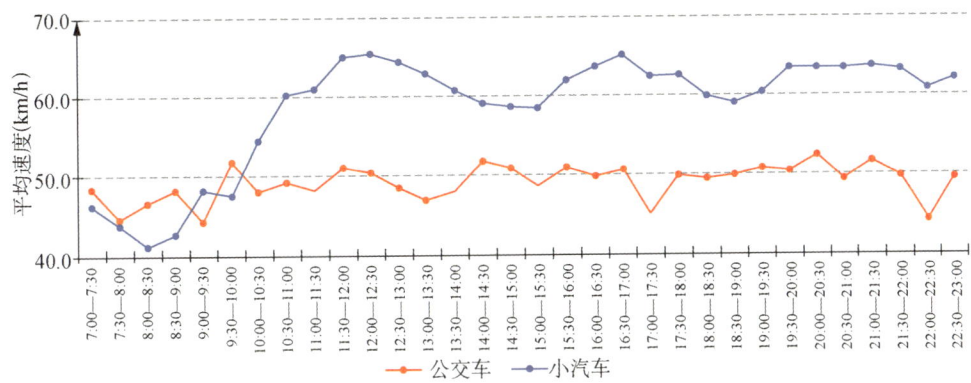

图6-32 公交专用道南行方向公交运行速度与小汽车运行速度情况

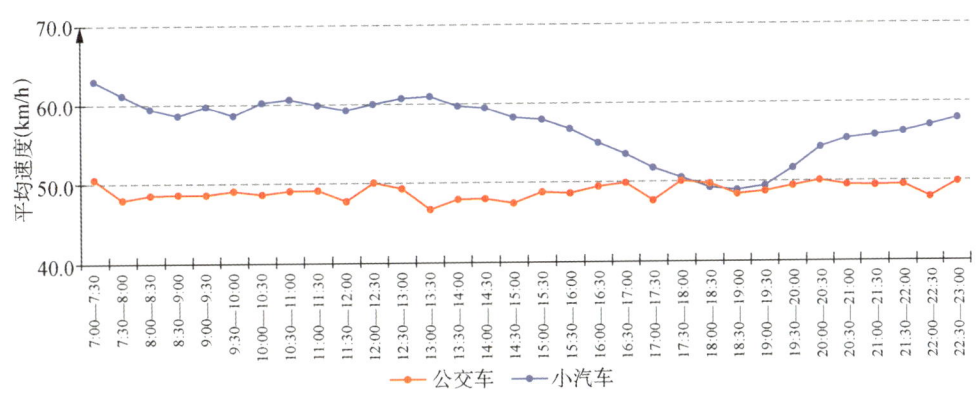

图6-33 公交专用道北行方向公交运行速度与小汽车运行速度情况

6.2.5 轨道开通影响评估

2020年8月18日12时,深圳地铁6号线、10号线正式开通运营,其线路分布如图6-34所示,两条线路共计78.7 km,沿线设47个车站。线路开通结束了平湖、坂雪岗、华为新城和梅林关以东片区不通地铁的历史,促进深圳市城市空间结构的完善。

为有效评估轨道开通对周边片区道路的影响,系统采用道路交通运行指数、平均速度等指标对线路开通前、后周边片区道路交通运行情况进行分析,可以得出:

---

① 速度比等于小汽车车速与公交车车速之比,当速度比小于1.5时,公交车运行具有较高的竞争力。

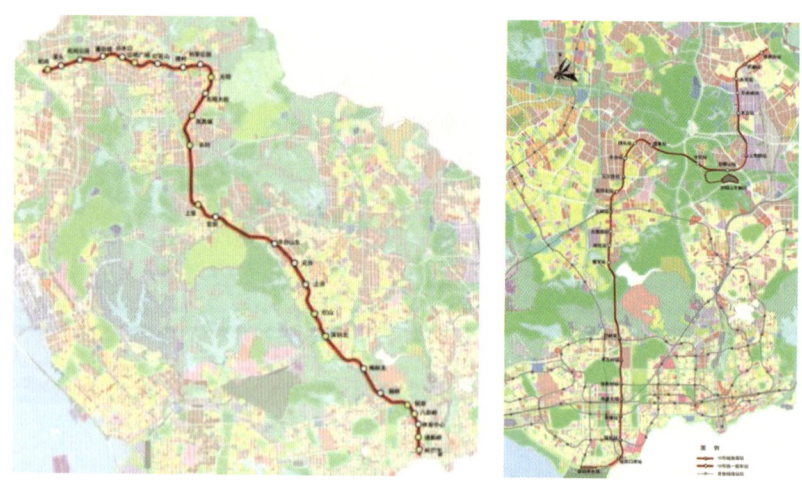

图 6-34　地铁 6 号线、10 号线分布示意

地铁 6、10 号线开通 1 个月后,全市早高峰时段交通运行相对稳定,整体处于缓行状态,晚高峰时段交通指数出现小幅度下降趋势,较开通前下降 2.4%,如图 6-35 所示。其中,主要关联辖区(包括龙岗区、龙华区、光明区及福田区,下同)影响较为明显,早高峰时段关联辖区整体交通指数 3.5,较全市早高峰上升 4.5%;晚高峰时段关联辖区交通指数 5.0,较开通前下降 8.0%。

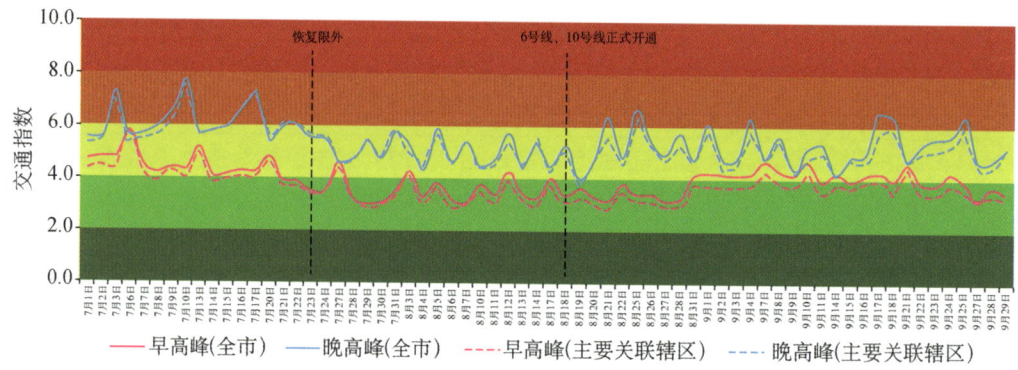

图 6-35　2020 年 7 月 1 日—9 月 29 日全市及主要关联辖区早、晚高峰交通指数变化趋势

线路开通对龙华、光明区交通拥堵缓解作用较明显。工作日早高峰时段,两区交通指数均呈小幅度下降。晚高峰时段,龙华、光明交通指数下降明显,较开通前分别下降 16.5%、8.2%,如图 6-36 所示。

工作日早高峰时段,龙华民治、龙岗坂田线路关联街道片区交通运行有所好转,交通指数分别下降 14.7%、8.7%,如图 6-37 所示。晚高峰时段,光明新湖、宝安燕罗、福田华富等线路关联街道交通指数下降均超过 15%,道路交通运行情况有明显改善,如图 6-38 所示。

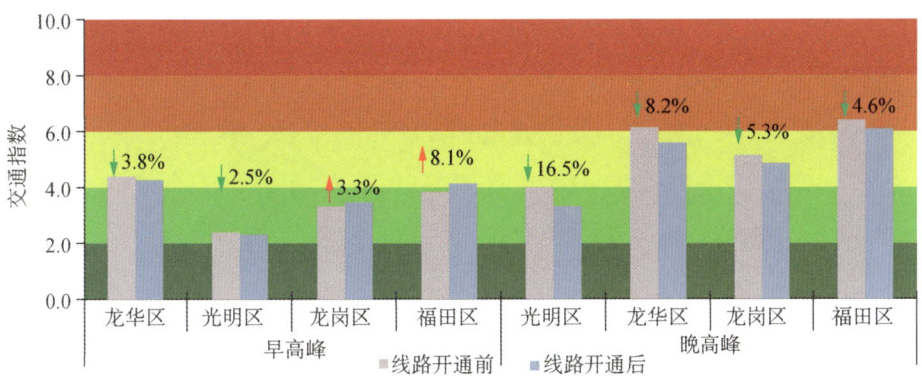

图 6-36 线路开通前后主要关联辖区早、晚高峰交通指数对比

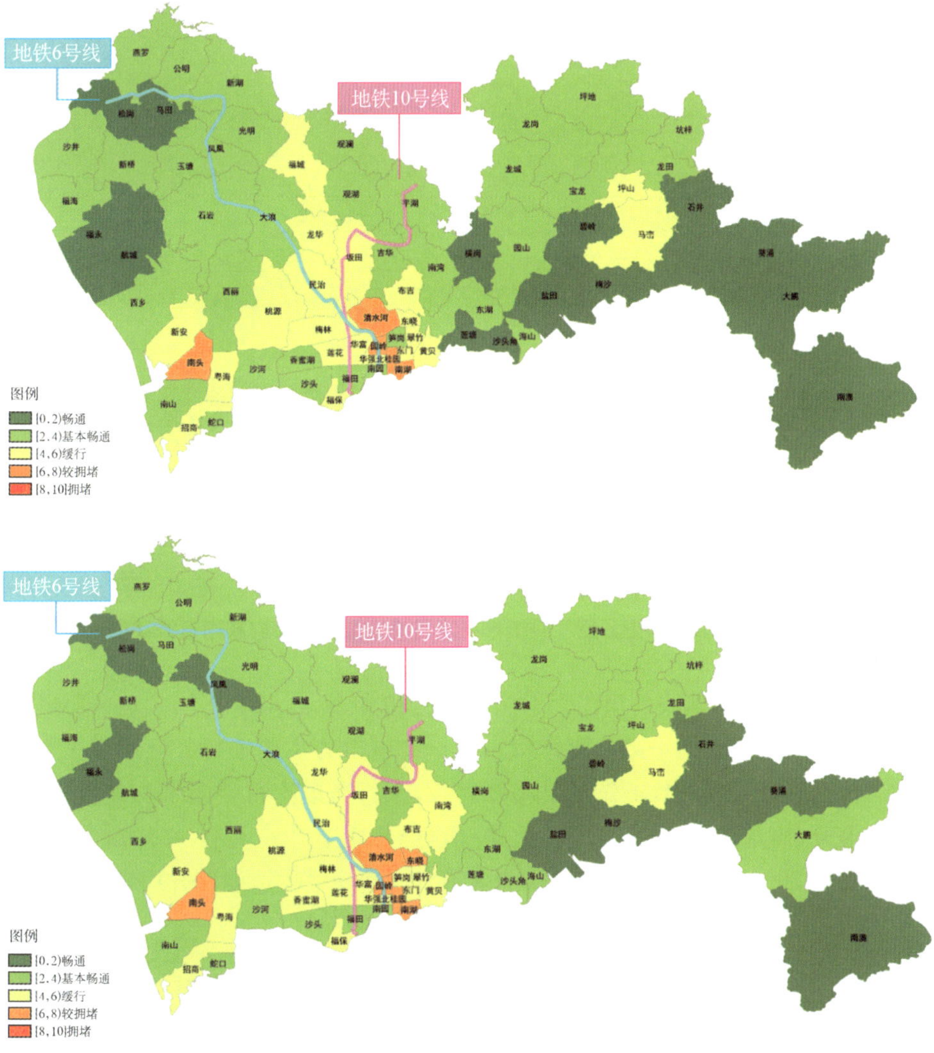

图 6-37 线路开通前(上)、后(下)工作日早高峰全市主要街道交通运行状态示意

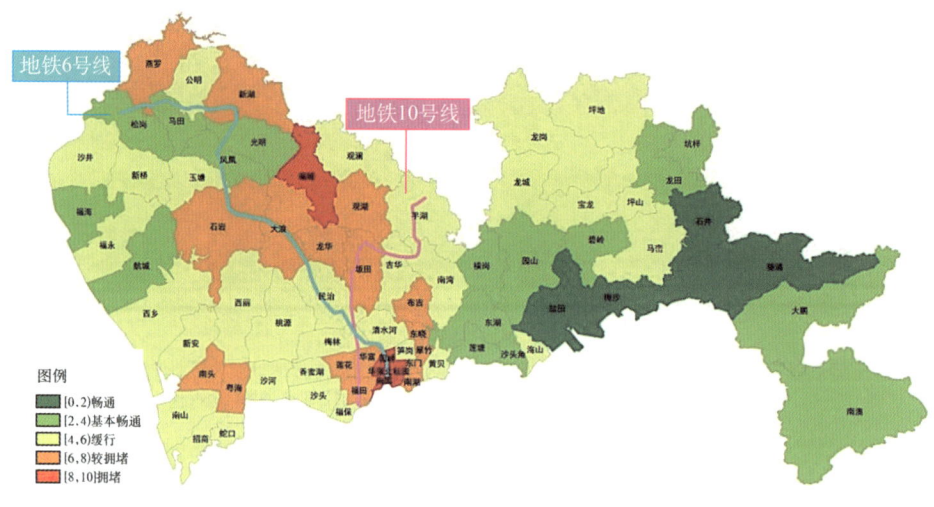

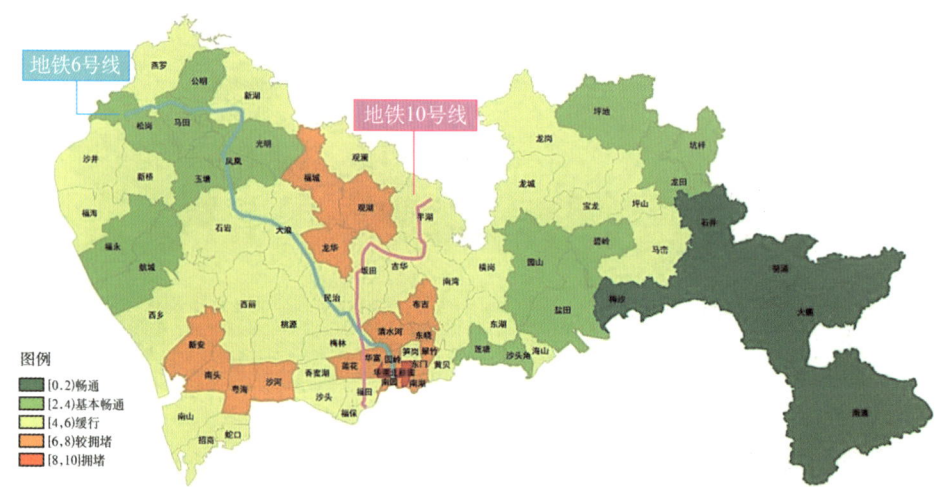

图 6-38 线路开通前(上)、后(下)工作日晚高峰全市主要街道交通运行状态示意

6、10号线开通后,原关外市民交通出行选择愈加多元,对坂雪岗大道、梅观路等南北走向平行通道整体起到一定分流作用。表 6-4 所示为主要平行分流通道工作日早、晚高峰运行速度,可以看出,工作日早高峰时段,平行通道南行方向平均速度均呈现不同程度的提升,福龙路(南行)、丹平快速路(南行)速度上升较明显,平均速度较线路开通前提升超过 20%。晚高峰时段,坂雪岗大道双向通道平均速度上升均较明显,较开通前上升均超过 20.0%。

线路开通后,早高峰时段新清平关南行方向平均速度较明显,较开通前速度上升超过 15%;晚高峰时段,南坪关、梅林关、新区关北行方向平均速度均有小幅上升,如图 6-39 所示。

表 6-4 主要平行通道①工作日早、晚高峰运行速度(km/h)

序号	道路名称	方向	早高峰时段			晚高峰时段		
			开通后	开通前	速度环比	开通后	开通前	速度环比
1	福龙路	南行	38.0	30.9	23.0%	49.3	51.4	−4.1%
2	福龙路	北行	55.4	50.2	10.4%	45.9	45.7	0.4%
3	新区大道	南行	30.6	29.5	3.7%	31.3	33.6	−6.8%
4	新区大道	北行	38.5	40.2	−4.2%	32.3	30.7	5.2%
5	梅观路	南行	24.5	21.0	16.7%	47.1	45.2	4.2%
6	梅观路	北行	38.8	34.8	11.5%	49.5	48.1	2.9%
7	梅观高速公路	南行	74.5	70.5	5.7%	51.8	51.2	1.2%
8	梅观高速公路	北行	56.9	60.2	−5.5%	67.5	66.1	2.1%
9	坂雪岗大道	南行	21.4	19.9	7.5%	21.0	17.4	20.7%
10	坂雪岗大道	北行	17.2	16.5	4.2%	20.9	16.1	29.8%
11	清平高速公路	南行	63.5	55.3	14.8%	61.3	62.4	−1.8%
12	清平高速公路	北行	67.0	68.0	−1.5%	60.5	59.8	1.2%
13	丹平快速路	南行	49.3	41.1	20.0%	44.7	48.1	−7.1%
14	丹平快速路	北行	59.7	59.5	0.3%	49.6	50.6	−2.0%

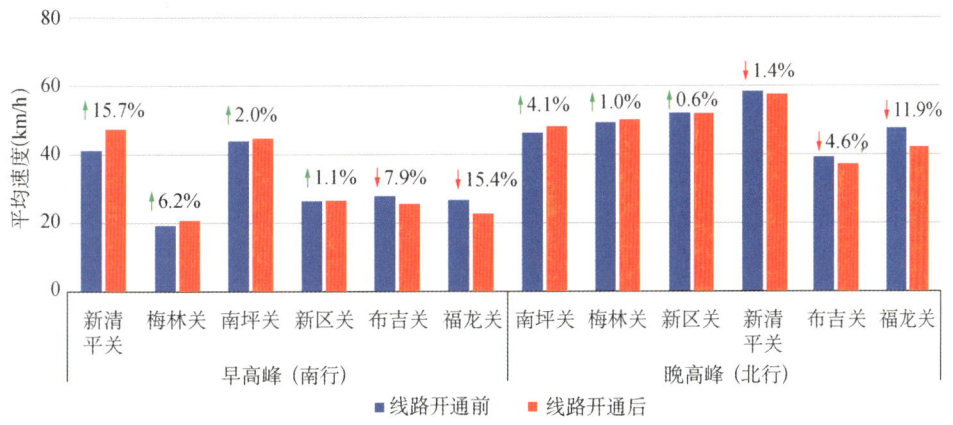

图 6-39 线路开通前后主要原二线关口运行速度对比

---

① 清平高速公路选取"北环大道—沈海高速公路"路段,梅观路选取"皇岗北路—梅观高速公路"路段,梅观高速公路选取"梅观路—沈海高速公路"路段,清平高速选取"玉平大道—沈海高速公路"路段,丹平快速选取"沈海高速公路—泥岗东路"路段进行分析。

6.2.6 预约通行政策评估

深圳东部华侨城、大小梅沙、大鹏半岛(包括杨梅坑、东西冲等景区)等东部海滨游是夏季出游首选,随着暑假来临,周末及节假日时段东部景区周边道路往往呈现出不同程度的交通拥堵,交通运行速度大大降低。自 2018 年 8 月 11 日起,8 月所有的双休日(8 月 11 日、12 日、18 日、19 日、25 日、26 日)及国庆假期(10 月 1 日—7 日)期间东部景区实行预约通行政策[①],其预约通行区域范围如图 6-40 所示。

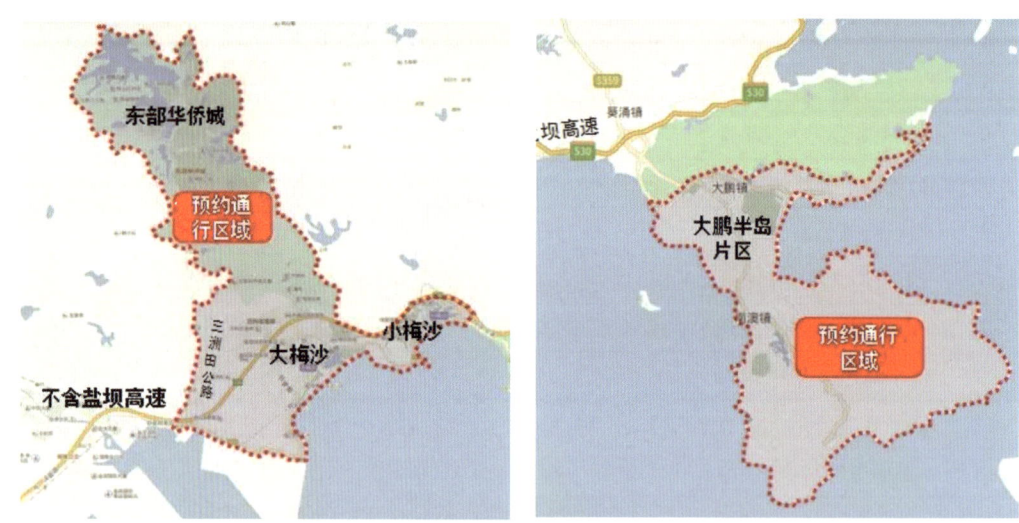

图 6-40 深圳市东部片区预约通行区域范围

指数系统对预约通行政策实施前后的东部景区周边道路交通运行情况进行分析及总结发现,预约通行政策实施后,该区域周六、周日平均运行速度有不同程度提升,梅沙、大鹏平均速度增幅最明显,预约通行政策有效缓解了景区周边道路运行压力,如图 6-41、图 6-42 所示。

图 6-41 预约通行前后周六各片区平均运行速度变化情况

---

① 为避免交通拥堵和景区爆满带来的救援、安保、维稳问题,保障道路交通整体的安全、有序、畅通,营造优质景点和高品质的交通服务环境,根据《中华人民共和国道路交通安全法》第三十九条的规定,深圳市公安局交通警察局于 2018 年 8 月 11 日起,双休日及"十一"期间,试行预约通行措施,预约通行的区域包括两部分:一是梅沙片区,含大梅沙、小梅沙、东部华侨城,西起盐梅路三洲田公路路口,东至盐梅路深圳海关小梅沙教育培训基地,北至东部华侨城围合区内除盐坝高速外的所有道路;二是大鹏片区,迭福山隧道以南(含迭福山隧道)大鹏新区所有道路。

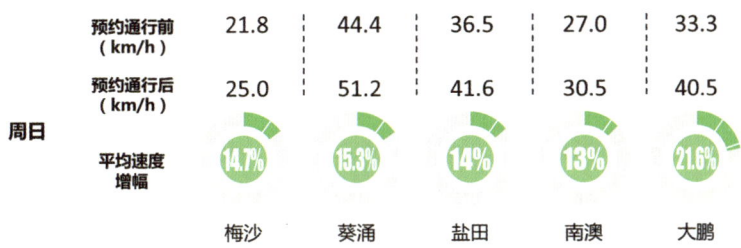

图 6-42　预约通行前后周日各片区平均运行速度变化情况

预约通行后，东部景区大部分路段交通运行速度均有提升，拥堵现象有所缓解，去往大小梅沙、华侨城的深盐二通道（东行）、盐梅路（东行）和盐坝高速（东行）的道路交通状况得到改善，景区内部道路如环梅路、艺海路等速度有所提升，进出南澳的道路如南西公路（南、北行）等也有所改善。

预约通行后，盐梅路双向交通运行速度均有不同程度的提升，东行方向平均速度提升幅度较大。图 6-43 所示为预约通行前后盐梅路东行平均速度变化曲线，可以看出，预约通行前，盐梅路（北山道—环梅路段）拥堵时段为 9:00—24:00；预约通行后，拥堵时段为 11:00—18:00，拥堵时间大大缩短。东行方向预约通行前，周六平均速度从 10 点开始下降，20:00—24:00 稳定在 15 km/h 左右；预约通行后，平均速度也是从 10 点开始下降，16:00 以后速度开始逐渐平稳，速度维持在 20~25 km/h，较预约通行前提升 5~10 km/h。预约通行前后周日的速度变化规律大致相同，预约通行后的平均速度大于预约前，10:00—17:00 时段，预约通行前后速度差 7 km/h 左右；18:00—23:00 时段，预约通行前后速度差 13 km/h 左右。

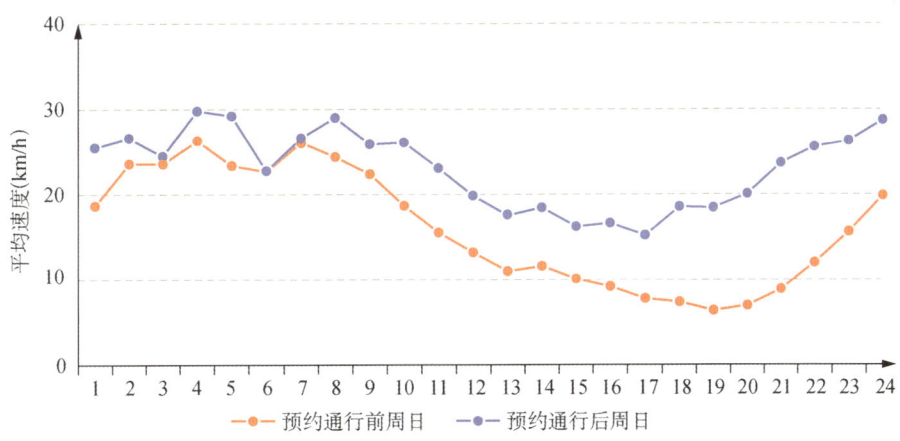

图 6-43　预约通行前后盐梅路东行平均速度变化曲线

6.3 支撑交通综合治理应用

依托道路交通运行指数系统,实现实时拥堵预警、拥堵点位排查、拥堵成因分析、拥堵治理效果评估等,为交通综治业务提供数据支持。

自 2016 年起,每年定期输出城市拥堵路段及分布图(图 6-44、图 6-45)。
- 2016 年,排查出拥堵里程超过 345 km(节假日＋工作日,含高速)。
- 2017 年,排查出拥堵里程超过 260 km(节假日＋工作日,含高速)。
- 2018 年,排查出拥堵里程超过 430 km(节假日＋工作日,含高速)。
- 2019 年,排查出拥堵里程超过 405 km(节假日＋工作日,含高速)。
- 2020 年,排查出拥堵里程超过 425 km(节假日＋工作日,含高速)。

系统通过实时的拥堵预警即可获取当前时间拥堵路段的分布情况、拥堵发生时间、拥堵等级等,为实时的拥堵疏解提供数据支持,如图 6-46 所示。通过对历史拥堵时段的分布查询可有效获取拥堵瓶颈点,为拥堵改善提供强有力的决策支持。

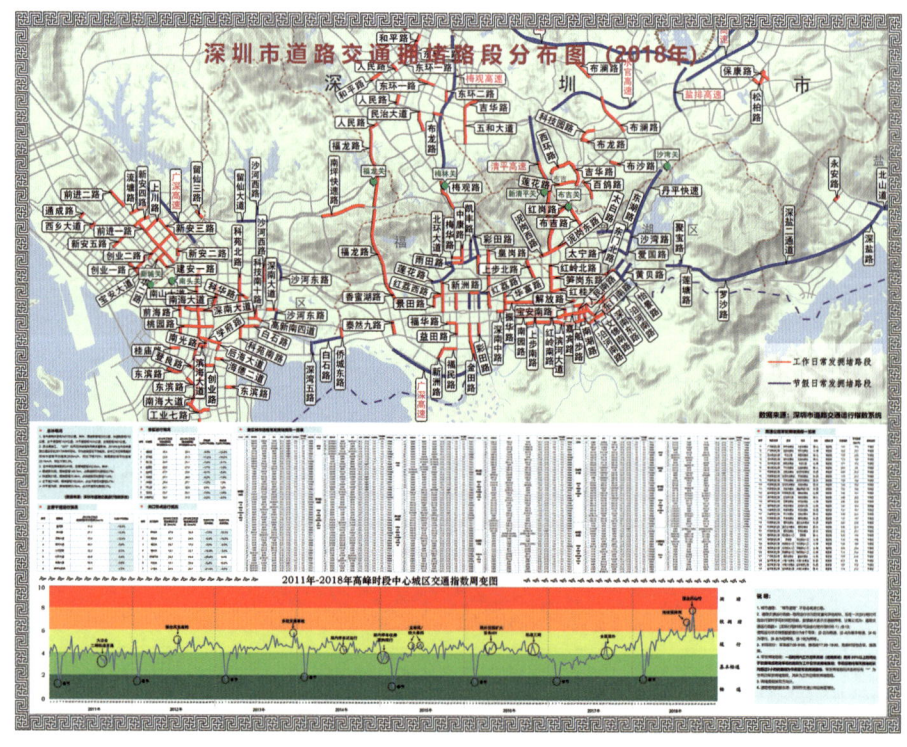

图 6-44　深圳市道路交通拥堵路段分布页面示意图(2018 年)

以宝安中学片区交通综合治理为例。结合系统数据和现场调研,可支持开展片区的交通综合治理分析评估和治理方案推荐,以数据服务贯穿治理前、中、后全链条,科

6 典型应用场景及案例

图 6-45　深圳市道路交通拥堵路段分布年报示意图(2019 年)

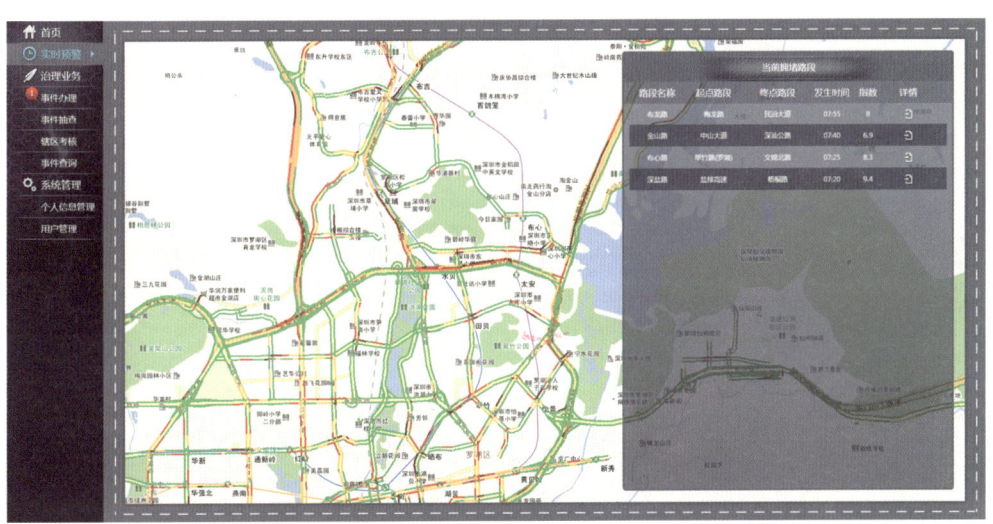

图 6-46　面向交通综治业务的交通拥堵排查治理系统拥堵路段界面

学、精准缓解片区的交通问题。

宝安中学片区为成熟建成区,北至创业二路,南至洪浪南路,西至新安二路、新安三路,东至大宝路。片区内居住用地占比超 20%、学校占比超 25%(宝安中学初中部、高

189

中部和宝安外国语学校),工业用地、行政办公用地占比约8%。片区西南面以居住用地为主,东北面以工业用地为主。

1. 问题诊断

(1) 出行分布:片区东、南向对外出行需求量大,以中短距离出行为主。片区以南山、西丽方向和尖岗山、石岩方向两个出行需求为主,OD占比分别超过25%、20%,其次是西向宝中片区,以及北向西乡、机场方向。片区以中短距离出行为主,一半以上出行需求在5 km内,非机动车出行具备一定优势。

(2) 出行特征:片区多职少住,以通勤出行、慢行交通出行方式为主导。片区慢行出行(电动车、自行车、步行)比例大,以上下班、上下学等通勤交通出行需求为主,占比超过60%。初高中上下学阶段,学校周边道路交通拥堵、秩序混乱。

(3) 综合交通:现状支路网密度不足,公交设施供给水平良好,违停现象突出。例如,① 支路网密度不足,现状片区道路密度低于深标;② 公交设施供给水平良好,片区内公交站点11对,设有1个地铁站,公交站点500 m覆盖率达100%;③ 违停现象突出,片区内部及周边现状共有停车位不足,学校周边道路违停现象较严重,影响道路运行效率及秩序。

(4) 路网运行:路网现状整体运行效率较低,主要对外节点存在常发性拥堵(图6-47)。例如,① 路网运行效率低,创业二路、新安二路、新安三路主干路早晚高峰期处于常发性拥堵状态,早晚高峰缓行;② 节点常发性拥堵,新安二路—洪浪南路、新安二路—新安三路交叉口、创业二路—大宝路等内外转换节点服务水平低、早晚高峰存在路口溢出等问题。

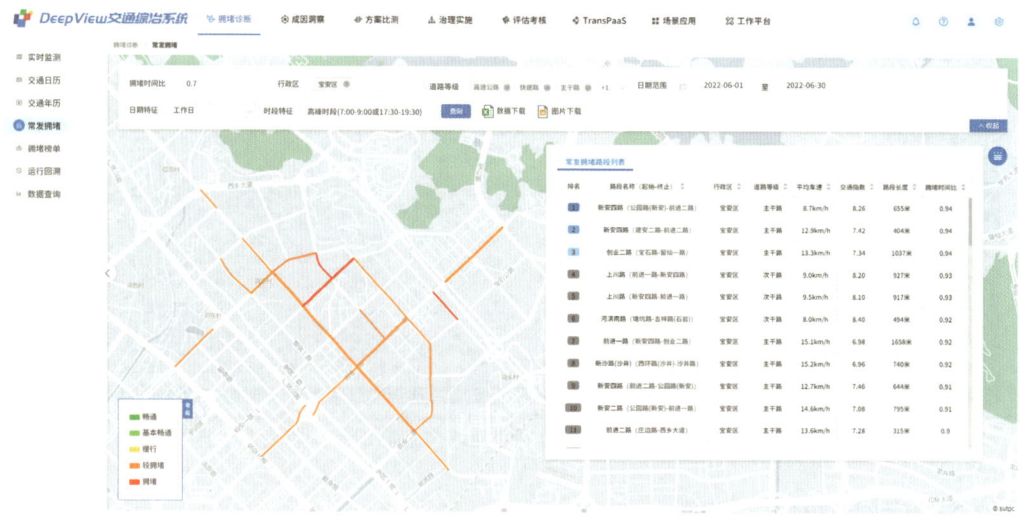

图6-47 片区周边常发性拥堵路段分布

2. 成因洞察

1) 路网结构:片区路网供给能力存在缺口,路网结构与需求不匹配

(1) 东西向对外通道通行能力不足:片区约40%需求以东西向为主,现状东西向道路供给能力不足。

(2) 主要对外节点交通组织不完善:新安二路、新安三路、洪浪北路、创业二路等沿线路口渠化不合理、接入口较多、标志标线缺失等问题,造成路口各转向交通流交织现象明显,交通压力较大,路口服务水平较低,排队长度较长,导致常态化拥堵。

(3) 绿化带占地面积较大无法拓展:新安二路、新安三路作为片区主要通道,现状机动车道宽度12 m,辅道宽度为5 m,仅有2~3条机动车道,且非机动车道缺失,与城市主干道交通通行需求不匹配。

2) 停车供需:停车资源明显供需缺口及分配不均,有待通过信息化手段统筹调配

区域周围老旧小区既有停车配建不足,供需矛盾最为突出。停车缺口较大,路外公共停车场建设滞后,路内违章停车严重,导致次支道路路内占用车行道、人行横道停车现象突出,停车秩序混乱,严重影响道路通行效率。

3) 动态管控:通勤干道潮汐特征明显,缺乏与主要通道出行特征匹配的管控措施

(1) 通勤干道常发性拥堵严重,现有信号控制方案不合理。创业二路(留仙一路—新安三路段)早晚高峰方向不均衡系数分别为1.6和1.9,潮汐特征显著。既有信号控制方案不合理,沿线信控路口延误较大(尤其东西向直行方向),早晚高峰期车流量较大,道路交通信号管控措施有待结合交通流特征进一步优化。

(2) 学校周边单行道车辆逆行严重,存在较大安全隐患。片区现有道路部分实行单向通行交通组织,但上下学高峰期在洪志路、洪文路、洪浪南路段存在车辆逆行情况,导致交通冲突严重,影响路段运行效率、存在较大安全隐患(图6-48)。

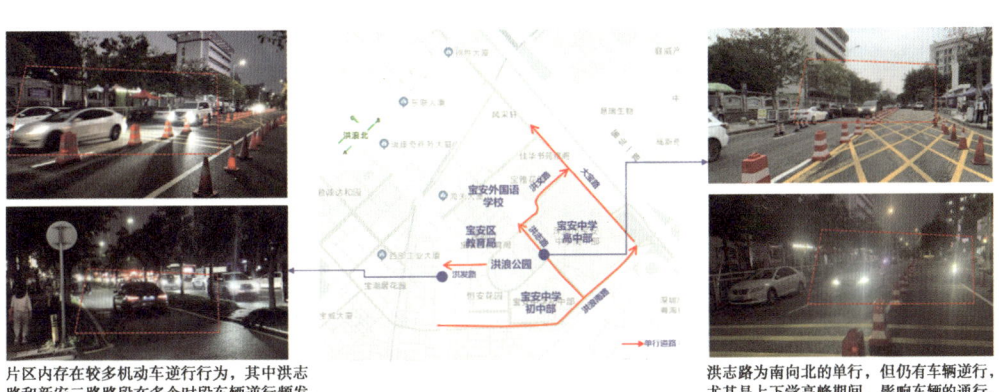

片区内存在较多机动车逆行行为,其中洪志路和新安二路路段在多个时段车辆逆行频发。

洪志路为南向北的单行,但仍有车辆逆行,尤其是上下学高峰期间,影响车辆的通行。

图6-48 片区周边交通安全隐患点分布

3. 方案比测

基于成因诊断分析结果，通过空间重构、需求调控、运行提效和秩序优化四个治理策略（图6-49），结合模型分析评估，对拟实施的治理方案进行比选和演示，以提高片区内外通行能力，缓解设施供需矛盾，实现出行高效畅达，保障片区安全有序。

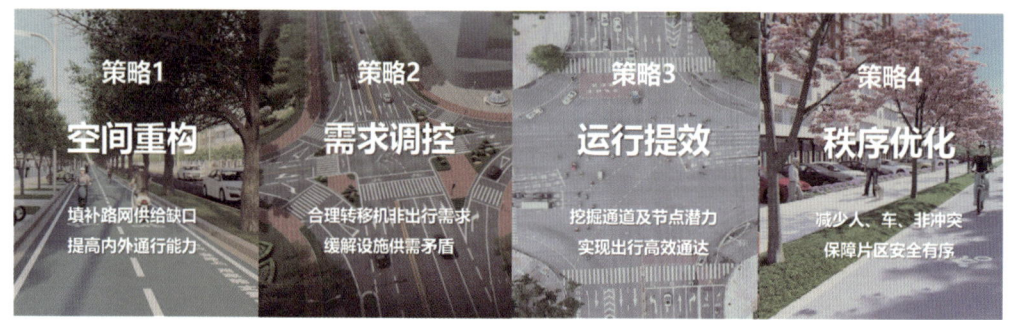

图6-49　片区治理策略示意

片区综合交通治理部分策略输出如下。

1）挖掘通道及节点潜力，实现路网高效畅通

设置固定式流量检测器和潮汐车道，以数据驱动区域协调管控，提高主干道运行效率。根据早晚高峰车流潮汐特征，在创业二路拥堵路段设置潮汐车道，提高主干道通行能力，如图6-50所示。

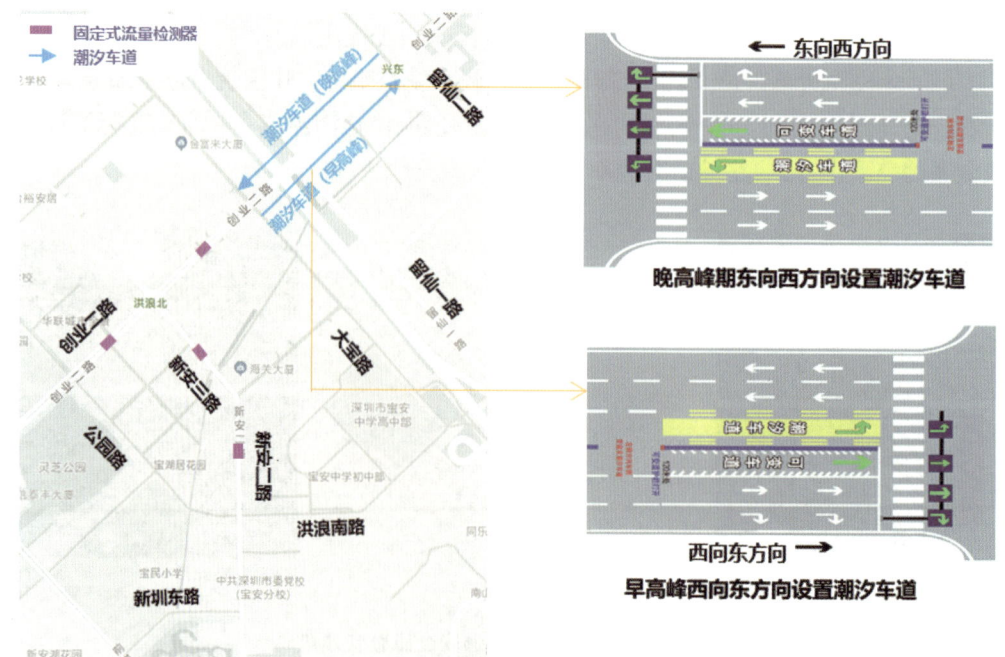

图6-50　挖掘通道及节点潜力示意

2）缓解学校周边违停严重、周转低效问题，高效疏解拥堵点

针对南头海关机动车进口正对瓶颈交叉口范围内，对交叉口交通组织和行人过街造成的干扰问题，建议将洪浪北路车行出入口挪至交叉口外，减少交叉口功能区内不同方向车辆交织和人车冲突，畅通人车通行路线，如图 6-51 所示。

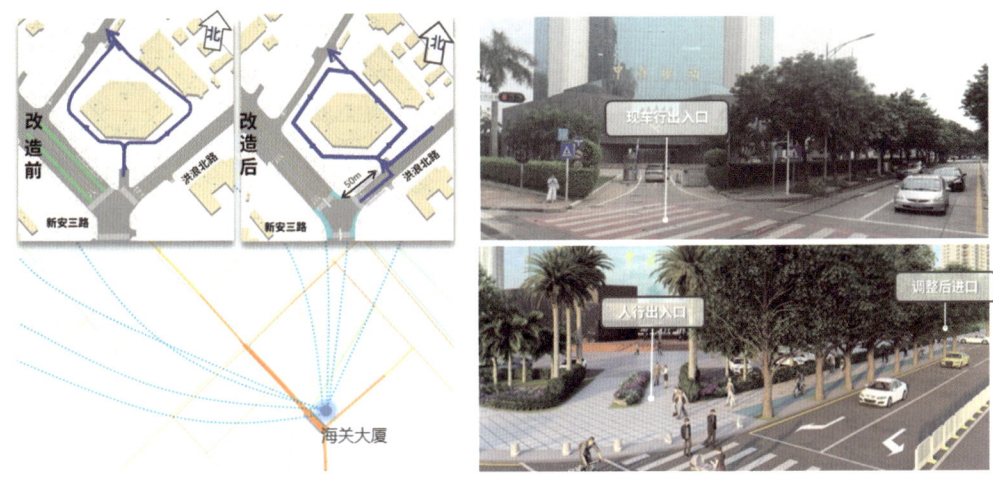

图 6-51　疏解拥堵点示意

3）调节片区机非出行需求，缓解设施供需矛盾

图 6-52 所示为学校周边交通量相对较小的路段增设路边停车位，提高学校周边停车位的供给量，适当满足日益增长的停车需求；对于上下学高峰期接送学生的主要路段设置"固定＋临时停车位"，灵活应用道路空间资源。

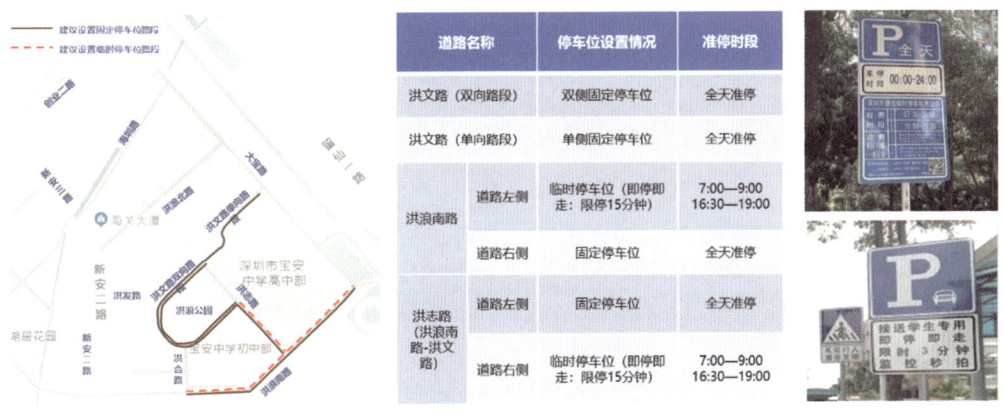

图 6-52　调节片区机非出行需求示意

整合片区内外部停车信息，充分利用周边停车位资源，推动共享泊位，根据片区内部停车泊位利用率等数据，精准调控片区机动车停车需求。在洪文路、洪浪南路、洪志路试点路内进行停车动态管理，布设电子显示屏，建立停车策略与交通运行联动机制，

根据泊位实时利用率、交通流量等数据,实现全天时段停车费率、限停时段动态调整。智慧停车治理示意如图 6-53 所示。

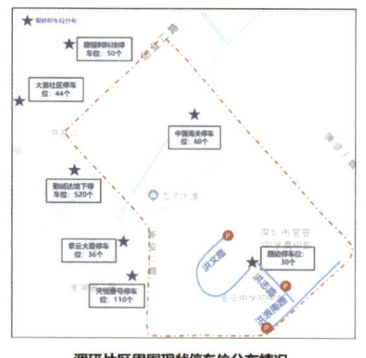
调研片区周围现状停车位分布情况

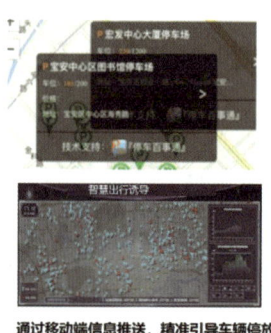
通过移动端信息推送,精准引导车辆停放

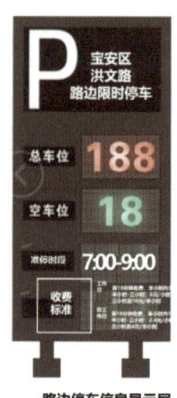
路边停车信息显示屏

图 6-53　片区周边智慧停车治理示意

6.4　支撑道路交通影响评估

道路交通运行指数系统基于丰富的数据积累(图 6-54),通过交通指数动态实时监测,实现对城市交通运行规律的长期跟踪,支持分析重要政策、特殊事件、节假日等交通影响,为恶劣天气、特殊事件等工作部署提供数据支撑,提前发布预警,缩短紧急救援和恢复正常交通时间,提高政府应对突发事件的处置能力,支撑城市交通规划和管理决策工作。

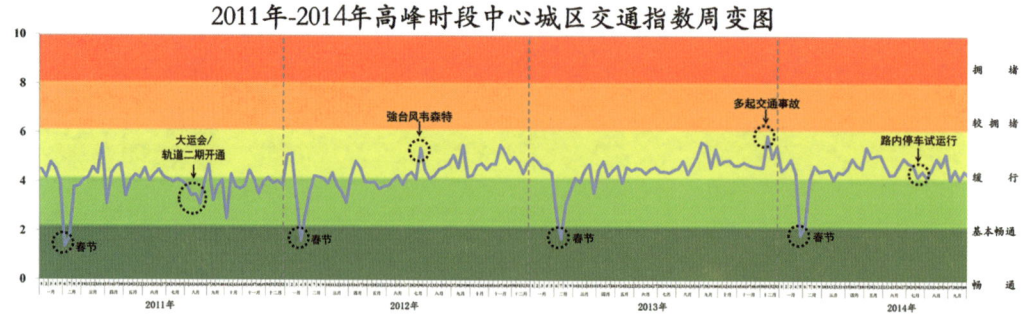

图 6-54　交通指数系统与评估示例

综合运用系统历史数据查询等模块支持全市各类交通影响分析,每年支持超过 20 份专题报告和 14 份常规报告的快速编制与输出,如图 6-55 所示。

图 6-55 深圳交通影响评估报告示例

6.4.1 交通事故影响评估

交通事故往往伴随着交通拥堵,如果处置不当,将会对道路交通运行产生恶劣的影响,对人员出行和公共财产造成严重威胁。① 2013 年 6:37,深圳市皇岗路南行梅龙天桥段发生一宗大货车与小车 4 车碰撞事故,造成 2 人当场死亡。早高峰期间,交警对此路段进行交通管制。受此事故影响,南坪西行转梅观、梅观南行、梅坂大道、新区大道车多缓行。事故现场于 10:30 处置完毕,皇岗路双向恢复通行。② 8 时 20 分,滨海大道东行广深立交西路段小车自燃,占据最左侧车道,自燃车辆后方排起了长龙,现场车多缓行。③ 8:25 左右,滨海大道沙河西立交路段西向东方向发生 4 车事故,占最左侧车道,造成该路段车行缓慢。④ 8:30 左右,南海大道北环南海立交路段北往南方向,发生 3 车事故,占左侧第二条车道,造成该路段车行缓慢。多起交通事故照片如图 6-56 所示。

图 6-56 2013 年深圳市多起交通事故照片

由于多起交通事故的影响,当天深圳市早高峰交通指数比同期提高约10.5%,主要节点运行状况如表6-5所示。

表6-5 早高峰主要节点运行状况

主要节点	事故当天(6月21日)		普通周五(6月14日)	
	平均车速(km/h)	拥堵等级	平均车速(km/h)	拥堵等级
北环大道(东向西)	44.6	较拥堵	56.0	较拥堵
北环大道(西向东)	42.0	缓行	51.2	基本畅通
滨海大道(东向西)	59.4	基本畅通	65.8	畅通
滨海大道(西向东)	33.5	缓行	56.8	基本畅通
南头关(进关)	30.5	基本畅通	31.7	基本畅通
福龙关(进关)	25.6	较拥堵	32.3	缓行
新区大道关(进关)	21.4	缓行	23.0	缓行
梅林关(进关)	8.0	拥堵	19.0	较拥堵
清平关(进关)	34.7	缓行	41.0	缓行
布吉关(进关)	14.9	较拥堵	28.7	缓行

6.4.2 特殊天气影响评估

恶劣天气是城市交通拥堵的重要原因,利用系统可以评估受恶劣天气影响最大的片区和道路,进而支撑城市基础设施的完善。2017年6月13日,受台风"苗柏"影响,深圳市范围内大规模降雨,中心城区早高峰交通指数达6.2,平均速度22.1 km/h,其中,福田区道路运行在9点前后交通指数"爆表",呈现拥堵状态。

利用系统识别出香蜜湖、上梅林、景田、下梅林、农科中心、皇岗六大片区的行车速度下降超过15.0 km/h,与普通工作日的同时段相比,速度下降超过50%,也暴露出城区受灾害天气影响较大的片区分布情况,亟须进行片区级交通与排水管网整治,应对下一轮的夏季突发暴雨天气,如图6-57所示。

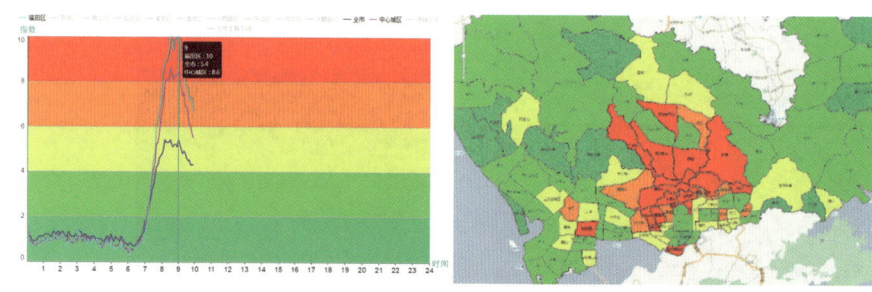

图6-57 台风"苗柏"当天总体交通指数变化与片区交通拥堵概览

台风当天,早高峰的拥堵里程由原先的 81 km 暴涨至 206 km,拥堵里程增长 154%,路网的脆弱路段①里程超过 120 km,拥堵时间比超过 0.6 的路段,如图 6-58 所示。

图 6-58　台风天(左)与普通工作日(右)的早高峰拥堵路段分布

系统利用道路运行情况,结合道路积水情况,建立基于贝叶斯方法的道路积水智能识别模型,并通过统计模型标识易涝点(积水点)分布,基于数据挖掘和关联模型,实现易涝点(积水点)的实时动态监测、预测和预警管理。以彩田路和科技路的积水点预测为例,根据图 6-59、图 6-60 所示的对比情况,彩田路南行方向(中级人民法院门口)在台

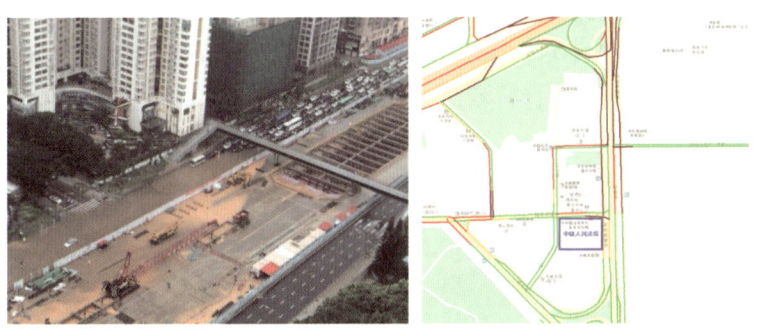

图 6-59　彩田路南行方向(中级人民法院门口)实际路况与互联网地图路况对比

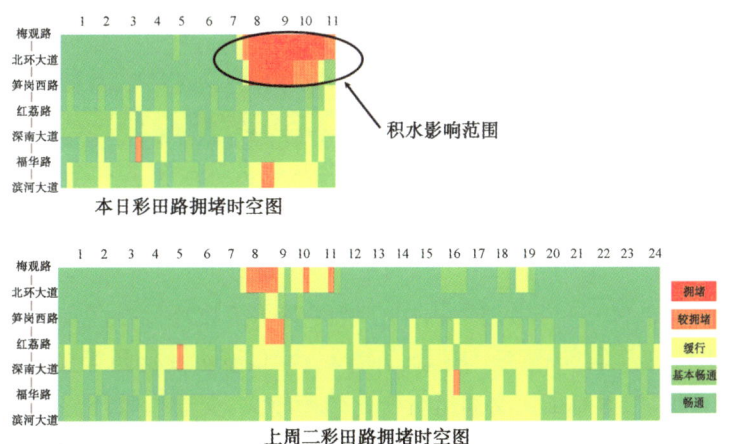

图 6-60　彩田路台风影响当天(2017 年 6 月 13 日)和上周二(2017 年 6 月 6 日)拥堵时空图对比

---

① 脆弱路段表示路段运行处于较拥堵及以上等级的时间和总时间的比值为不小于 0.7 的路段。

风当天通过上游运行车速的大幅下降,下游车流量大幅下降,结合过去 1 h 网格内的降雨量,便可智能预测(识别)路段积水点位置。

6.4.3 赛事活动影响评估

大型活动赛事是影响交通运行的因素之一,其交通影响监测评估是支撑各类重大活动举办期间的交通管理、诱导和交通指引的重要基础。

以 2018 年深圳国际马拉松赛为例,评估大型赛事活动对城市局部区域道路交通的运行影响情况。2018 年深圳国际马拉松赛于 12 月 16 日上午 8 时开始,比赛主要围绕深南大道路段和沙河西路部分区域进行。该马拉松赛参与人数多,比赛时间较长,涉及区域范围广,是深圳市规模较大的赛事之一。

马拉松赛事主要影响范围为中心城区,依托道路交通运行指数系统可实现对当天全市运行情况的动态跟踪。对比比赛当日和上周末同期(2018 年 12 月 9 日)中心城区交通指数曲线(图 6-61)可知,当天 08:00—14:00 比赛影响时段内,中心城区交通指数整体高于 12 月 9 日,平均交通指数 3.3,较 12 月 9 日同期(平均交通指数 2.6)上升 26.9%;交通指数达于 11:00 前后达最大值,约为 4.3(交通运行状态为缓行),较 12 月 9 日同期(交通指数 2.8,交通运行状态为基本畅通)上升幅度超过 50%。

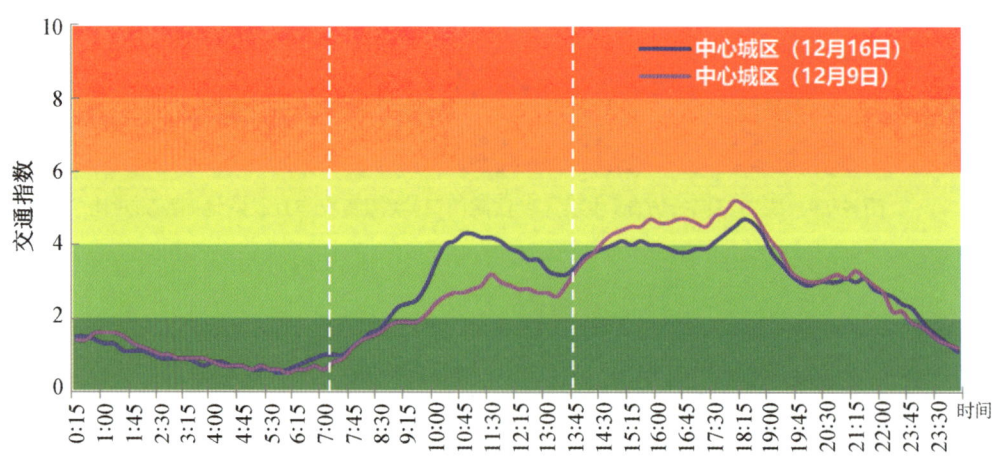

图 6-61 中心城区交通指数变化曲线

表 6-6 所示 08:00—14:00 时段内中心城区交通指数环比排名前十的街道主要分布在南山区和福田区,华富、粤海、华强北、南园、沙河、沙头及桂园等街道交通指数变化均超过 50%,且华富、粤海街道交通运行变化幅度较大,交通指数环比上升超过 100%,片区平均速度低于 25 km/h。

表 6-6　中心城区 08:00—14:00 交通指数环比排名前十街道

排名	街道名称	所属行政区	交通指数		平均速度(km/h)		交通指数环比
			12月16日	12月9日	12月16日	12月9日	
1	华富	福田区	6.0	2.8	23.9	32.0	114.3%
2	粤海	南山区	4.7	2.2	24.6	32.6	113.6%
3	华强北	福田区	7.3	3.9	15.0	20.6	87.2%
4	南园	福田区	4.2	2.3	34.0	39.7	82.6%
5	沙河	南山区	2.5	1.4	37.9	42.1	78.6%
6	沙头	福田区	2.2	1.3	39.4	42.4	69.2%
7	桂园	罗湖区	7.9	4.8	13.5	21.2	64.6%
8	莲花	福田区	3.4	2.7	27.3	29.1	25.9%
9	招商	南山区	4.4	3.5	21.5	23.9	25.7%
10	南头	南山区	3.0	2.4	29.6	31.4	25.0%

对比比赛当天 08:00—14:00 和上周同期中心城区街道交通运行情况(图 6-62、图 6-63)可知,受比赛影响,桂园(交通指数 7.9)、华强北(交通指数 7.3)及华富(交通指数 6.0)街道交通运行状态变化较大,交通运行处于较拥堵状态。此外,粤海、招商、南园等街道交通运行也受到一定影响,交通运行状态由基本畅通下降为缓行状态。

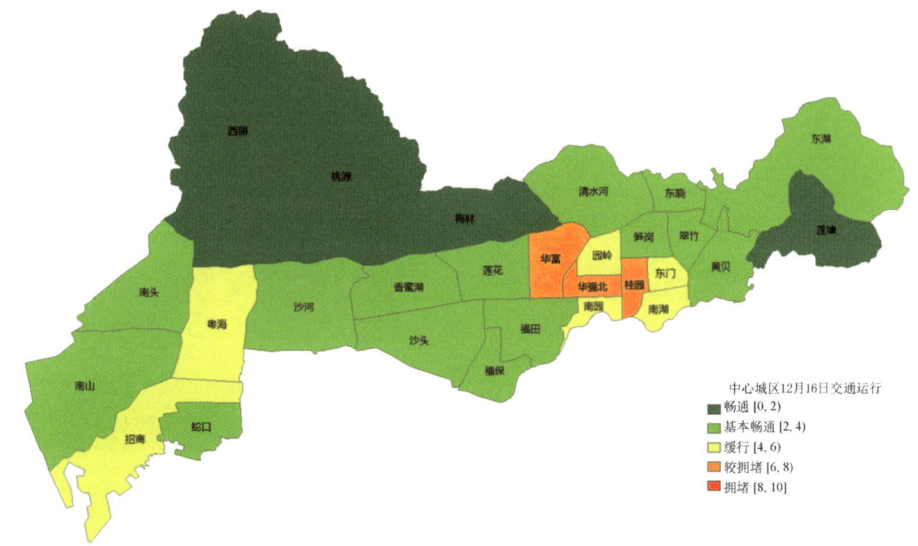

图 6-62　比赛当天(12月16日 08:00—14:00)中心城区街道交通运行情况

对主要受影响街道交通指数变化(图 6-64)进行分析,比赛影响时段内,华强北、南园、华富、粤海等街道交通指数较上周同期均有上升,且出现明显高峰,最高峰时交通运

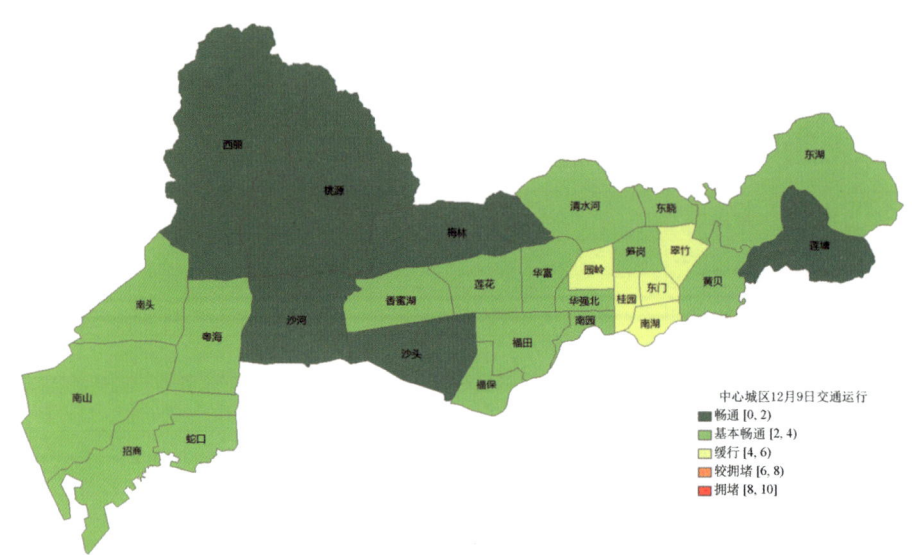

图 6-63　上周同期(12月9日 08:00—14:00)中心城区街道交通运行情况

行处于"较拥堵"及以上状态。其中,华富、华强北街道交通运行处于"较拥堵"及以上状态的时间范围较长,拥堵时段为 11:00—16:00,拥堵时长达 5 h。

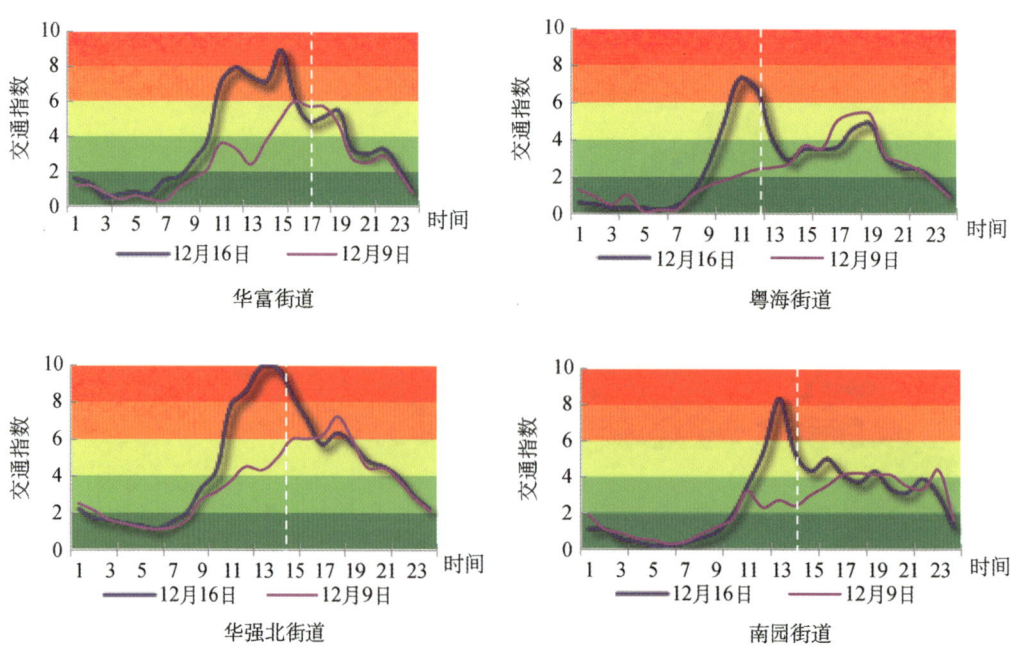

图 6-64　比赛主要影响街道交通指数变化

比赛主要围绕深南大道及沙河西路局部路段进行,比赛期间对局部道路实施交通管制措施,导致赛事周边部分路段交通压力较大。报告选取主要影响路段进行分析,评估其交通运行变化情况,如表 6-7 所示。

在比赛影响时段内,红岭中路(红桂路—深南中路)、红岭南路(滨河大道—深南中路)、科苑南路(深南大道—创业路)及白石路(沙河东路—科苑南路)等路段平均速度均呈较明显下降趋势,比 12 月 9 日同期下降超过 40%。其中,红岭中路平均速度环比下降最明显,比赛当天平均速度 21.8 km/h,比上周同期(12 月 9 日平均速度 7.9 km/h)下降 63.8%。此外,红岭中路(红桂路—深南中路)、红岭南路(滨河大道—深南中路)及红桂路(红岭中路—蛟湖路)08:00—14:00 的平均速度低于 10 km/h,交通拥堵严重。

表 6-7　主要影响路段 08:00—14:00 的交通运行变化情况

序号	路段名称	起点	终点	方向	平均速度(km/h)		速度环比
					12月16日	12月9日	
1	红岭中路	红桂路	深南中路	南行	7.9	21.8	−63.8%
2	红岭南路	滨河大道	深南中路	北行	6.7	15.2	−55.9%
3	科苑南路	深南大道	创业路	南行	16.6	29.3	−43.3%
4	白石路	沙河东路	科苑南路	西行	21.4	35.9	−40.4%
5	福华路	彩田路	南园路	东行	15.8	23.9	−33.9%
6	红桂路	红岭中路	蛟湖路	东行	9.8	14.4	−31.9%
7	科苑南路	创业路	深南大道	北行	18.9	27.7	−31.8%
8	南海大道	北环大道	东滨路	南行	25.3	34.6	−26.9%
9	滨河大道	福田路	船步路	东行	38.3	51.3	−25.3%
10	后海滨路	滨海大道	工业八路	南行	18.8	25.1	−25.1%
11	华富路	泥岗西路	振华路	南行	17.7	23.2	−23.7%
12	红荔路	华强北路	新洲路	西行	20.7	27.0	−23.3%
13	后海滨路	工业八路	滨海大道	北行	19.1	24.8	−23.0%
14	滨海大道	沙河东路	南海大道	西行	50.8	65.6	−22.6%
15	华富路	振华路	泥岗西路	北行	21.4	26.8	−20.1%
16	福华路	南园路	彩田路	西行	18.1	22.4	−19.2%
17	南海大道	东滨路	北环大道	北行	33.8	40.7	−17.0%
18	白石路	科苑南路	沙河东路	东行	25.9	30.9	−16.2%
19	红岭中路	深南中路	红桂路	北行	18.0	21.2	−15.1%
20	红荔路	新洲路	华强北路	东行	22.1	25.9	−14.7%

6.5 支撑公众交通出行服务

人性化、多元化、实效性强的综合交通信息服务有利于公众及时掌握交通状况信息,提升其对交通出行的满意度,也是交通管理部门信息公开、社会服务意识的重要体现。道路交通运行指数系统为公众出行网站、广播、媒体等渠道提供交通运行实况,发布及时、准确的出行信息,便于公众选择经济的出行方式,实现对出行前、出行中和目的地等信息服务的全程实时覆盖。特别在节假日等重要节点期间提供出行预测服务,基于历史数据识别拥堵路段,引导公众提前规划出行路径,全面把握出行指引。

6.5.1 日常出行信息服务

基于交通指数对城市交通状态的真实刻画,实时展示交通路况与拥堵预警信息(图6-65),依托交通指数系统多移动终端的信息发布,为公众提供便利的出行指引。利用交通指数,公众能够科学选择出行目的地、出行时间、出行方式和出行路径,大大提高出行效率,减少拥堵造成的等待时间,如图6-66所示。系统发布的短时交通出行预测功能也可以有效指引用户弹性选择出发时间,减少无效的途中时耗。

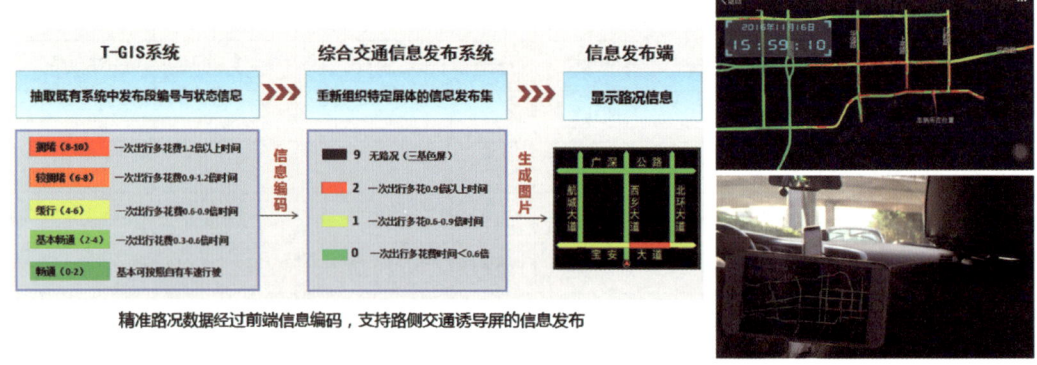

图6-65 路侧交通诱导屏信息发布

以深圳市为例,依托全景大交通栏目(即公交、地铁及移动终端)播报实时交通运行情况,对全市实时运行预警情况推送,覆盖公交、地铁及移动电视等,早晚高峰时段共播出10档,平均每年支持交通播报时长超过2 500 min,为市民提供日常出行信息服务,如图6-67所示。

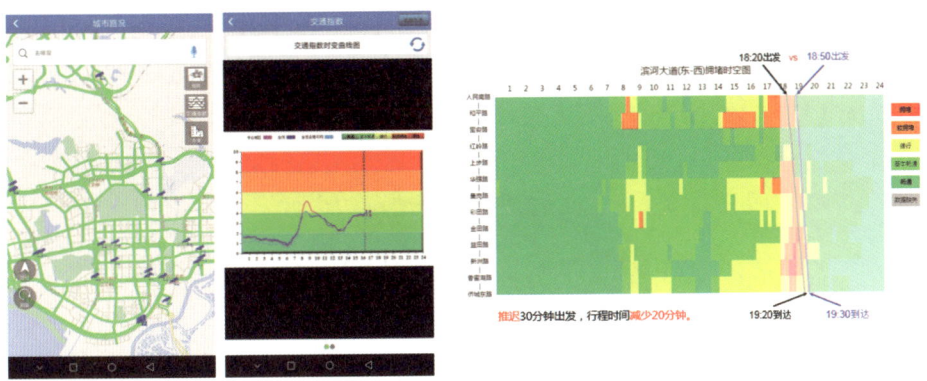

图 6-66　交通路况与交通指数信息发布(上)以及用户出行时间指引(下)示意

图 6-67　全景大交通栏目提供日常出行信息服务

6.5.2　节假日出行服务

深圳市春运监测平台统计数据显示,2019 年春运期间[①],截至 2019 年 2 月 19 日(正月十五),深圳海陆空铁地旅客发送量达 1 379.5 万人次,客流量总体呈增长趋势,但客流增长较为平缓,同比增长 7.7%,如图 6-68 所示。

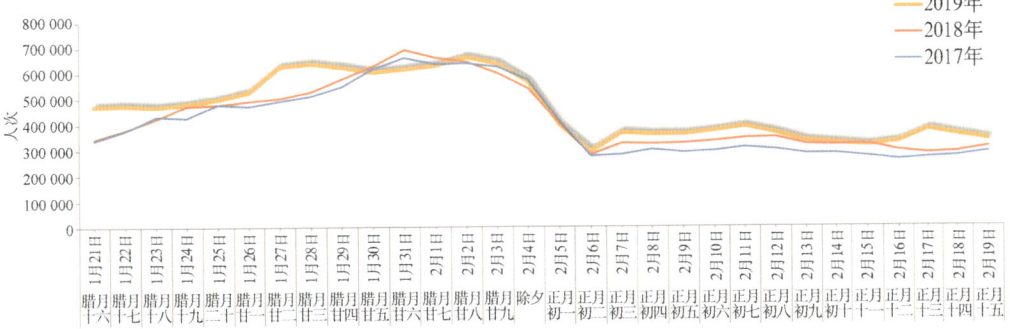

图 6-68　2017—2019 年春运旅客发送量对比

---

① 2019 年春运时间从 2019 年 1 月 21 日(腊月十六)开始,到 2019 年 3 月 1 日(正月廿五)结束,共 40 天。

图 6-69 所示为 2019 年各交通方式旅客发送量占比,其中,铁路发送 855.5 万人次,同比增长 12.4%;公路发送 248.2 万人次,同比减少 6.0%;民航发送 237.2 万人次,同比增长 8.1%;水运发送 38.7 万人次,同比增长 6.7%。

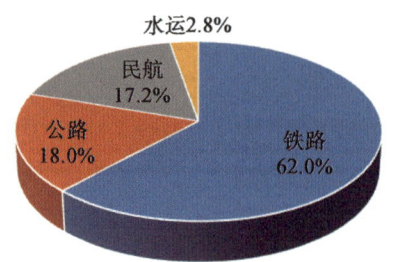

图 6-69　2019 年各方式旅客发送量占比

春运期间,全市交通指数较 2018 年有所上升,整体交通运行情况良好,总体处于畅通状态。春节前(统计日期范围为 2019 年 1 月 21 日—2 月 3 日,统计时段为 7:00—22:00(下同)),全市交通指数高于 2018 年,春节前平均交通指数 2.5,平均速度 35.7 km/h,平均速度与 2018 年同期(2018 年农历日同期,下同)持平;春节期间(统计日期范围为 2019 年 2 月 4 日—2 月 10 日)平均交通指数 1.4,平均速度 42.0 km/h,平均速度同比下降 3.0%;春节后(统计日期范围为 2019 年 2 月 11 日至 2 月 19 日),平均交通指数 2.3,平均速度 36.3 km/h,平均速度同比 2018 年下降 4.2%,如图 6-70、图 6-71 所示。

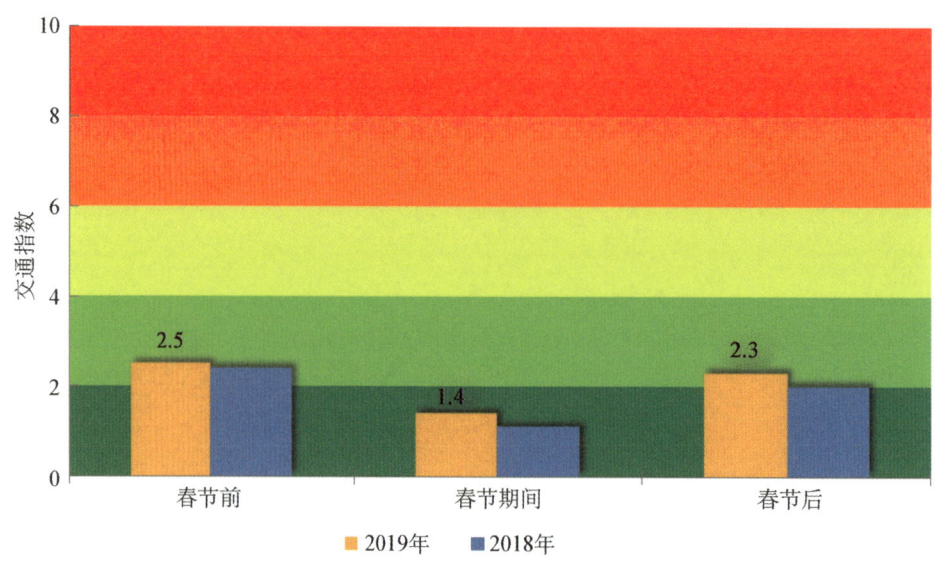

图 6-70　2018 年、2019 年全市春运期间交通指数

6 典型应用场景及案例

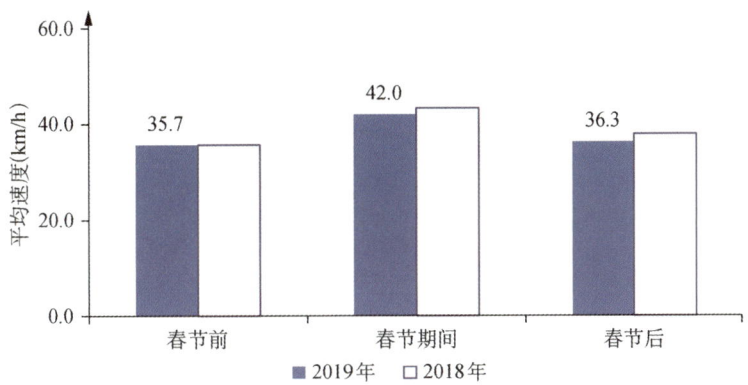

图 6-71　2018 年、2019 年全市春运期间平均速度

如图 6-72 所示,2019 年 1 月 21 日—2 月 19 日,深圳市交通指数总体高于 2018 年同期,全市整体交通指数曲线呈现"两边高、中间低"的特点。从春运开始,全市交通指数逐渐下降,春节期间整体最低,交通运行状态为畅通,春节后交通指数逐渐回升。其中,全市交通指数最高为 1 月 21 日(春运第一天)、22 日和 23 日,交通指数均为 3.2,交通基本畅通,同比 2018 年分别下降 5.9%、下降 13.5%、上升 3.2%;最低为 2 月 4 日(除夕),当天全市交通指数 1.1,交通畅通。

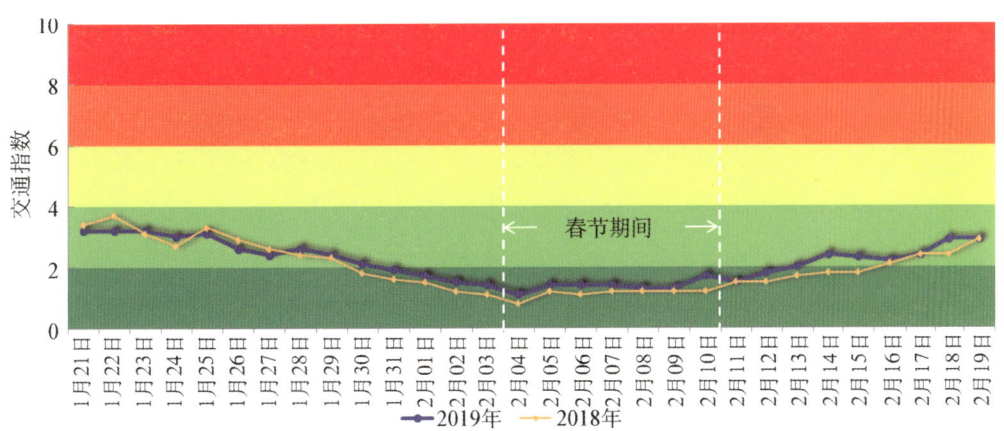

图 6-72　2018 年、2019 年深圳市春运期间交通指数日变情况

2019 年春运期间热点周边道路平均速度日变如图 6-73 所示,口岸类型热点区域周边平均速度最低,其次为枢纽、景区类型。1 月 27 日(腊月廿二)枢纽、口岸类型热点区域周边平均速度均达到春运期间最低,分别为 21.8 km/h、14.0 km/h。2 月 5 日(正月初一)—2 月 9 日(正月初五)春节假期出游期间,景区类型热点区域周边平均速度呈现下降趋势,2 月 5 日平均速度最低,为 26.3 km/h。

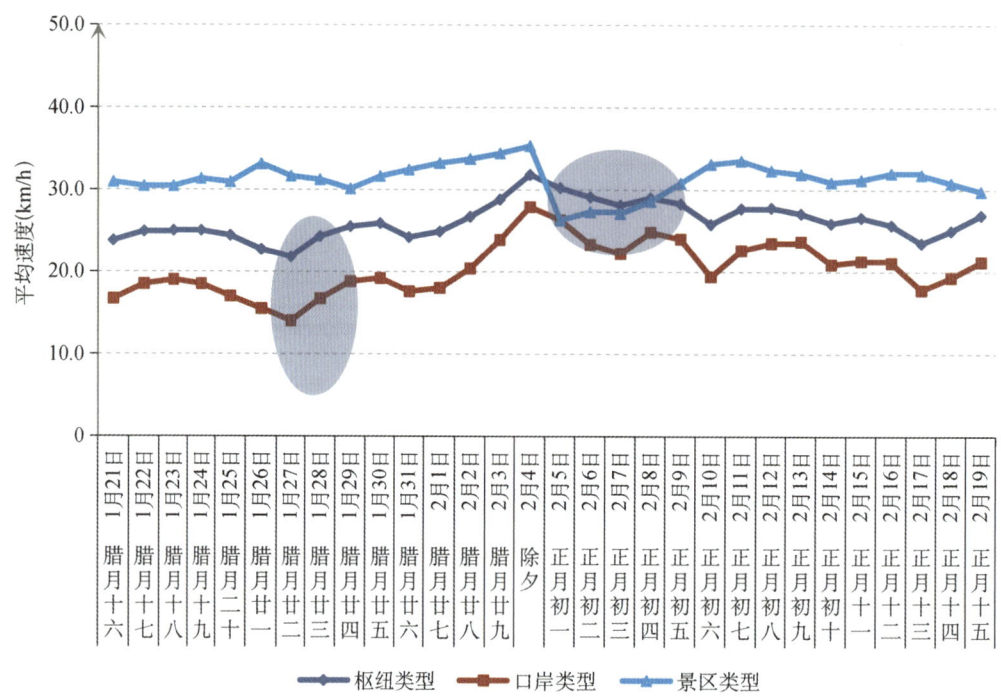

图 6-73　2019 年春运期间热点周边道路平均速度日变图

在高速公路运行方面(图 6-74),春运第一天起,深圳市高速公路交通运行整体处于较低水平,随后平均速度逐渐提升并于 2019 年 2 月 4 日(除夕)当天达到最高;从大年初一开始,高速公路平均速度逐渐下降。2019 年 1 月 25 日(腊月二十)—2 月 7 日(正

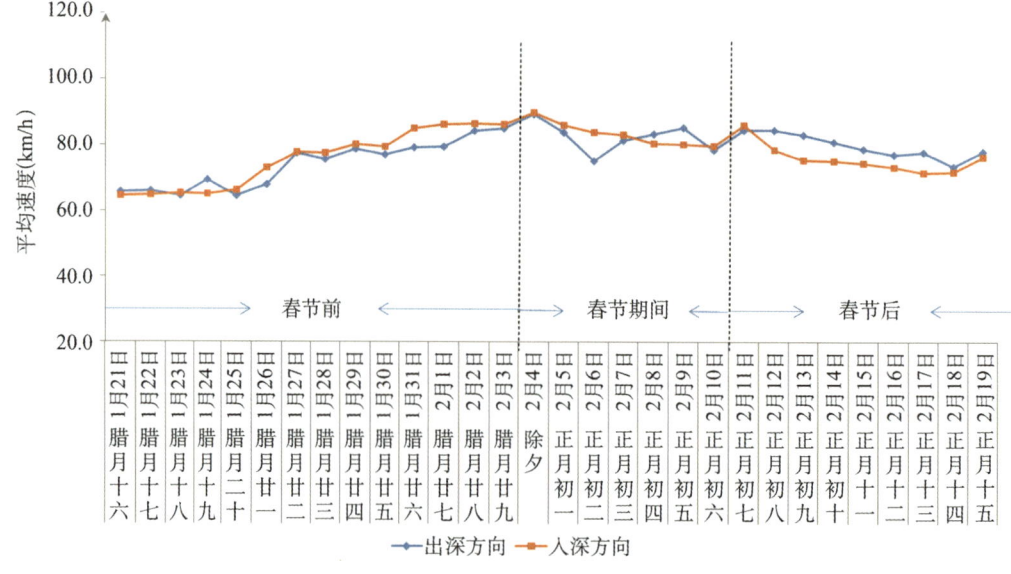

图 6-74　春运期间高速公路平均速度变化

月初三),高速公路出深方向平均速度整体上低于进深方向,该时间段为离深高峰期;从2月8日(正月初四)起,返深车辆开始增多;2月12日(正月初八)—2月19日(正月十五)期间,高速公路进深方向平均速度整体上低于出深方向,该时间段为返深高峰期。

春节前,高速公路主要拥堵路段分别在盐排高速公路、龙大高速公路、机荷高速公路等局部路段,主要集中时段为14:00—19:30,如图6-75所示。

图6-75 春节前高速公路主要拥堵路段分布

春节期间,高速公路主要拥堵路段集中在盐坝高速公路、机荷高速公路等局部路段,主要集中时段为10:30—1:30,如图6-76所示。

图6-76 春节期间高速公路主要拥堵路段分布图

春节后,高速公路主要拥堵路段分别在龙大高速公路、机荷高速公路等局部路段,主要集中时段为 14:30—16:00,如图 6-77 所示。

图 6-77　春节后高速公路主要拥堵路段分布图

在市内道路运行方面,2019 年 1 月 21 日—2 月 19 日期间,市内主要干道平均运行速度较 2018 年呈现下降趋势,平均速度 45.0 km/h,同比下降 6.5%;其中,皇岗路平均速度下降最明显,2019 年平均速度 36.7 km/h,同比下降 14.1%,如表 6-8 所示。

表 6-8　全市主要干道平均速度及变化情况

序号	道路名称	2019 年(km/h)	2018 年(km/h)	同比
1	皇岗路	36.7	42.7	−14.1%
2	新洲路	35.3	40.1	−12.0%
3	红岭路	22.0	24.7	−10.9%
4	沙河西路	41.2	45.7	−9.8%
5	南海大道	36.0	38.4	−6.3%
6	深南大道	40.4	42.7	−5.4%
7	北环大道	61.1	63.9	−4.4%
8	滨海大道	68.6	70.1	−2.1%
9	南坪快速路	63.5	64.8	−2.0%

春节前(2019年1月21日—2月3日),全市十大拥堵路段主要分布在宝安区、罗湖区和南山区(图 6-78),最拥堵路段为宝安区的西乡大道(工业路—宝安大道,西行),交通指数 7.4,平均速度 12.8 km/h,如表 6-9 所示。

图 6-78 春节前十大拥堵路段分布

表 6-9 春节前全市十大拥堵路段

序号	道路名称	起点	终点	方向	行政区	指数	速度(km/h)
1	西乡大道	工业路	宝安大道	西行	宝安区	7.4	12.8
2	滨海大道	南海大道	南山大道	西行	南山区	7.4	19.5
3	红岭南路	滨河大道	深南中路	北行	罗湖区	7.4	13.2
4	文锦中路	爱国路	深南东路	南行	罗湖区	7.3	13.5
5	南海大道	工业八路	东滨路	北行	南山区	7.1	14.6
6	滨河大道	红岭南路	船步路	东行	罗湖区	7.1	21.9
7	新安五路	广深公路	宝安大道	西行	宝安区	7.1	14.7
8	新安四路	前进二路	建安二路	西行	宝安区	7.1	14.7
9	桂庙路	南新路	南山大道	东行	南山区	7.0	14.9
10	南环路	广深公路	中心路	西行	宝安区	7.0	14.9

春节期间,全市十大拥堵路段主要分布在大鹏新区、盐田区和光明区(图 6-79),最拥堵路段为大鹏新区的鹏飞路(东山路—银滩路,西行),交通指数 7.9,平均速度 10.5 km/h,如表 6-10 所示。

图 6-79 春节期间十大拥堵路段分布

表 6-10 春节期间全市十大拥堵路段

序号	道路名称	起点	终点	方向	行政区	指数	速度(km/h)
1	鹏飞路	东山路	银滩路	西行	大鹏新区	7.9	10.5
2	鹏飞路	银滩路	东山路	东行	大鹏新区	7.6	11.8
3	光明大街	凤新路	光明大道	西行	光明区	7.4	13.0
4	盐梅路	环梅路	盐坝高速公路（小梅沙收费站）	东行	盐田区	7.2	14.2
5	北山道	盐坝高速	海鲜街	南行	盐田区	7.1	14.7
6	艺海路	环碧路	环梅路	南行	盐田区	6.9	15.3
7	艺海路	环梅路	环碧路	北行	盐田区	6.8	16.2
8	鹏飞路	公园路	银滩路	东行	大鹏新区	6.6	16.8
9	红岭南路	滨河大道	深南中路	北行	罗湖区	6.6	17.2
10	凤新路	果园中心路	圳美大道	北行	光明区	6.5	17.4

春节后，全市十大拥堵路段（表6-11）主要分布在南山区（图6-80），全市十大拥堵路段之首为罗湖区的红岭南路（滨河大道—深南中路，北行），交通指数7.4，平均速度13.2 km/h。

表 6-11　春节后全市十大拥堵路段

序号	道路名称	起点	终点	方向	行政区	指数	速度(km/h)
1	红岭南路	滨河大道	深南中路	北行	罗湖区	7.4	13.2
2	吉华路	金鹏路	布吉路	东行	龙岗区	7.4	13.2
3	南海大道	工业八路	东滨路	北行	南山区	7.0	15.2
4	西乡大道	工业路	宝安大道	西行	宝安区	6.9	15.3
5	桂庙路	南新路	南山大道	东行	南山区	6.9	15.4
6	上步中路	红荔路	笋岗西路	北行	福田区	6.9	15.4
7	民生大道	新华街	长春北路	东行	光明区	6.9	15.6
8	光明大街	凤新路	光明大道	西行	光明区	6.8	16.0
9	南山大道	创业路	滨海大道	北行	南山区	6.8	16.2
10	金田路	福民路	福强路	南行	福田区	6.7	16.3

图 6-80　春节后十大拥堵路段分布

6.5.3　开学季出行服务

根据往年数据分析,2021 年 9 月 1 日,深圳市中小学秋季开学日,受开学首日送学、工作日通勤和降雨等多重出行因素影响,预计当天全市早高峰(7:00—9:00)道路交通运行指数较普通工作日有所上升,道路运行将恶化,各区通行效率有所下降。其中,罗湖、南山、龙华、福田、龙岗等行政区交通运行将处于"缓行"状态，拥堵等级上升1个等级，如图6-81所示。

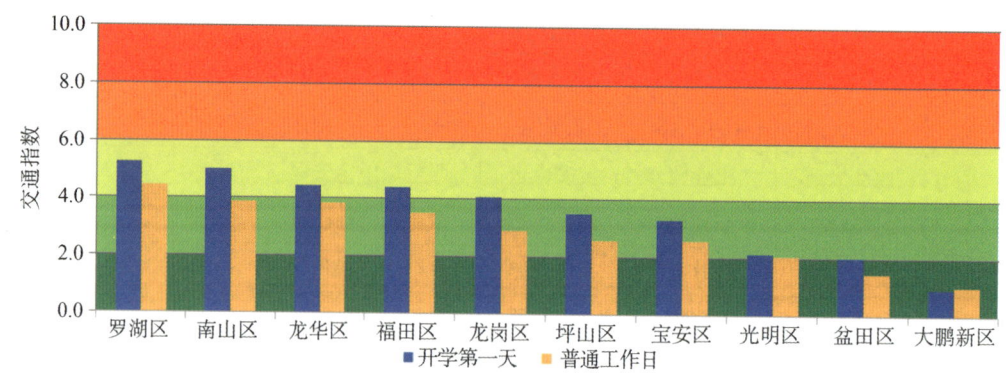

图6-81　开学第一天各行政区早高峰指数与普通工作日对比

根据交通指数预测（图6-82），开学第一天全市路网将于7:30前后进入缓行状态，持续至10:00前后才逐渐恢复常态，较普通工作日约提前半小时出现交通拥堵的情况。其中，中心城区交通拥堵情况更为明显，预计7:45—9:00时段内交通拥堵情况较明显，通行时间较普通工作日多30%，建议市民合理调整出行时间，尽量错峰出行。

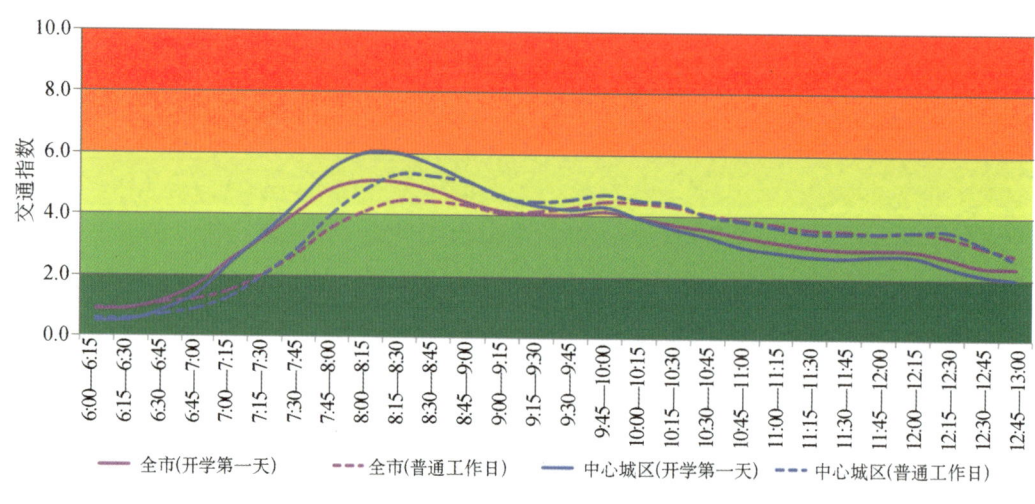

图6-82　开学第一天全市及中心城区交通指数预测

结合普通工作日早高峰全市主要街道交通运行状态（图6-83），预测开学第一天早高峰时段全市主要街道交通运行（图6-84）将呈现拥堵趋势，通行效率有所下降。其中，东湖、布吉、东晓、海山、香蜜湖等街道片区拥堵情况较明显（表6-12），预计较普通工作日上升1～2个拥堵等级，将多花费30%～60%的通行时间，建议市民出行前查看实时路况，节约出行时间。

6 典型应用场景及案例

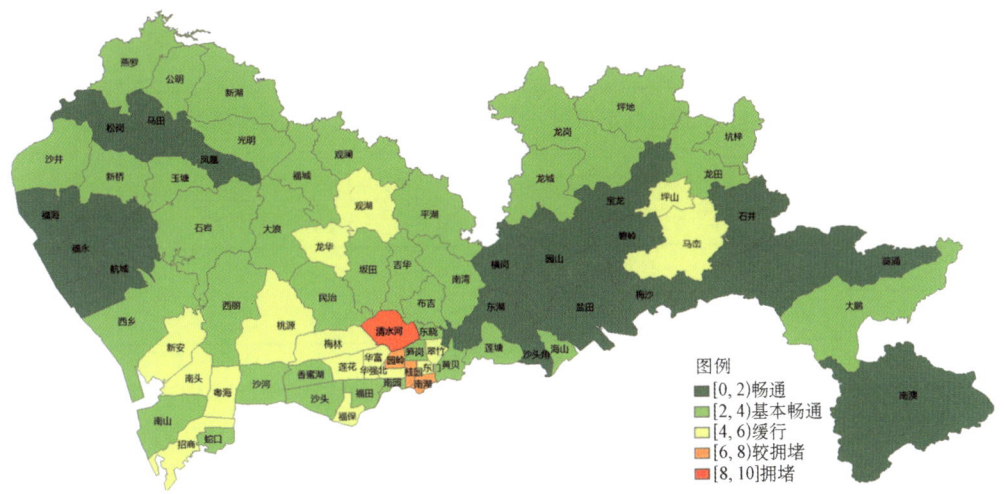

图 6-83 普通工作日早高峰全市主要街道交通运行状态示意

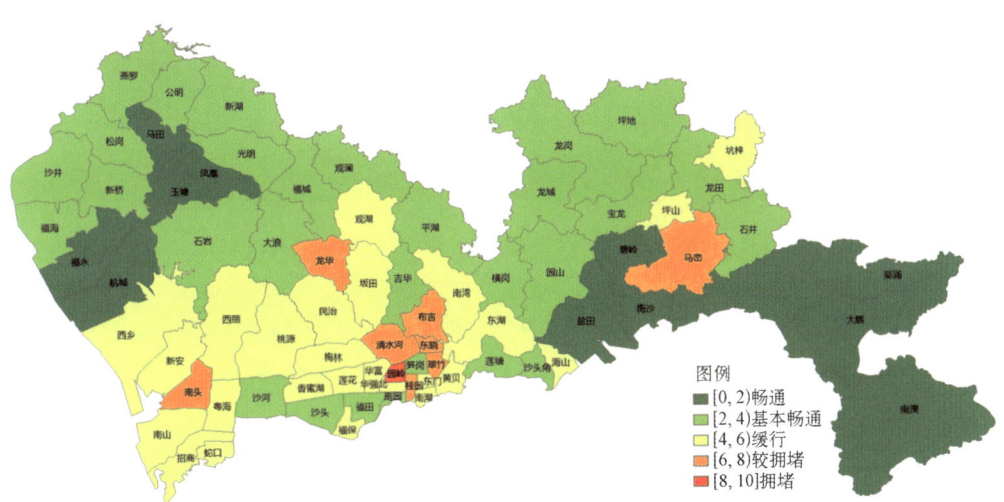

图 6-84 开学第一天早高峰全市主要街道交通运行预测状态示意

表 6-12 开学第一天早高峰全市主要拥堵街道预测表

街道名称	开学第一天		普通工作日		指数环比
	指数预测值	运行状态预测	指数值	运行状态	
园岭	8.2	拥堵	6.7	较拥堵	22.6%
南头	7.6	较拥堵	5.9	缓行	29.4%
布吉	7.3	较拥堵	3.4	基本畅通	112.6%
东晓	7.3	较拥堵	3.5	基本畅通	112.5%

（续表）

街道名称	开学第一天		普通工作日		指数环比
	指数预测值	运行状态预测	指数值	运行状态	
马峦	6.6	较拥堵	4.7	缓行	39.2%
桂园	6.6	较拥堵	6.3	较拥堵	5.3%
翠竹	6.5	较拥堵	4.9	缓行	32.2%
龙华	6.3	较拥堵	5.6	缓行	13.1%

预计开学第一天建安小学、新湖中学、深圳市百合外国语学校、深圳市翠竹小学、深圳小学等学校周边道路拥堵恶化较明显，早高峰时段交通指数将呈上升趋势，通行效率有所下降，道路拥堵较为明显。学校周边主要拥堵路段分布预测如图6-85和表6-13所示。

图6-85 开学第一天早高峰全市主要学校周边五大易堵路段分布预测示意

表6-13 开学第一天早高峰全市各区学校周边五大易堵路段预测

编号	路段名称	起点	终点	方向	拥堵时段预测	指数预测值	运行状态预测
福田区							
1	红荔西路	农园路	农林路	西行	07:00—08:30	7.4	较拥堵
2	红荔西路	农林路	农园路	东行	07:00—09:30	6.4	较拥堵
3	红荔路	红岭中路	上步路	西行	07:30—08:30	6.9	较拥堵
4	红荔路	华强北路	华富路	西行	07:30—08:30	6.2	较拥堵

(续表)

编号	路段名称	起点	终点	方向	拥堵时段预测	指数预测值	运行状态预测
5	华富路	泥岗西路	红荔路	南行	07:30—10:00	9.8	拥堵
罗湖区							
1	人民北路	笋岗东路	晒布路	南行	07:00—08:00	8.5	拥堵
2	晒布路	东门中路	人民北路	北行	07:00—09:00	8.4	拥堵
3	华丽路	爱国路	东门北路	西行	07:30—09:00	8.1	拥堵
4	东门北路	文锦北路	翠竹路	东行	07:30—10:00	7.8	较拥堵
5	华丽路	东门北路	爱国路	东行	08:00—09:00	6.5	较拥堵
南山区							
1	爱榕路	工业八路	招商路	南行	07:00—08:30	8.3	拥堵
2	铜鼓路	北环大道	文华路	南行	07:30—08:30	8.9	拥堵
3	东滨路	前海路	月亮湾大道	西行	07:30—10:00	7.6	较拥堵
4	前海路	东滨路	广深沿江高速	南行	08:00—08:30	7.4	较拥堵
5	东滨路	月亮湾大道	前海路	东行	08:00—09:30	7.2	较拥堵
盐田区							
1	海涛路	沙深路	深盐路	北行	07:30—08:30	8.3	拥堵
2	深盐路	沙盐路	海山路	东行	07:30—09:00	7.2	较拥堵
宝安区							
1	前进一路	新安四路	创业二路	南行	07:00—10:00	6.5	较拥堵
2	兴华二路	宝民一路	公园路	东行	07:30—08:30	8.6	拥堵
3	新安六路	宝源路	海滨大道	北行	07:30—09:00	6.8	较拥堵
4	裕安二路	新安三路	宝民一路	西行	07:30—09:00	7.5	较拥堵
5	宝源路	西乡大道	新安六路	南行	08:30—09:30	7.6	较拥堵
龙岗区							
1	荣华路	龙岗大道	百鸽路	东行	07:00—08:00	8.7	拥堵
2	荣华路	百鸽路	龙岗大道	西行	07:00—08:30	9.0	拥堵
3	粤宝路	吉华路	红岗路	南行	07:00—08:30	8.6	拥堵
4	莲花路	西环路	吉华路	东行	07:30—09:00	7.9	较拥堵
5	百鸽路	禾坑路	龙岗大道	北行	07:30—10:00	7.6	较拥堵
光明区							
1	民生大道	长春北路	红花北路	东行	07:00—09:00	6.7	较拥堵

(续表)

编号	路段名称	起点	终点	方向	拥堵时段预测	指数预测值	运行状态预测
2	民生大道	兴发路	公明北环大道	东行	07:30—10:00	6.6	较拥堵
坪山区							
1	坪山大道	兰竹路	金牛西路	南行	07:30—08:30	8.7	拥堵
2	丹梓大道	宝梓中路	兰景路	西行	08:00—09:00	7.7	较拥堵
龙华区							
1	人民路	公园路	龙观大道	北行	07:00—09:30	7.4	较拥堵
2	人民路	龙观大道	公园路	南行	07:30—08:30	6.8	较拥堵
3	布龙路	建设路	和平路	南行	07:30—09:00	6.5	较拥堵
4	三联路	人民路	东环二路	东行	07:30—09:30	7.5	较拥堵
5	建设路	东环一路	东环二路	北行	07:30—10:00	7.7	较拥堵

注：拥堵路段数量按实际预测结果统计。

6.6 支撑跨部门应用与共享

不同管理部门的业务工作和协作需要进行数据共享，为支持公众服务，保障相关工作开展和数据安全，系统通过数据共享开放各类数据共享接口，分级发布信息，实现多维度数据应用。系统为超过 15 个部门单位（辖区局、公交局、应急中心等）提供系统访问权限，为超过 20 个外部系统提供外部数据接口，如图 6-86 所示。

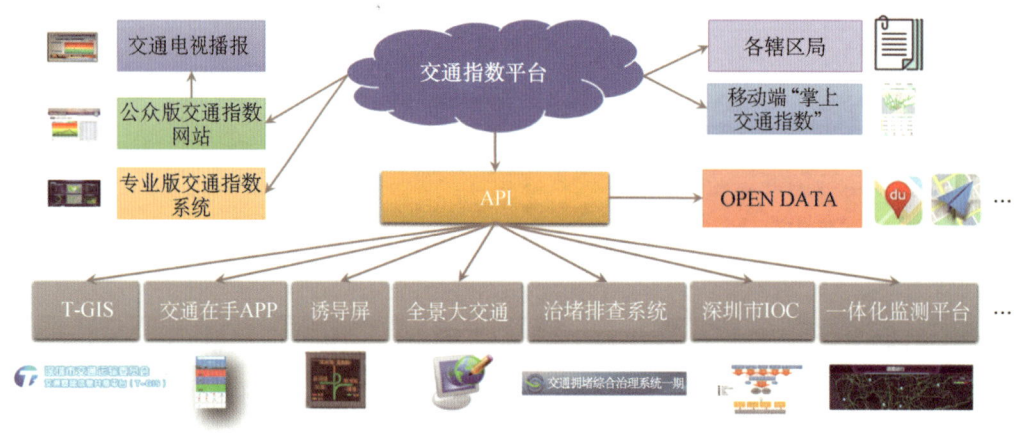

图 6-86　系统面向其他部门与业务系统的支持和应用

7 深圳交通指数系统经验输出案例

7.1 案例一：重庆主城区"内畅外联"道路交通运行监测系统
7.2 案例二：成都道路交通运行指数系统
7.3 案例三：兰州交通大数据平台及应用系统
7.4 案例四：南昌交通大数据信息平台
7.5 案例五：湛江大数据决策支持平台
7.6 案例六：长春市交通大数据平台
7.7 案例七：烟台市交通拥堵决策支持系统

基于高精度、高可拓展的速度算法与指数体系，交通指数系统在深圳市取得了良好的应用成效，其沉淀输出的标准化交通指数云平台，现已同步推广应用于南昌、重庆、长春、成都、福州、江门、济宁、湛江、兰州、湛江、烟台、宁波、苏州等多个城市，部分示例如图 7-1 所示。

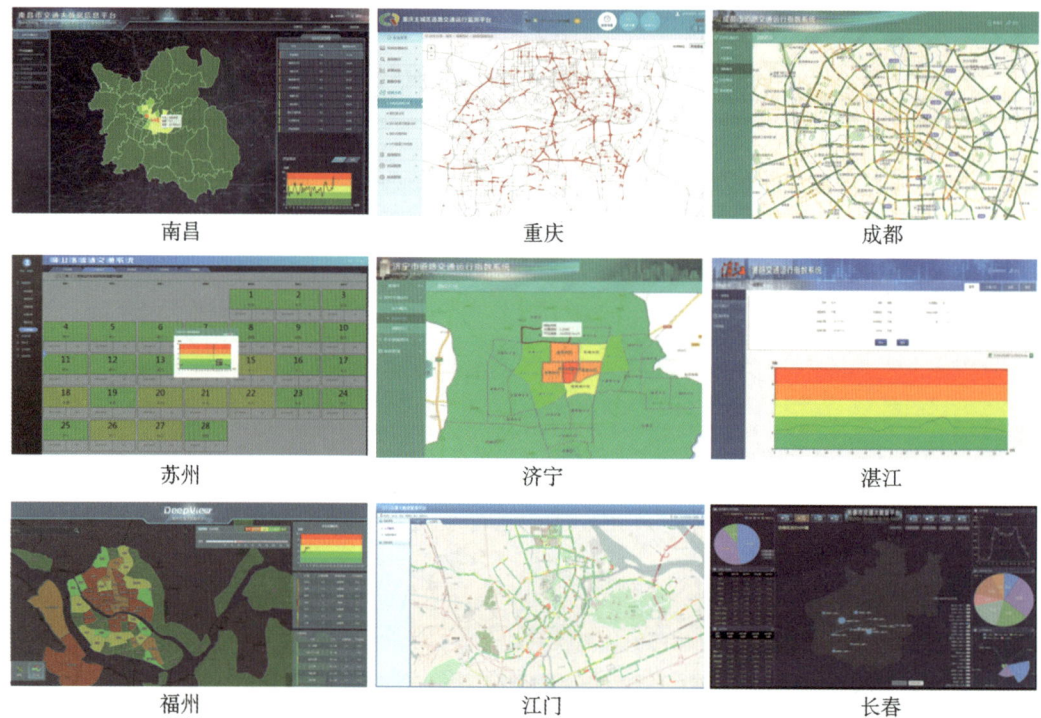

图 7-1　深圳交通指数系统在其他城市的应用推广示例

7.1　案例一：重庆主城区"内畅外联"道路交通运行监测系统

7.1.1　项目简介

重庆主城区"内畅外联"道路交通运行监测系统（图 7-2）是深圳交通指数系统对外输出的典型案例，是深圳交通指数算法体系与当地复杂路网条件相结合的一大创新。平台主要包括如下几个技术特点。

（1）多源动态数据融合：重庆指数系统基于出租车 GPS 数据为主体，以道路断面机动车 RFID 数据和"两客一危"数据为补充校核的多源数据群，提高了数据样本的覆盖率和交通运行监测结果的可靠性。立足于大数据环境下的交通建设评估先进技术，在国内首次将 RFID 电子车牌数据应用于复杂路网条件下的交通运行监测评估与交通模型评估，实现多源动态数据融合。

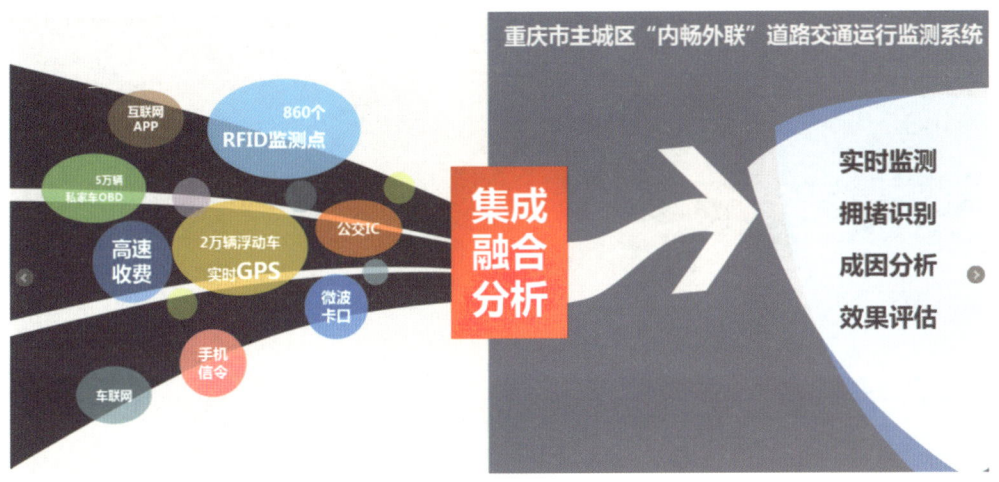

图 7-2 重庆市主城区"内畅外联"道路交通运行监测系统页面

（2）复杂路网条件下的车速估计算法：系统针对传统算法存在的问题，建立基于浮动车 GPS 数据的最短路径搜索与路段行程车速优化算法，更好地适应重庆的复杂路网条件（多桥梁、多隧道）与浮动车数据特点。

（3）全面、深度的应用模块：系统分速度和流量两个专题。速度专题借鉴深圳指数系统设计优点，涵盖包括多维查询统计、多维对比分析、数据分析、拓展分析、监测报告等模块，提供面（全市概况、片区）、线（道路、桥梁隧道）、点（立交道口）等不同层次，以及统计指标、空间维度和时间维度等条件的交叉查询，满足多维度复杂查询的需求。同时，结合重庆特点与实际需求，拓展了结构性拥堵分析、等时线分析、机场路旅行时间可靠度分析等功能。另外，流量专题是基于重庆本地化特点新增的创新模块，通过 RFID 断面机动车识别数据实现流量、OD 等层面的挖掘分析，如图 7-3、图 7-4 所示。

图 7-3 重庆市指数应用的结构性拥堵分析及等时线分析页面

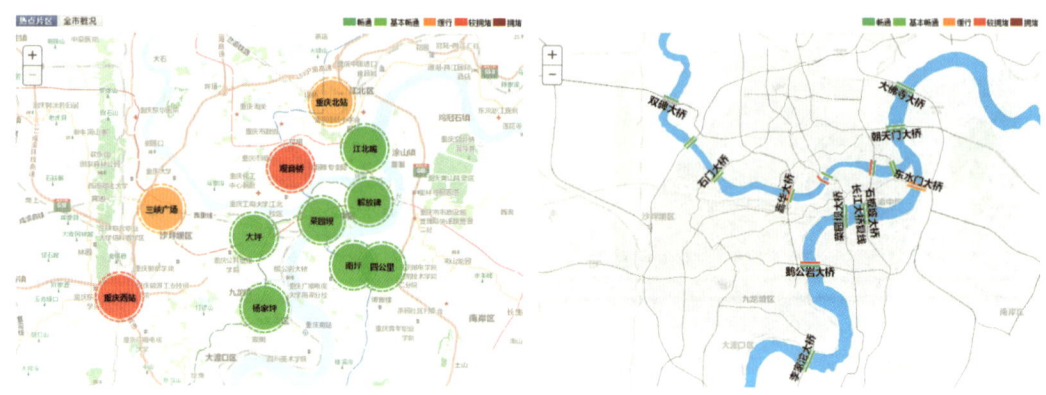

图 7-4 重庆市指数应用的热点片区及重要节点运行状况监测

7.1.2 项目应用

系统应用效果方面,以嘉华隧道往江北方向交通管理措施调整的实施效果综合评估为例。

2016 年 11 月 14 日,对嘉华隧道往江北方向交通管理措施调整,实施后,以 5 min 为间隔,对路网进行连续监测。对比时段分别为:实施前一周(2016 年 11 月 7—11 日)、实施后第一周(2016 年 11 月 14—18 日)以及实施后第五周(2016 年 12 月 12—16 日)。通过平台分析可知:嘉滨路至嘉华大桥方向,早晚高峰时段道路运行情况基本不变,总体较为畅通;嘉华隧道往嘉华大桥方向早高峰交通运行情况明显恶化,晚高峰运行情况略有恶化。早高峰车速大幅下降,排队长度和拥堵时长明显增加,晚高峰实施后第一周运行情况基本不变,实施后第五周车速小幅下降,排队长度和拥堵时长小幅增加,如图 7-5 所示。

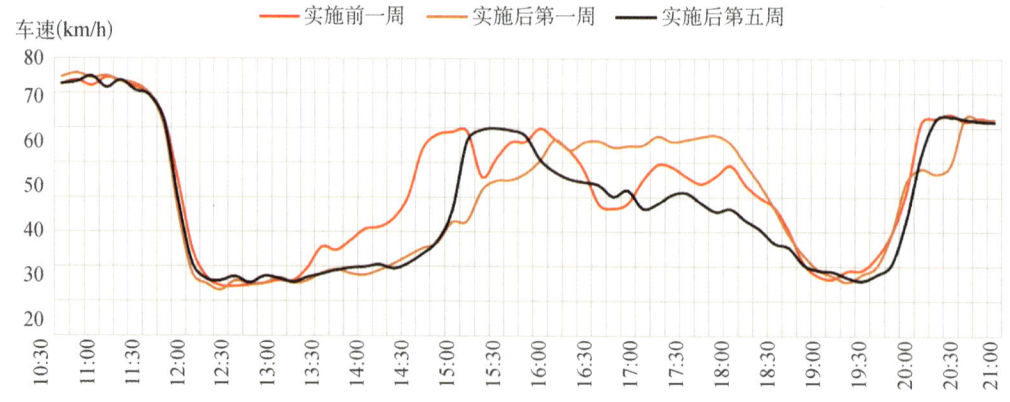

图 7-5 重庆市嘉华隧道往江北方向管理措施调整前后全天车速对比(单位:km/h)

虎头岩隧道往嘉华大桥方向早晚高峰交通运行情况均有明显改善。早高峰车速小幅上升,排队长度和拥堵时长明显下降,晚高峰车速明显上升,排队长度和拥堵时长大幅下降，如图 7-6 所示，详细运行参数见表 7-1。

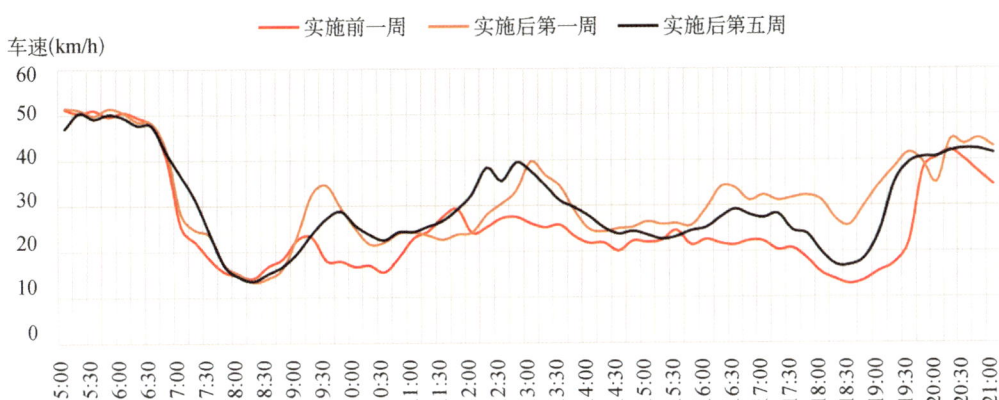

图 7-6 重庆市虎头岩隧道往嘉华大桥方向管理措施调整前后全天车速对比图（单位：km/h）

表 7-1 各进口道高峰详细运行参数

进口道方向		嘉华隧道往嘉华大桥		虎头岩隧道往嘉华大桥		嘉滨路往嘉华大桥	
高峰时段		早高峰	晚高峰	早高峰	晚高峰	早高峰	晚高峰
平均车速 （km/h）	实施前一周	19.5	30.8	18.1	19.0	35.3	34.0
	实施后第一周	11.6	29.2	21.2	32.5	34.3	34.8
	实施后第五周	15.2	26.8	20.8	25.4	34.5	32.3
平均排队长度 （m）	实施前一周	2 144.0	1 958.0	3 240.0	3 488.0	65.8	65.8
	实施后第一周	2 680.0	1 983.0	3 147.0	2 998.0	104.0	46.0
	实施后第五周	2 244.0	2 040.0	3 177.0	3 015.0	81.0	66.0
拥堵时长 （h）	实施前一周	1.78	1.14	1.52	2.10	0.30	0.42
	实施后第一周	2.20	1.19	1.25	0.62	0.18	0.18
	实施后第五周	2.06	1.47	1.32	0.83	0.18	0.25

7.2 案例二：成都道路交通运行指数系统

7.2.1 项目简介

成都市道路交通运行指数系统完成了基于 GPS 数据的地图匹配、道路速度计算、交通运行评价指标体系构建和指标计算，实现了对全市、片区、道路等不同层面的实时交通运行监测和多维度的指标查询功能。通过系统的构建，实现对全市交通运行规律跟踪，识别特殊时间或者特殊时间节点的交通运行情况，支撑特殊场景的交通拥堵管理和应急处置。

该系统包括实时交通运行和历史数据查询两个模块。实时交通运行模块涵盖全市、各行政区、交通小区、道路等不同层面的实时交通运行情况监测;历史数据查询模块提供多维历史数据交叉查询,满足灵活、复杂查询的需求,如图7-7所示。

图7-7 成都市道路交通运行指数系统

7.2.2 项目应用

图7-8所示为成都市工作日高峰时段日均指数变化情况。系统可支持对特殊事件的交通影响评估,以2018年9月3日成都市秋季开学日为例,由于当天早高峰送学出行集中,加上当天暴雨影响,成都市早高峰(7:00—9:00)交通指数由平常的2.6上涨至4.3,指数峰值高达5.9,速度低至18.7 km/h,道路交通拥堵严重,如图7-9所示。

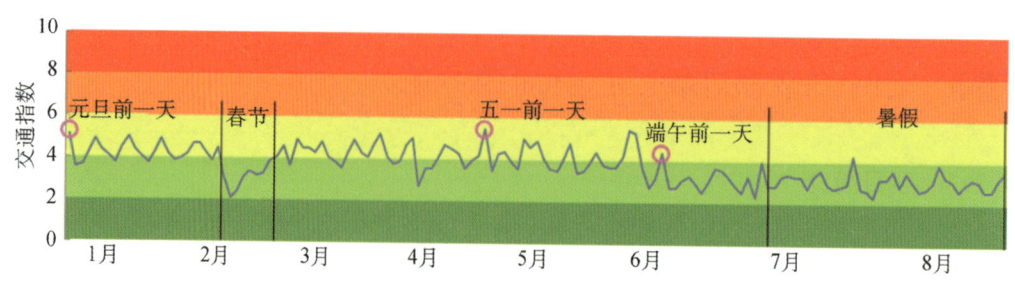

图7-8 成都市工作日高峰时段日均指数变化情况

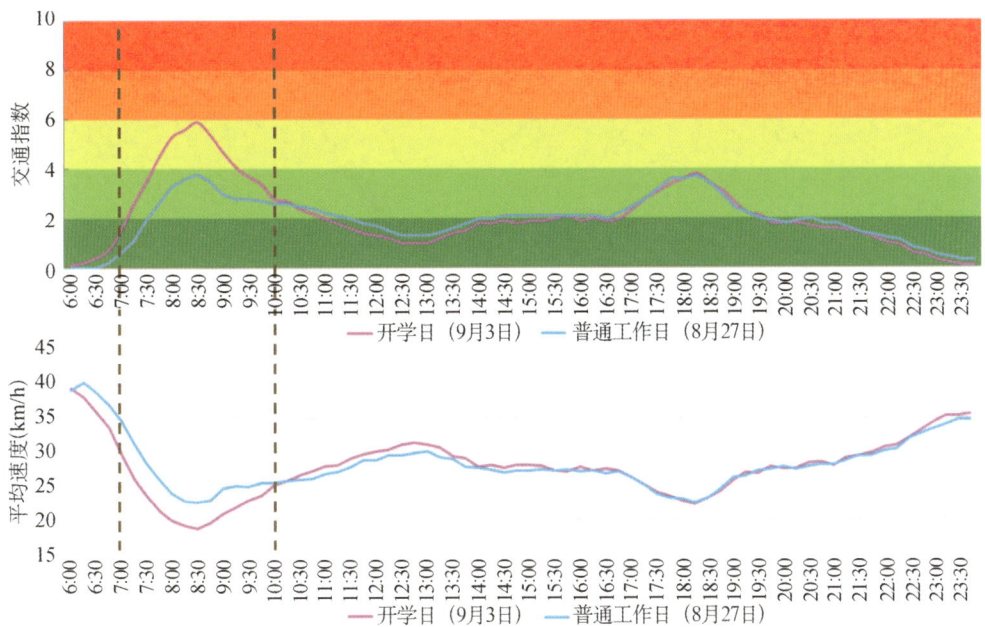

图 7-9 成都市开学日与普通工作日交通指数变化趋势

系统可实现对不同街道片区的交通运行评估和拥堵排名，如表 7-2 所示。表中分析了 2018 年 6 月街道交通运行情况，早、晚高峰最拥堵街道分别为玉林街道和火车南站街道，交通指数分别为 4.7 和 6.6。火车南站街道、东光街道、跳伞塔街道、光华街道属于早、晚高峰时段前十大拥堵片区，在片区拥堵治理方面应重点关注。

表 7-2 2018 年 6 月成都市早晚高峰十大拥堵街道排名

序号	早高峰		晚高峰	
	片区名称	交通指数	片区名称	交通指数
1	玉林街道	4.7	火车南站街道	6.6
2	金泉街道	4.5	东光街道	6.1
3	西安路街道	4.4	跳伞塔街道	6.0
4	光华街道	4.4	合江亭街道	5.8
5	龙舟路街道	4.1	机投桥街道	5.8
6	东光街道	4.1	柳江街道	5.8
7	火车南站街道	4.0	光华街道	5.6
8	苏坡街道	4.0	浆洗街道	5.5
9	汪家拐街道	3.9	望江路街道	5.3
10	跳伞塔街道	3.9	督院街街道	5.2

此外，利用系统可以统计并识别高峰时段内的常发拥堵路段分布，对常发拥堵路段定期跟踪和针对性治理，改善道路交通运行，如图 7-10 所示。

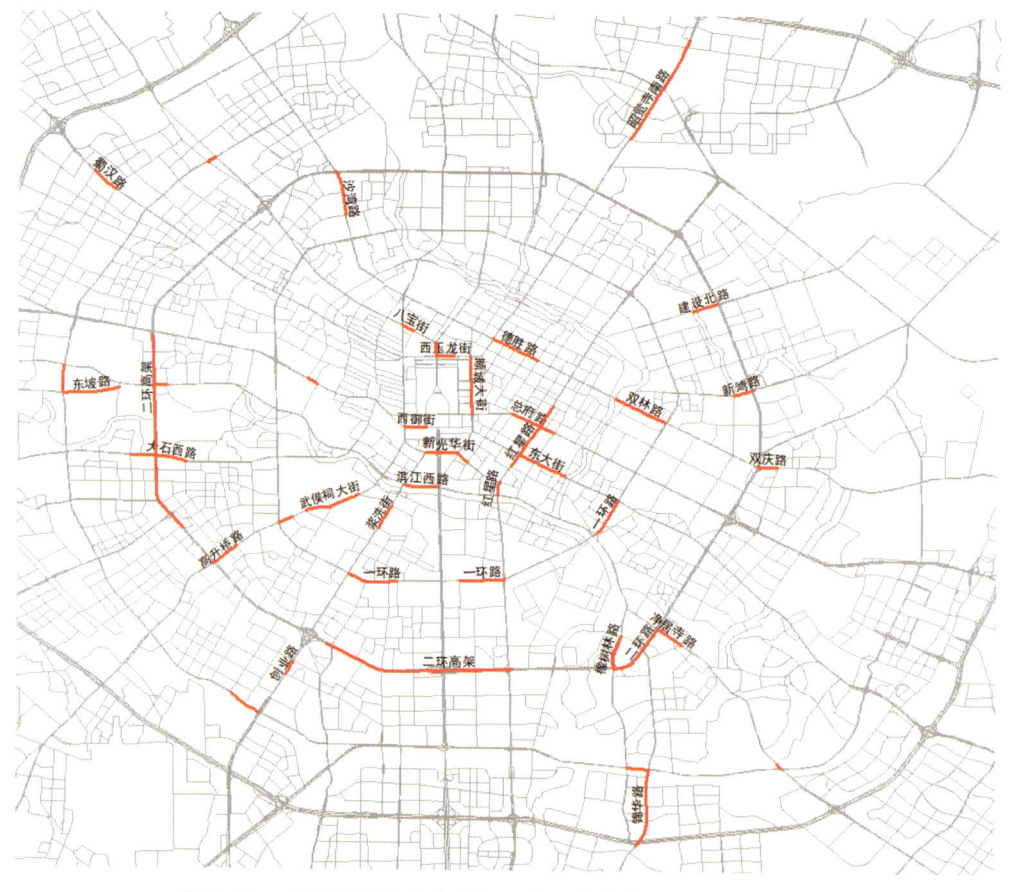

图 7-10　成都市 2018 年上半年工作日晚高峰时段常发拥堵路段

7.3　案例三：兰州交通大数据平台及应用系统

7.3.1　项目简介

兰州市交通大数据平台及应用系统建设项目是按照市政府治理交通拥堵工作的总体部署，开展交通拥堵治理专项规划确定的重点技术支撑项目。

该项目依托全市综合交通调查，对全市现有交通数据资源和市民出行需求进行分析，重点搭建全市交通大数据库，建设交通模型，开展交通拥堵监测分析，对全市交通进行实时监测和科学分析，并利用大数据成果开展交通规划、交通评价和交通分析，为行业管理提供技术手段，为城市发展、政府决策、拥堵治理提供数据支撑和科学依据。兰州市综合决策系统见图 7-11。

图 7-11 兰州市综合决策系统

其中,交通运行监测系统(图 7-12)主要分为实时路况、区域信息、道路监测、拥堵分析和数据查询等模块,可以进行实时路况的监测和交通指数的评估。系统提供了多种灵活的道路交通运行评估功能,包括计算并排序不同行政区域的交通指数,展示选定区域、选定时间的交通指数走势图及速度走势图,自定义模式选择任意日期进行交通指数实时变化曲线的对比,选定日期、选定区域的高峰时段区域运行速度查询以及常发交通拥堵路段识别等。

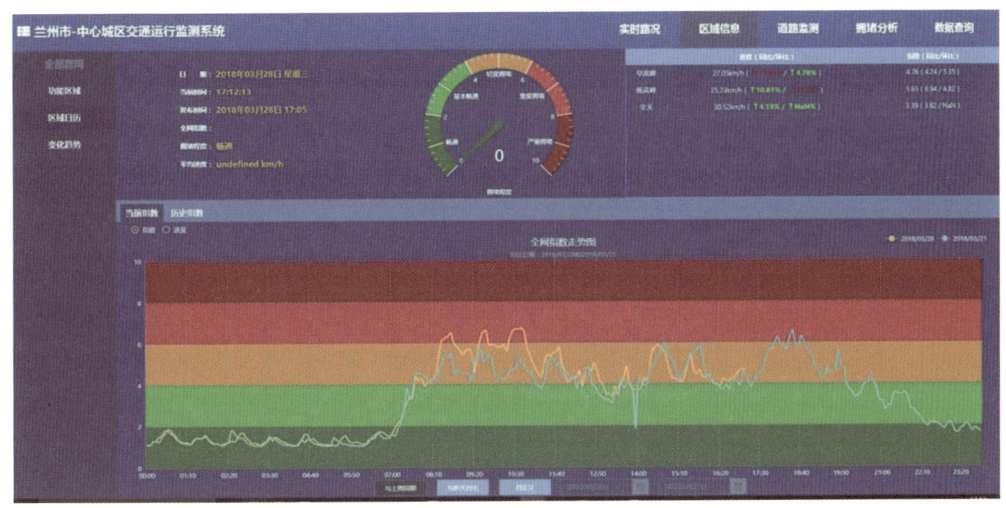

图 7-12 兰州市中心城区交通运行监测系统

7.3.2 项目应用

系统可实现对特殊天气、节假日、开学等场景下的城市交通运行监测分析评估及预测,挖掘特殊场景下的城市交通运行特征及交通出行规律,为公众出行提供便捷有效的诱导信息,以便公众制定合理的出行计划。以兰州市降雪天气影响、开学季影响交通运行为例。

(1) 降雪天气影响

2019年1月3日早上降雪对全网运行速度有较大影响,比普通工作日同期(2018年12月27日)的拥堵指数明显高,通过平台可实现交通堵点与积水点时空分析,制定积水点交通疏堵应急预案,缓解城市交通拥堵,如图7-13所示。

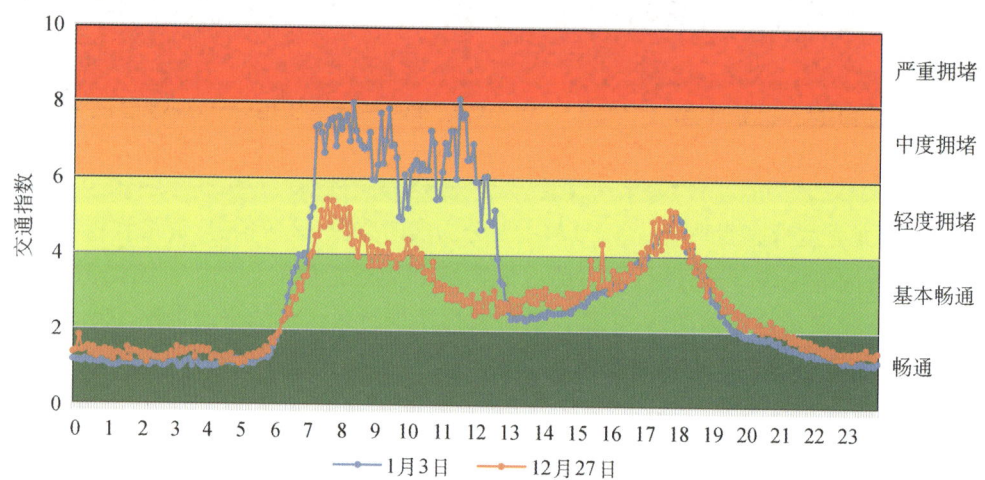

图7-13 兰州市降雪前后全天全路网运行指数对比

(2) 开学季影响

开学当天(9月25日)学校周边普遍出现拥堵点,城区早高峰时段拥堵时间提前,早晚高峰时段拥堵程度整体加剧。通过平台提供运行监测数据,从而制定学校周边交通组织方案,以改善中小学周边交通问题,如图7-14所示。

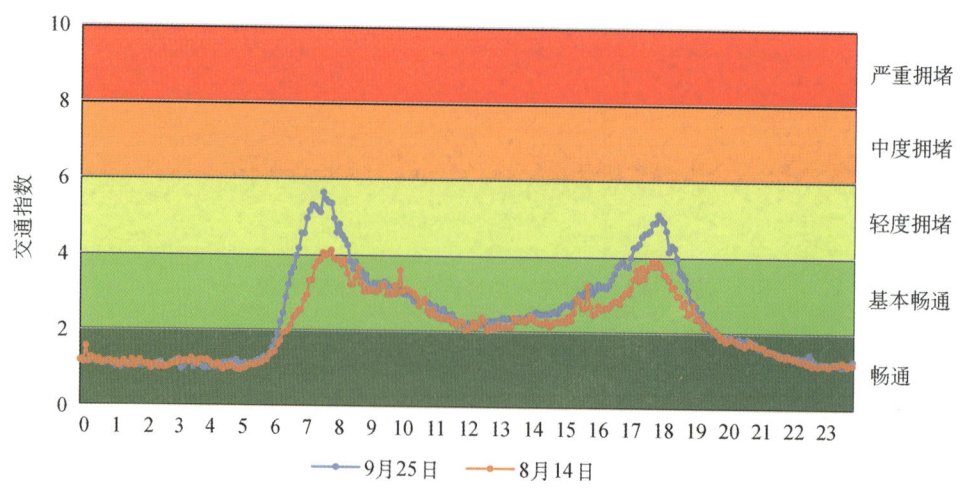

图7-14 兰州市开学前后全天全路网运行指数对比

7.4 案例四：南昌交通大数据信息平台

7.4.1 项目简介

南昌市交通大数据信息平台(图7-15)汇集手机信令、公交、地铁、出租车、地图导航等多源交通大数据，通过政府服务、企业合作等多种形式完成数据的整合、挖掘与开放共享，实现了政府、企业的资源互补和应用提升。平台面向综合监测、态势研判和规划管理三个版块，实现对人、车、路全要素及宏、中、微多尺度交通知识进行关联分析和深度挖掘，全方位提升交通规划建设决策管理水平。截至目前，项目成果已支持多项规划项目开展，并支撑了南昌市的交通年报编制，初步形成了交通大数据应用示范。

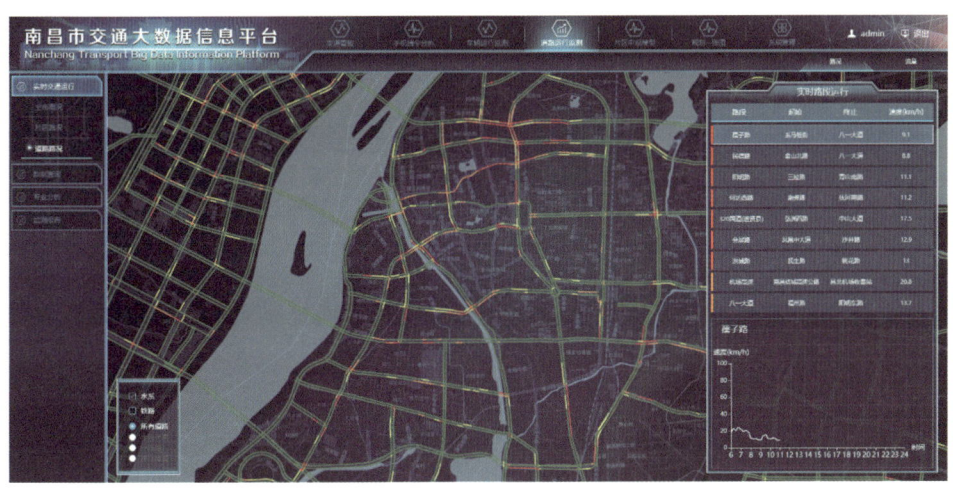

图7-15 南昌市交通大数据信息平台

7.4.2 项目应用

以2019年9月南昌市城市交通运行分析盘点为例，阐述信息平台的应用成效。

依托南昌市交通大数据信息平台，识别出2019年9月南昌市中心城区工作日高峰时段路网平均交通指数为4.9，道路交通运行状况为"轻度拥堵"，如图7-16所示。其中，早高峰中心城区交通指数为4.7，平均速度为24.8 km/h，路网交通运行状况为"轻度拥堵"；晚高峰中心城区交通指数为5.1，平均速度为24.0 km/h，路网交通运行状况为"轻度拥堵"。

2019年9月，识别出南昌市工作日高峰时段三大拥堵片区为大市场片区、绳金塔片区和南昌站片区；其中，南昌站片区高峰时段交通运行情况较差，其高峰运行速度仅为16.6 km/h，交通指数达7.8，为"中度拥堵"，如图7-17、图7-18所示。

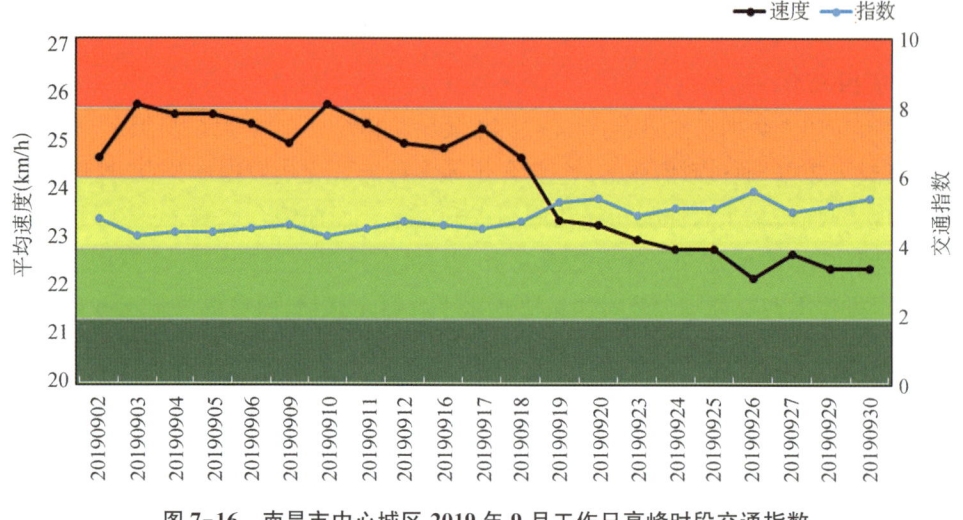

图 7-16　南昌市中心城区 2019 年 9 月工作日高峰时段交通指数

图 7-17　南昌市 2019 年 9 月工作日高峰时段片区运行速度

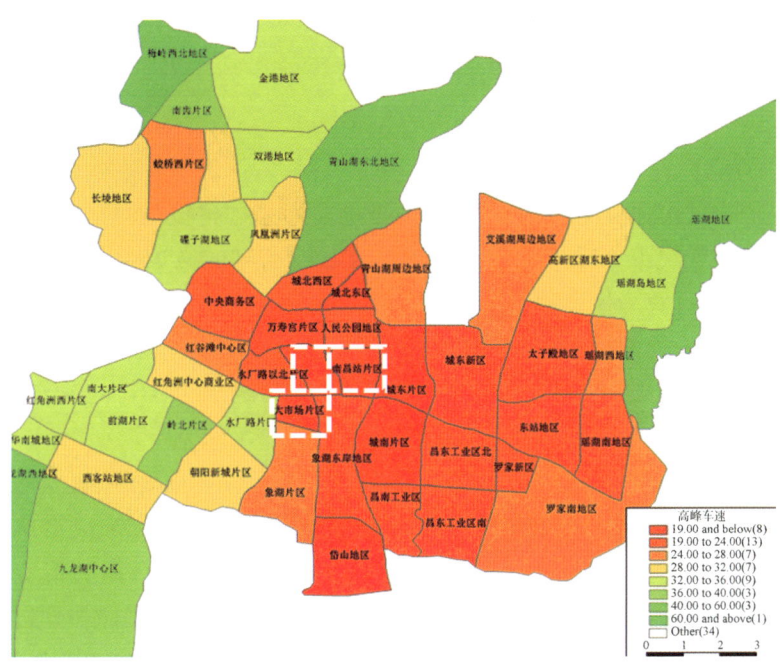

图7-18 南昌市2019年9月工作日高峰时段片区运行状态分布

2019年9月,南昌市全市高峰时段十大拥堵路段(图7-19)平均运行速度为12.3 km/h,为严重拥堵状态;其中,大市场东路为当月最拥堵路段,高峰时段平均运行速度9.4 km/h。

图7-19 南昌市2019年9月工作日高峰时段拥堵路段分布

7.5 案例五：湛江大数据决策支持平台

7.5.1 项目简介

随着湛江市城市地位的提升，政府大力推进交通基础建设，加快城市发展，需要依托大数据进行科学决策，确保交通规划、设计、建设与管理的科学性、合理性以及可实施性。以大数据、云计算为代表的现代信息技术在城市交通决策中日益发挥着重要作用，得到湛江市委、市政府的高度重视，"加快建设交通大数据决策平台"已纳入政府工作报告。交通大数据决策支持系统的建设是一项系统性、长期性的工作，必须在总体设计指导下，根据城市发展阶段特点和工作重点，分阶段推进建设实施。

该平台致力于面向城市交通规划建设，提供综合检测、基础研判、规划评估、建设决策、数据服务等五类、共计188项基础功能。该平台以跨部门的交通决策需求为导向，构建覆盖"规划—设计—建设—管理—运行—维护"全过程的大数据决策支持体系，实现交通决策管理闭环（图7-20），全面支持城市交通规划、建设项目评估分析决策，可实现城市交通规划建设管理等的信息化水平和科学合理性的提高及城市交通综合治理的现代化。该系统以"感知—研判—决策"为主线，依托大规模高效算力的交通大数据平台，建立高可靠研判分析能力和多维度综合评估能力，补齐了湛江交通规划建设在数据基础、技术支撑和决策支持的三块短板，建立高可靠研判分析能力和多维度综合评估能力，形成"一个中心（构建综合交通大数据中心，奠定系统数据基础）、两大系统（交通运行监测分析评估系统和交通模型仿真系统）、三大类应用（交通运行综合监测、中长期交通规划建设决策支持、近期交通拥堵治理方案评估）"，为湛江交通规划、建设、运营和管理提供全面系统的技术支撑平台，引领湛江城市交通建设和综合治理进入发展快车道。

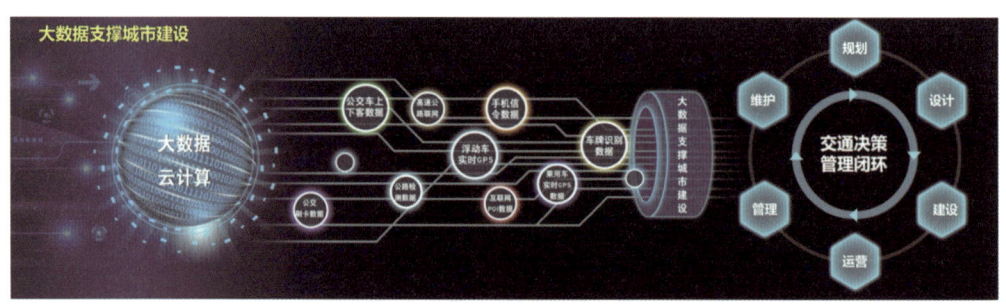

图7-20 湛江市基于大数据云计算实现城市交通决策管理闭环

其中，道路交通运行监测系统是交通大数据决策支持系统（一期）建设项目的重要组成部分，为如下应用提供重要的技术和数据支撑。

1. 实现道路交通运行监测

湛江市综合交通大数据中心整合接入交警支队、交通运输局、自然资源局等政府监管数据和公交、出租车企业运营数据,以及相关互联网数据,建立数据持续采集和更新机制,并加以分析挖掘,为交通规划、建设、管理和运行等提供决策支撑,实现多源交通大数据的整合。

该平台实现对道路运行状态的实时监控,对路网交通总体运行状况进行定量化评估,为市民出行提供有益参考。系统支持各类前端感知设备数据的采集与汇聚,通过分析实时展示城市交通路网运行状况。通过信息发布为公众提供出行服务,向公众发布城市道路交通运行监测情况,"点—线—面"发布节点、路段和分区的交通状况。结合未来公众对交通信息服务的更多元化需求,将根据掌握的交通状况信息和信息发布渠道,提供精准的交通预报和出行指引信息。

2. 基于道路运行监测数据为交通规划决策提供数据支撑

湛江市正处于交通大建设的关键时期,交通体系日趋复杂,政府决策面临重大挑战,交通规划、建设和管理等工作都需要依赖科学合理的量化评估分析,如对综合交通规划布局的检讨、重大交通基建详细规划设计、重点发展区交通规划、年度交通建设项目计划、重大交通基建项目建设评估等。因此,亟须建立交通发展的长效评估机制(图7-21),既要全面"把脉"湛江交通症结,又应系统化开展交通预测评估分析,基于系统对道路运行监测得到的数据,可用于研判交通建设项目可行与否、建设方案孰优孰劣,提高政府科学决策能力。

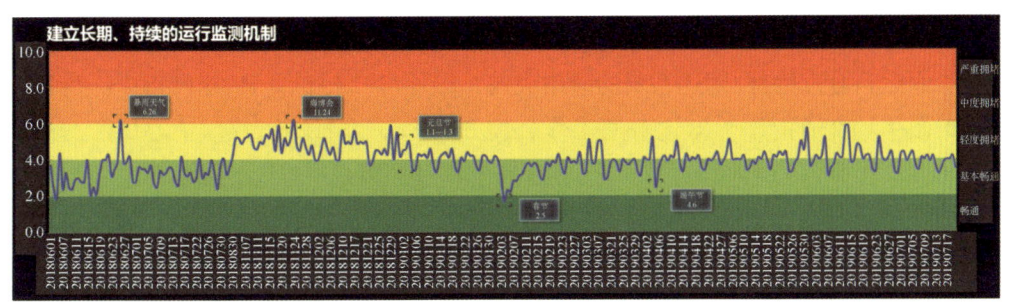

图7-21 湛江市构建了长期、持续的道路交通运行监测机制

3. 实现信息服务创新,满足交通拥堵治理的需求

综合交通大数据中心可视化系统以明晰的功能需求为导向,高度重视用户的需求,包括综合交通数据管理的需求、规划建设决策的需求、交通监测评估的需求和交通出行信息服务的需求。同时,重视技术创新、模式创新,大力推广数据。

湛江市在加快交通建设的同时,也积极推进中心城区扩容提质。目前,湛江市中心城区骨架路网布局不均衡,西岸基本完成,东岸建设落后,整体路网密度偏低,道路级配也不尽合理,各组团路网系统相对独立。从道路交通运行情况来看,高峰期路网交通流量分布不均,城市南北向主要干道交通压力较大,在路网节点上,部分道路交叉口通行能力不足,拥堵较为严重,影响路网运行效率。在交通方式结构方面,中心城区电动车较多，交通组织难度较大，快慢交通冲突严重。面对种种问题，需要多举措施推进交通拥堵综合治理，依托大数据开展系统的道路交通运行监测评估，从"发现拥堵—分析拥堵—解决拥堵"全过程，为中心城区交通拥堵综合治理提供决策支持。

湛江市构建了"数据—算法—功能"的一体化体系如图7-22所示。

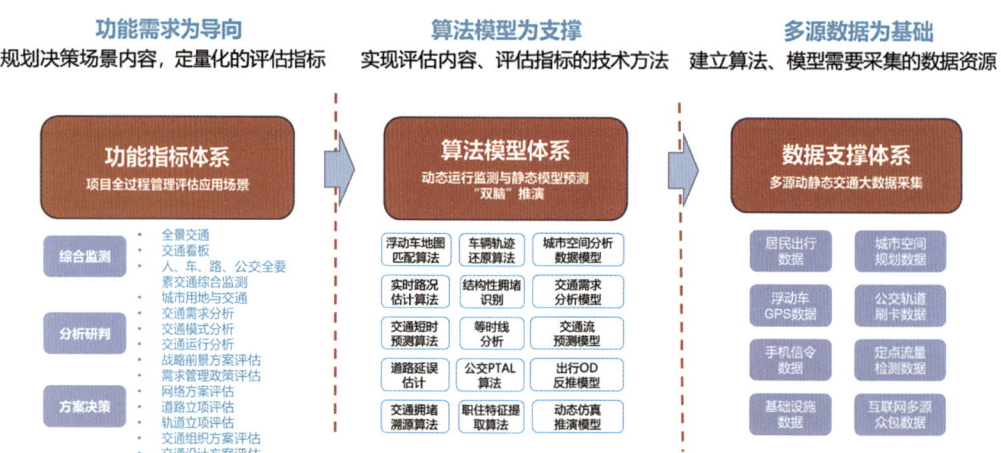

图7-22 湛江市构建面向功能指标体系的"数据—算法—功能"的一体化体系

7.5.2 项目应用

以2019年元旦假期(假期时间段为2018年12月28日—2019年1月1日)湛江市道路交通运行盘点为例，阐述系统的应用成效。2018年12月29日，湛江市中心城区晚高峰时段平均交通指数5.3，比普通工作日高23.3%。当日16时起，中心城区交通指数开始逐渐上升，19时前后达最高峰，较普通工作日拥堵来得早、消散晚；节前主要对外出入口交通运行基本平稳，整体速度变化幅度较小。假期期间，湛江市中心城区交通指数高峰时段为19时前后，次高峰时段为12时前后；商圈周边交通指数拥堵时段范围为11:00—23:00；受跨年出行增加影响，2018年12月31日假期第二天，主要商圈周边交通运行情况较假期其他时间相对较差。2019年1月1日，中心城区交通指数变化曲线相对平缓，交通运行相对良好，但整体交通指数仍高于普通周末，主要对外出入口返程方向交通运行基本平稳。

从整体上看，中心城区节前一天及假期第二天交通指数高于普通工作日(对比节前15 d)，节前一天晚高峰时段，交通指数为5.3，比普通工作日(平均交通指数为4.3)高23.3%；假期第二天交通指数为5.2，比普通周末(平均交通指数3.5)高48.6%。原因在于节前一天，市民集中出行，对道路交通运行产生一定影响，交通运行相对拥堵；假期第二天受跨年夜影响，出行需求有所提高，中心城区平均交通指数呈现上涨，如图7-23所示。

分析节前一天城区交通指数时变曲线(图7-24)可知，16时起中心城区交通指数开始逐渐上升，19时前后达最高峰，最高峰时交通指数6.0，交通运行状态为中度拥堵。

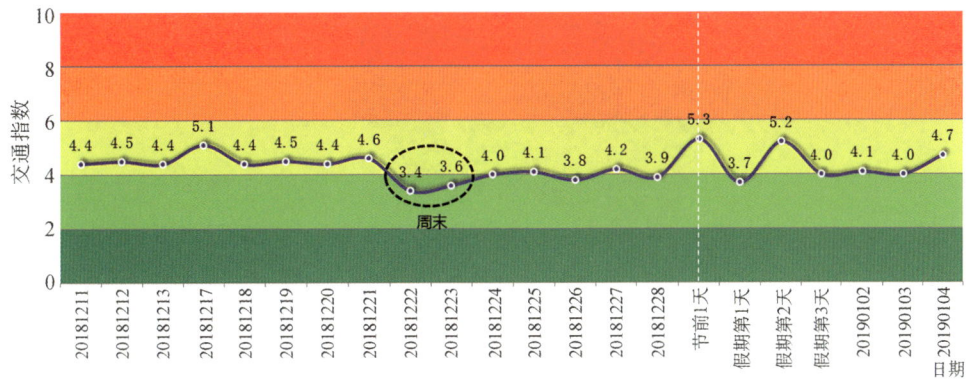

图 7-23　湛江市中心城区晚高峰时段交通指数变化曲线

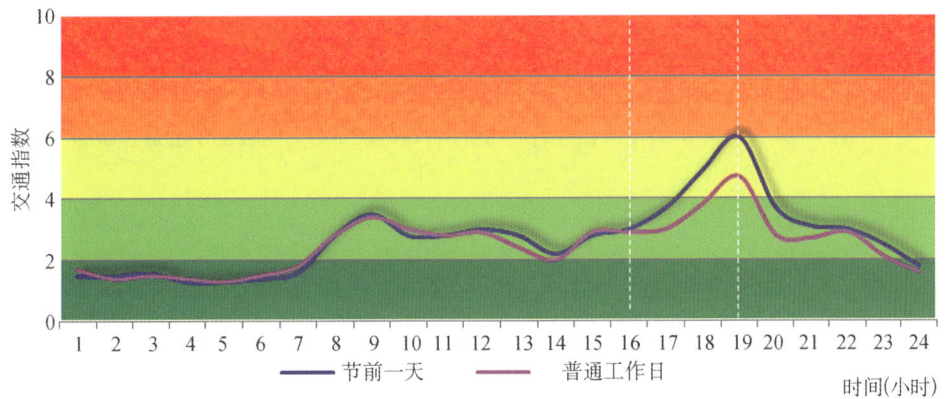

图 7-24　2019 年湛江市元旦节前一天中心城区交通指数时变曲线

节前一天晚高峰时段中心城区有 5 个交通小区交通运行处于中度拥堵状态(图 7-25)。其中,霞山中心区交通运行情况最差,交通指数 7.09,较 2018 年 12 月 25 日(周五)上升 14.9%,交通运行状态为中度拥堵;赤坎南片区平均交通指数环比上升幅度最高,平均交通指数 4.48,较 2018 年 12 月 25 日(周五)上升 32.9%,交通运行状态为轻度拥堵。

节前一天晚高峰时段主要干道交通运行状态如图 7-26 所示。主要干道总体平均速度 30.3 km/h,环比 2018 年 12 月 25 日(周五)下降 9.8 km/h。其中,新湖大道(东行方向)平均速度环比下降最明显,平均速度 33.0 km/h,较 2018 年 12 月 25 日(周五)下降 35.8%,交通运行状态为轻度拥堵;金康东路(西行方向)最拥堵,平均速度 13.0 km/h,较 2018 年 12 月 25 日(周五)下降 30.9%,交通运行状态为严重拥堵。

节前一天主干路拥堵排名前十主干路(图 7-27)交通运行均处于严重拥堵等级。其中,最拥堵路段为海滨大道南(海滨大道中—绿华路)南行方向,平均速度 9.8 km/h,交通指数 8.49,处于严重拥堵等级。

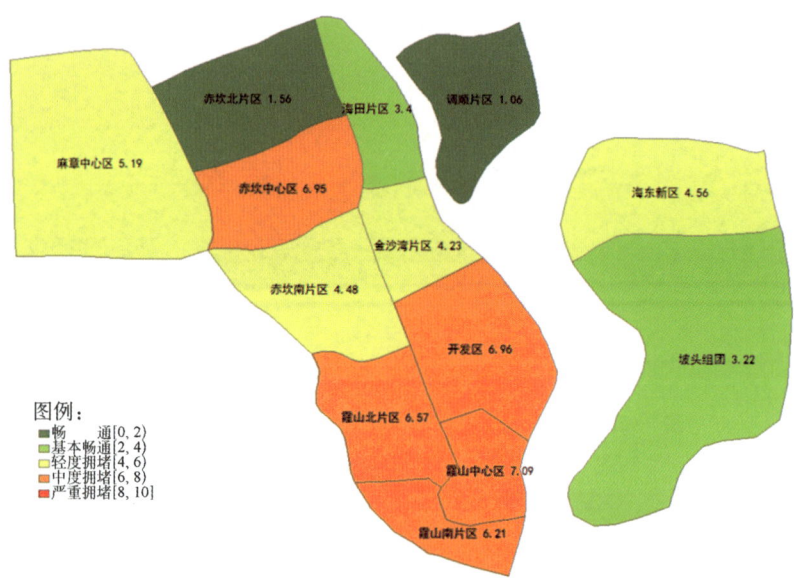

图 7-25　2019 年湛江市元旦节前一天晚高峰时段中心城区交通小区运行状态

图 7-26　2019 年湛江市元旦节前一天晚高峰时段主要干道交通运行状态

图 7-27　2019 年湛江市元旦节前一天晚高峰时段十大拥堵主干路分布

7.6　案例六：长春市交通大数据平台

7.6.1　项目简介

针对长春市交通拥堵急速加剧并呈现常态化趋势问题，长春市交通大数据平台综合运用物联网、云计算、大数据等新一代信息技术，以"掌握现状、找出规律、科学诱导、有效指挥"为指导思想，以城市道路交通、公共交通、对外交通领域的动、静态信息数据为主要对象，在相应标准的规范下，通过汇集、整合、处理本市车流、客流、交通设施等多源异构基础信息数据资源，建成了长春市综合交通数据库，实现跨行业交通信息资源整合、共享和交换，搭建了长春市唯一标准的、权威的交通大数据平台。

长春市交通大数据平台（图 7-28）是践行长春市大数据发展战略的重要力量，不仅有利于提升长春市的综合城市信息化水平，为交通管理部门进行交通组织管理、建设部门进行道路基础设施建设和社会公众获取交通综合信息服务提供信息支撑；而且有利于提高政府工作效率，提高政府决策、应急能力。改善长春的交通生态环境和投资环境，有利于实现城市生活和管理的数字化、网络化服务，提高市民的生活质量，提高长春的整体竞争力。

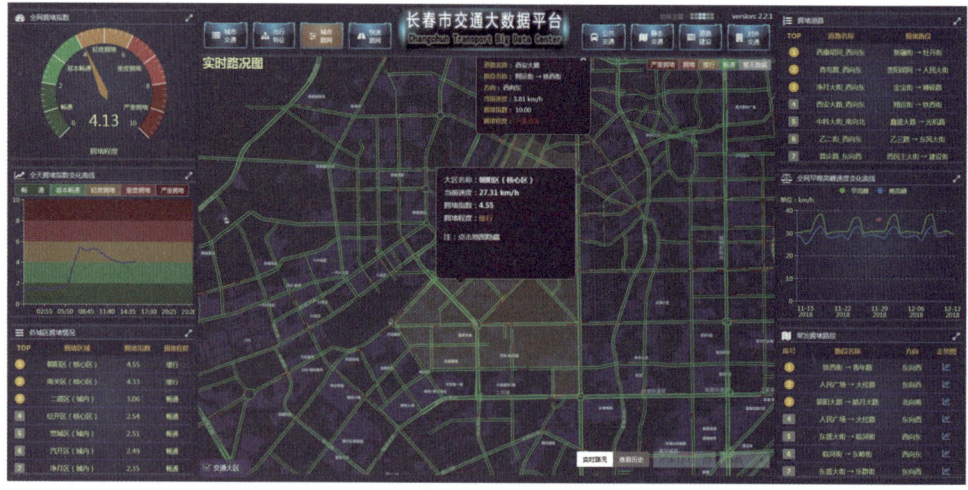

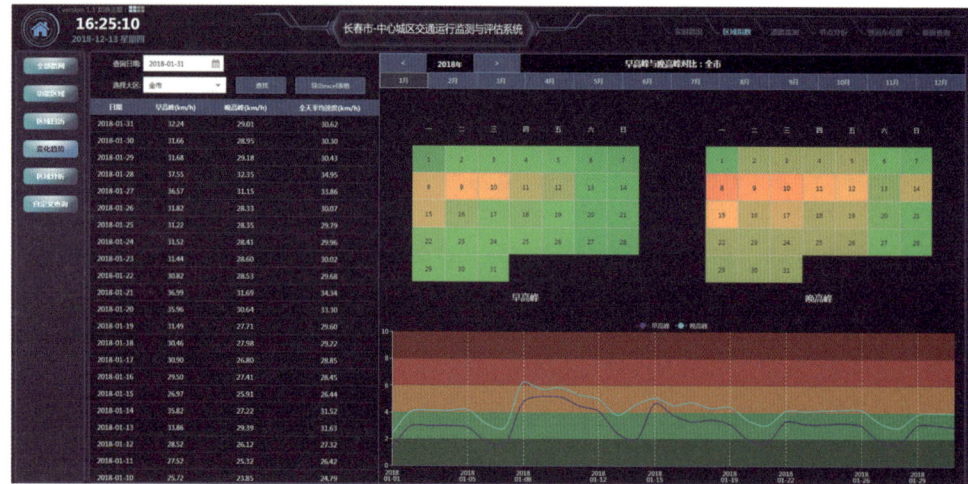

图 7-28 长春市交通大数据平台各页面示例

7.6.2 项目应用

平台可实现对特殊天气、节假日、开学等场景下的城市交通运行监测分析评估及预测，挖掘特殊场景下的城市交通运行特征及交通出行规律，为公众出行提供便捷有效的诱导信息，以便公众制定合理的出行计划。

以长春市降雨天气影响、开学影响交通运行分析为例，如图 7-29 所示。平台识别出降雨会导致晚高峰时段人民广场、南湖周边（南湖广场、新民广场）、西部快速路、东部快速路、南部快速路、世纪广场区域、景阳广场区域等多处拥堵。开学第一天会导致城区早高峰时段拥堵时间提前，早晚高峰时段拥堵程度整体加剧，且学校周边普遍出现拥堵（图 7-30、图 7-31）。国庆假期期间，因交通出行需求激增，会导致节前一天晚高峰、节中最后一天晚高峰进出城交通拥堵严重；假期期间其他时段因通勤出行车辆减少，路网平均车速较普通工作日会有所提高，如图 7-32 所示。

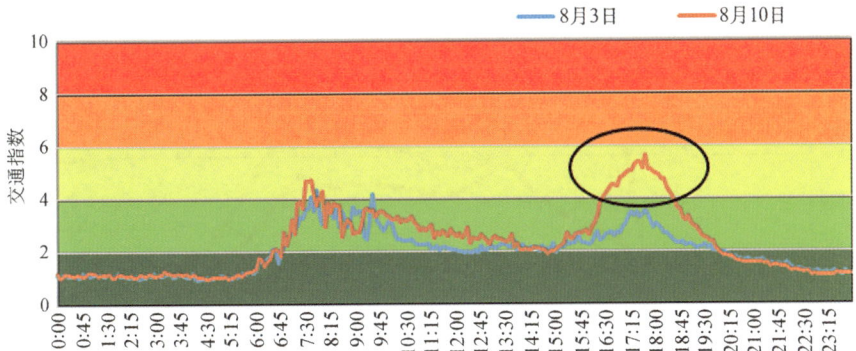

图 7-29　长春市降雨天气(8 月 10 日)全市道路交通指数和普通工作日(8 月 3 日)变化趋势对比

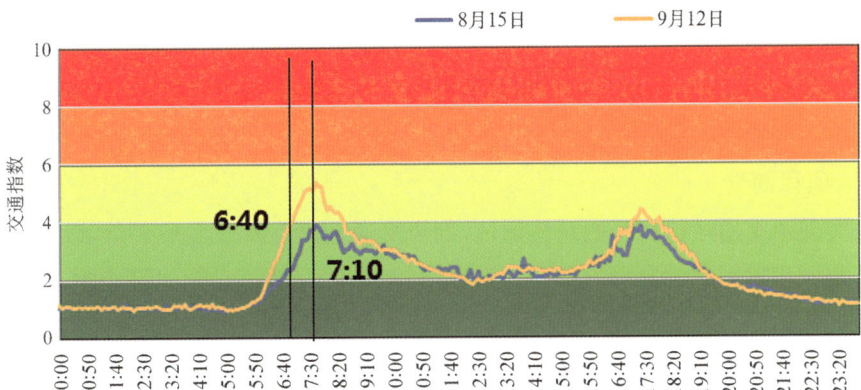

图 7-30　长春市开学第一天(9 月 12 日)全市道路交通指数和普通工作日(8 月 15 日)变化趋势对比

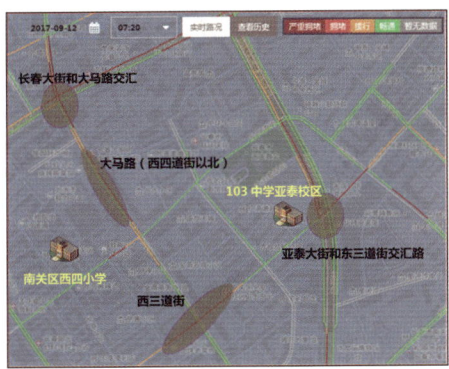

图 7-31　长春市全市开学第一天部分学校周边拥堵道路分布

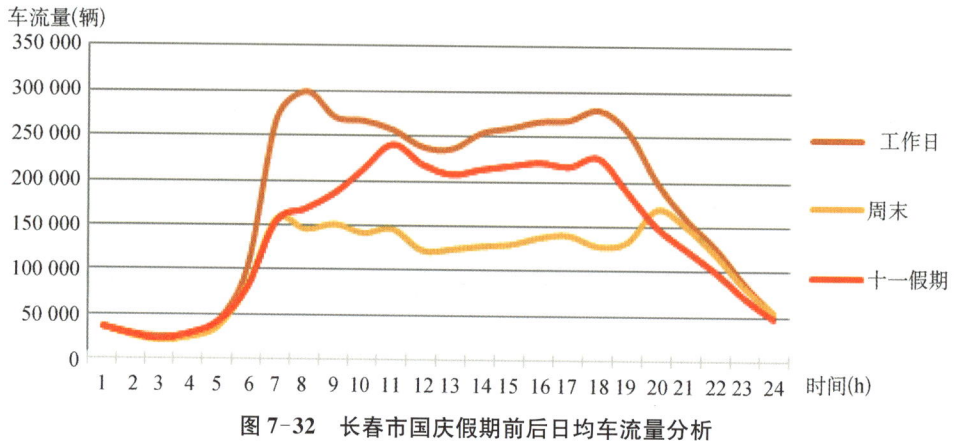

图 7-32　长春市国庆假期前后日均车流量分析

7.7　案例七：烟台市交通拥堵决策支持系统

7.7.1　项目简介

为实现对交通运行状况的总体评估，剖析交通拥堵症结及发展趋势，以交通拥堵问题导向和城市发展目标导向，烟台市依托先进城市的交通信息化建设经验，在梳理现状交通数据资源的基础上，构建了交通拥堵决策支持系统（图 7-33），实时监测城市道路交通运行状况，分析评估交通拥堵问题，把握交通发展趋势和规律，为制定交通改善方案、研究拥堵产生机理、评估拥堵治理措施成效等工作提供定量化的分析手段，并支撑中心城区交通综合提升的目标策略、五年综合实施方案和三年行动计划（图 7-34）。

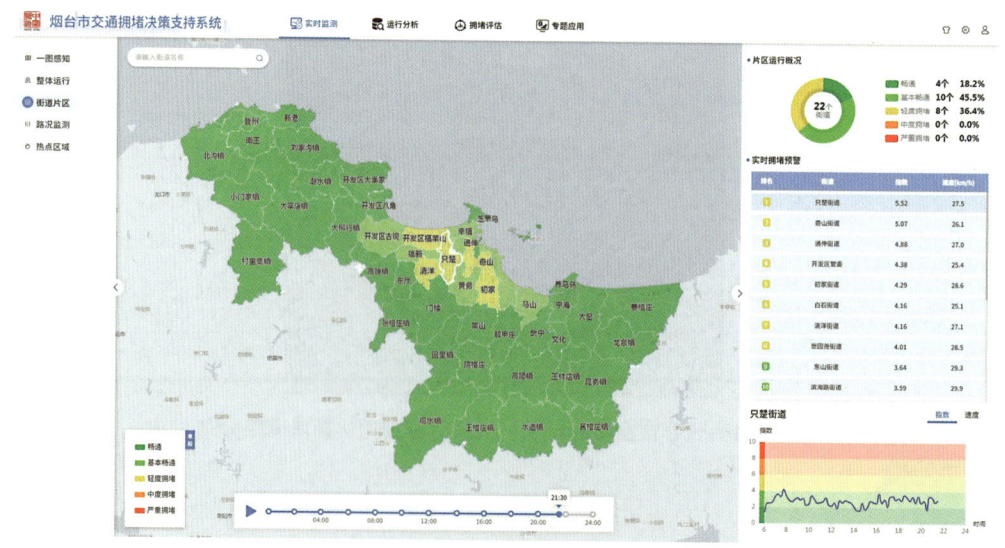

图 7-33　烟台市交通拥堵决策支持系统

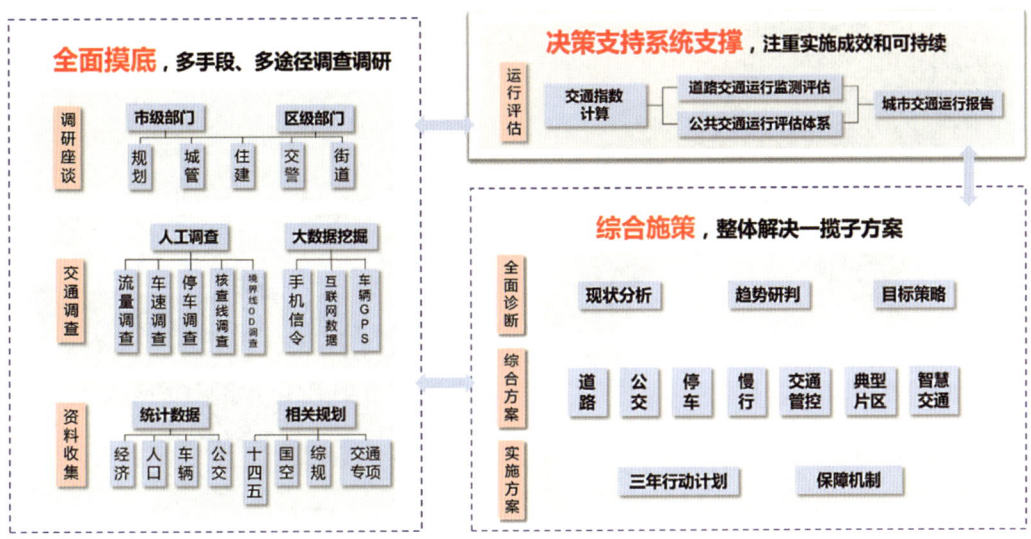

图 7-34 系统支持烟台市三年行动计划及交通综合提升

7.7.2 项目应用

系统支撑片区拥堵排查与分析,如图 7-35 所示。图中可识别烟台市交通拥堵集中在老城核心片区,且呈向外围区域扩散趋势。其中,芝罘区东山街道、奇山街道、通伸街道,以及毓璜顶街道相较其他街道片区,交通运行运力较大,早晚高峰期间交通运行中度拥堵;周边莱山核心区各街道交通运行压力逐步上升,2021 年 8 月份工作完高峰时段平均运行 29.5 km/h,9 月份平均运行速度为 28.3 km/h,环比下降 4.1%。

此外,图 7-36 所示为同时段交通指数变化,系统识别出路网在节假日、下雨天更脆弱,拥堵更明显:工作日下雨天拥堵更严重,消散时间较长,多集中在早、晚高峰时段;周一早高峰或周五晚高峰拥堵较周二至周四严重。法定节假日节前晚高峰提前,拥堵加剧、节中拥堵集中在主要商圈、景区周边路段(图 7-37)。

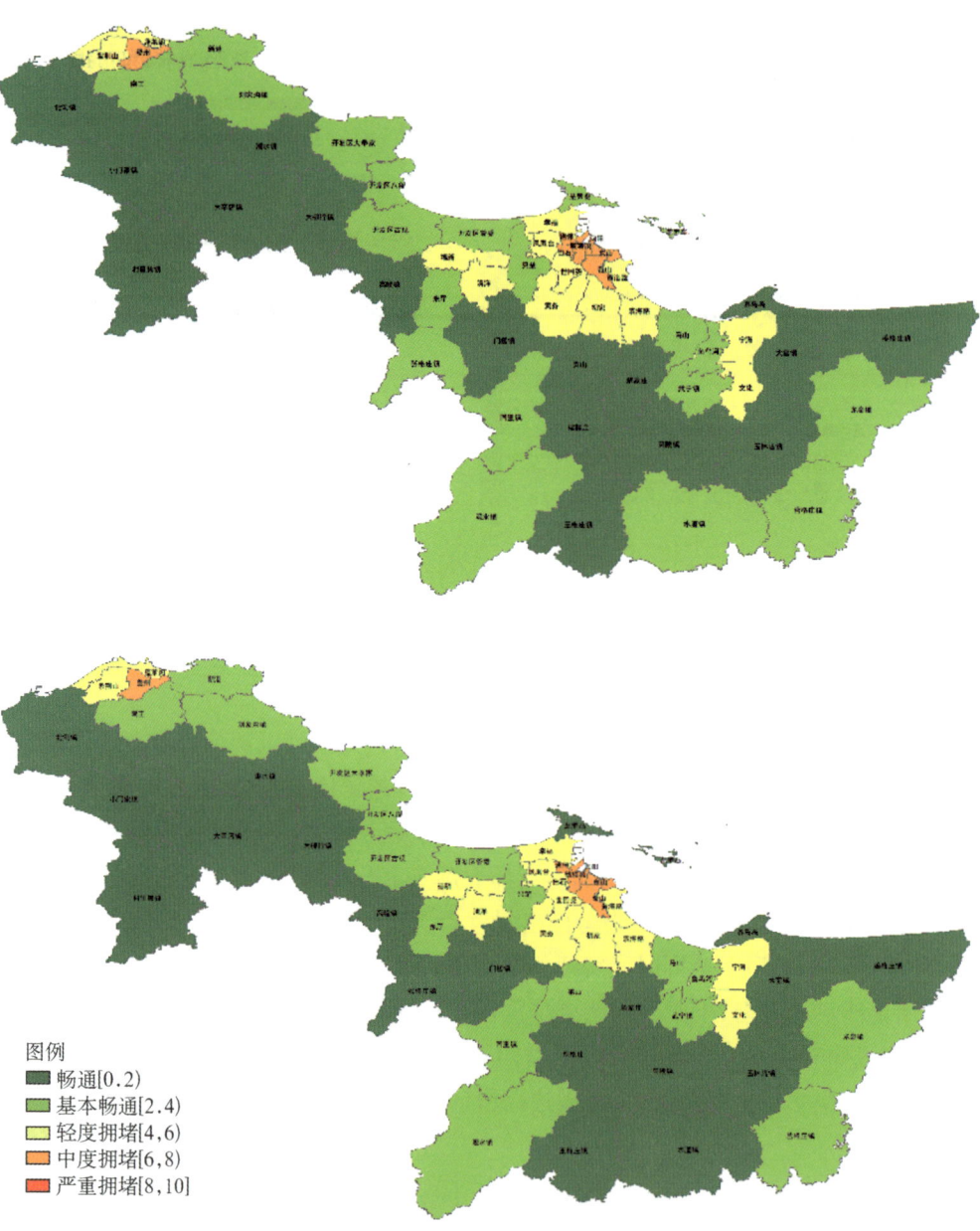

图 7-35　烟台市中心城区 2021 年 8—9 月各街道早（上）、晚（下）高峰路况示意

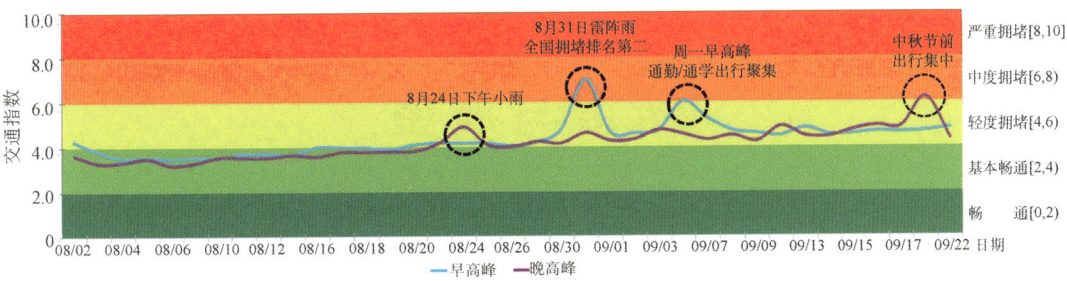

图 7-36 烟台市中心城区 2021 年 8—9 月份工作日交通指数变化

图 7-37 烟台市中心城区 2021 年中秋节假期主要热点区域周边拥堵路段分布

结语与展望

本书系统性总结了深圳市在道路交通运行指数方面的探索与实践，建设过程中的特点可以归纳如下。

（1）始于指数，而不仅是指数。深圳市以行程时间比的物理意义清晰定义了交通指数，并且在交通指数的基础上形成了一套面向道路交通运行的评价指标体系，用于实现对道路运行效率层面的深度剖析。

（2）接入并融合多源数据，提高路网覆盖率与指标精度。从系统建设之初仅依赖于出租车 GPS 数据，到逐渐接入地图导航、公交、两客一危、货车等多源 GPS 数据，实现数据深度融合，确保路网覆盖率与指标精度优于百度、高德，系统也因此成为深圳的官方数据口径来源。

（3）持续性的运营投入，发挥系统的最大价值。结合不断衍生的新需求，业主方坚持每年预留资金对系统进行迭代，小步快跑，在持续 10 年的系统建设与迭代期间，形成了真正贴合市区两级用户部门的功能场景，逐步形成"平台＋服务"的模式，并持续在交通政策方案评估、交通拥堵治理、交通应急保障和公众出行服务等应用场景发挥作用。

（4）全国化经验输出过程中形成了双向反馈机制。从 2015 年开始，深圳交通指数系统经验逐步面向国内其他城市输出，各城市在实现本地化应用时，衍生了许多差异化的新需求和新功能，也同步回馈了深圳交通指数系统，实现系统能力的综合提升。

住房和城乡建设部《关于开展 2021 年城市体检工作的通知》（建科函〔2021〕44 号）将深圳市纳入了城市体检样本城市。开展城市体检工作，是深圳市城市治理体系和治理能力建设的迫切需要。作为城市体检工作的重要组成部分，交通体检是支撑未来城市交通高质量发展和精细化管理的有效手段，凝聚了规划理念与方案精髓。目前，深圳市交通指数定义准确地说是定义机动车交通指数，然而以此作为政策制定及交通改善的度量依据存在一定片面性。在"增量扩张"发展阶段，现行的交通指数发挥了积极作用。在"存量优化"和"以人民为中心"的全新历史时期，深圳市应率先垂范，推动传统交通指数的转型升级，建立内涵丰富、符合时代发展要求的城市交通评价指标体系。有必要从服务于人的需求、组织城市高效可持续运行的角度出发，充分考虑慢行、公交、个体机动化等多种出行方式，构建由慢行交通友好指数、公共交通服务指数、道路交通畅行指数共同构成的城市交通健康指数，进一步引导城市交通高质量、可持续发展。

参 考 文 献

[1] JIANG Y H, XIAO-ZHOU H E, GUO X C. Discussion on the evaluation index system of urban green traffic planning[J]. Journal of Hefei University of Technology, 2008, 31(9):1399-1402.

[2] CUI Y. Research on Evaluation Index System of Urban Traffic Based on Correlation Analysis[J]. Forest Engineering, 2009.

[3] LI G, LIANG A, ZHOU J, et al. The Evaluation Index System and the Fuzzy Comprehensive Evaluation of the Expressway Traffic Safety[J]. Henan Science, 2009.

[4] ZHANG M, CHEN L M. Comprehensive Evaluation Index System and Method of Beijing Urban Intelligent Traffic Management System[J]. Road Traffic & Safety, 2009, 9(6):36-43.

[5] JIA H F, TAN Y L, FU X Y. Research and Application of Urban Traffic Congestion Evaluation System[C]//Optoelectronics and Image Processing (ICOIP). 2010 International Conference on IEEE, 2010:177-180.

[6] 何承,朱扬勇.城市道路交通状态指数研究[M].上海:上海科学技术出版社,2018.

[7] 黄敏,徐忠平,张晓春,等.深圳市交通拥堵综合治理探索与实践[M].北京:北京大学出版社,2015.

[8] 张智勇,陈来荣,张岚.交通拥堵收费研究[M].北京:人民交通出版社,2014.

[9] 张俊友,王树凤,谭德荣.智能交通系统及应用[M].哈尔滨:哈尔滨工业大学出版社,2017.

[10] 林群,张晓春,李锋,等.从理念到行动——新时期城市交通规划设计实践[M].上海:同济大学出版社,2016.

[11] 吕北岳.基于浮动车的深圳市道路交通运行评价研究[D].武汉:武汉大学,2013.

[12] 舒迪远.基于DEA方法的城市公交系统安全脆弱性评价研究[D].广州:暨南大学,2016.

[13] 段畅.北京市小汽车出行可达性研究[D].北京:北京交通大学,2017.

[14] 彭婷.山地城市交通拥堵指数研究[D].重庆:重庆交通大学,2015.

[15] 唐嘉立.基于分析手机信令数据的路网运行监控系统[D].南昌:南昌大学,2015.

[16] 宋明磊.城市道路偶发性拥堵的状态识别及传播规律研究[D].长沙:长沙理工大学,2013.

[17] 张诚.面向高速公路常发及偶发拥堵判别的改进McMaster算法研究[D].重庆:重庆大学,2017.

[18] 林航飞.面向规划的城市交通信息系统研究[D].上海:同济大学,2007.

[19] 丘建栋,庄立坚,周勇,等.多源数据融合的交通指数标准化云平台技术[J].交通技术,2018,7(5):340-350.

[20] 丘建栋,赵再先.深圳市交通规划决策支持体系研究[J].交通与运输(学术版),2013(12):11-14.

[21] 曹晶,李清泉.城市路网中浮动车数据和线圈数据的融合[J].交通与计算机,2008(4):11-14,19.

[22] 孙超,张红军,陈小鸿.基于多源浮动车数据融合的道路交通运行评估[J].同济大学学报(自然科学版),2018(1):46-52.

[23] 陈百旺,成卫.基于多源数据融合的信号交叉口延误估计研究[J].价值工程,2017(10):187-191.

[24] 徐若辰.智慧城市交通治理新模式的探索与应用——以深圳市为例[J].交通与运输,2021(Z1):147-151.

[25] 丘建栋,庄立坚,周勇,等.台风天气对城市道路交通运行的影响分析——以深圳市为例[J].科学技术创新,2018(28):124-125.

[26] 庄立坚,丘建栋,李细细,等.道路交通运行指数在城市综合治理中的应用实践[J].交通与港航,2018,10(5):27-35.

[27] 胡继华,程智锋,钟广鹏,等.一种公交等时线的计算方法及其应用[J].交通运输系统工程与信息,2013.

[28] 侯志伟,申涵瑞,谢强,等.深圳关内外交通拥堵探究与治理[J].数学建模及其应用,2013(Z1).

[29] 林群,李锋,关志超.深圳城市交通仿真系统建设实践[J].城市交通,2008,5(5):22-27.

[30] 祈伟,刘清祥,赵宁宇.基于出行时间比的深圳交通运行指数研究[C]//第九届中国智能交通年会学术委员会.2014第九届中国智能交通年会大会论文集.北京:电子工业出版社,2014:314-322.

[31] 徐若辰,柯尼,唐先马,等.基于道路多维特征画像的交通运行态势分析与研判[C]//第十五届中国智能交通年会学术委员会.第十五届中国智能交通年会科技论文集(1).北京:电子工业出版社,2020:380-389.

[32] 陈蔚,段仲渊,周子益,等.基于出行时间的道路交通运行指数算法与应用研究[C]//中国城市规划学会.公交优先与缓堵对策——中国城市交通规划2012年年

会暨第 26 次学术研讨会论文集. 2012.

[33] 潘嘉杰,丘建栋,张天怡,等. 基于 GPS 数据的货运特征分析——以深圳市为例[C]//中国城市规划学会城市交通规划学术委员会. 品质交通与协同共治——2019 年中国城市交通规划年会论文集. 北京:中国建筑工业出版社,2019:3324-3333.

[34] 李彬亮,陈昶佳,李细细,等. 不同事件道路交通运行影响与对策分析——以深圳为例[C]//中国城市规划学会城市交通规划学术委员会. 品质交通与协同共治——2019 年中国城市交通规划年会论文集. 北京:中国建筑工业出版社,2019:2919-2933.

[35] 傅恺延,丘建栋,庄立坚,等. 基于 K 邻近算法的城市道路短时交通预测[J]. 数据挖掘,2018(4):174-185.

[36] 吕国林,田锋,陆洋. 深圳市路内停车收费管理政策评估[C]//中国城市规划学会城市交通规划学术委员会. 协同发展与交通实践——2015 年中国城市交通规划年会暨第 28 次学术研讨会论文集. 北京:中国建筑工业出版社,2015:68.

[37] 但媛. 周涛,高志刚,等. 重庆市主城区交通运行指数系统构建及应用[C]//中国城市规划学会城市交通规划学术委员会. 交叉创新与转型重构——2017 年中国城市交通规划年会论文集. 北京:中国建筑工业出版社,2017:2645-2658.

[38] 杨东援,林群,周健平,等. 深圳市城市交通仿真系统[R]. 深圳:深圳市城市交通规划研究中心,同济大学,上海宝信软件股份有限公司,2006.